本书由北京印刷学院资助出版

PHILOSOPHY ANALYSIS ON
VIRTUAL
INTERACTIVE ACTIVITY

BASED ON
HISTORICAL MATERIALISM

虚拟交往的哲学探析

基于历史唯物主义的视角

曾祥富 著

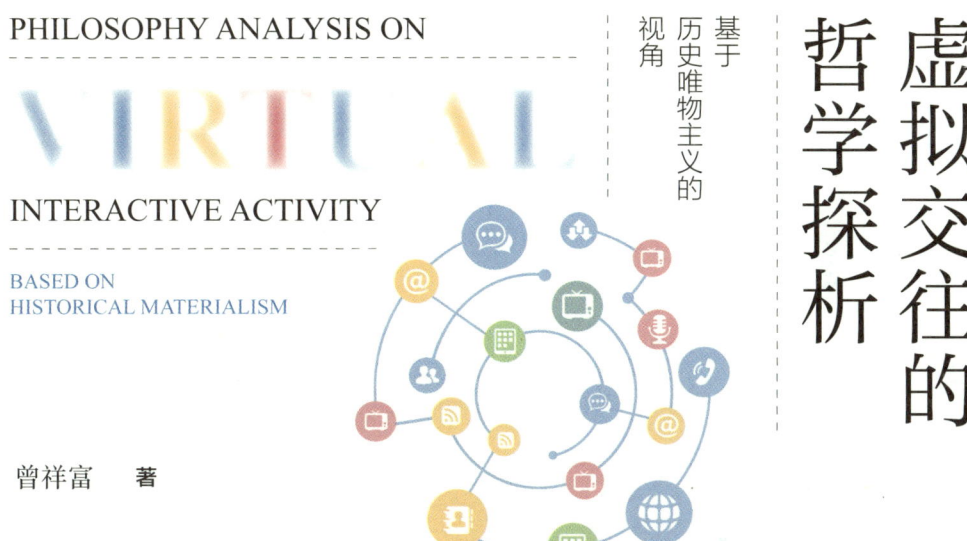

社会科学文献出版社
SOCIAL SCIENCES ACADEMIC PRESS (CHINA)

前　言

当代社会实践显著的特征就是全人类"迈向现代化",处在这一进程中的我们会发现,现代化使人的交往实践呈现数字化、信息化、虚拟化等特征,因此,信息时代的交往方式可以被称为"虚拟交往"。对虚拟交往进行哲学批判,就是要以历史唯物主义为视角,辩证地认识虚拟交往的产生和发展,批判性地看待它给人的发展带来的影响、对社会结构所产生的影响,以及它在人类历史进程中所处的方位和产生的意义。

人类交往方式变迁的历史证明,不断地间接化、符号化和虚拟化是贯穿其中的一个基本趋势。信息时代交往方式的虚拟化得到增强,虚拟交往成为这一时代最为典型的交往方式。虽然虚拟交往在交往主体、交往环境、交往手段、交往关系等方面表现出高度的虚拟化,但其依然要依赖一定的现实基础。虚拟交往从本质上来说仍然是一种实践活动,在尊重客观规律和现实基础的前提下,人们适当调整了交往的方式,从而实现了某些超越。虚拟交往具有灵活多样的类型,在发展中还会有许多新的表现形式。

虚拟交往在发展中不断扩大,它所产生的影响不断深化,各种虚拟组织应运而生,人们在虚拟空间的交往活动越来越具有社会性,现实社会也逐渐增添了更多虚拟的成分,虚拟空间的社会化和现实社会的虚拟化两个方面共同促使虚拟社会形成。虚拟社会是对信息时代人类社会的一种描述,学界侧重于从人类交往方式的新特点来对其进行界定。虚拟社会出现之后,人类社会结构发生新的变化并且呈现新的特点,人类社会二重化为现实世界与虚拟世界两个部分。虚拟社会的产生凸显了虚拟与现实之间的矛盾,它既是虚拟交往的基本矛盾也是虚拟社会的突出矛盾。只有坚持以人为本、虚实结合的基本原则,才能处理好这一对基本矛盾。

虚拟交往的发展和虚拟社会的形成为人的发展创造了双重的境遇:自由全面发展的新机遇和新型异化的出现。在虚拟交往中促进人的发展,就要转变思维方式,尽可能运用信息时代的办法,充分把握新的机遇并尽可能阻止新的异化的产生,使虚拟交往成为推动人的发展和社会进步的工具。

交往方式是界定人类历史进程的一个重要因素,它全面塑造了其所处时代的整体面貌,并且成为时代的标志。信息时代的世界以全球化和信息化为两大基本特征,虚拟交往所催生的交往的变革与信息时代的世界特征有着内在的一致性。当今时代人类交往呈现扩大化、普遍化的趋势和数字化、虚拟化的形式,它们恰好对应着世界的全球化和信息化特征,全球化和信息化两大时代特征可以在虚拟交往这种交往方式中得到统一。

虚拟交往这一交往方式仍处于不断发展之中,人类交往和人类社会的虚拟化还会不断增强,虚拟化也将在人们的实践中日渐成为现实世界的重要特征。在未来的理想社会中人们的生活世界是虚实和谐共存的,人们的交往趋向马克思所说的自由人联合体中的状态,虚拟交往推动了交往的普遍化和自由化,使社会趋近这一理想状态。在虚拟交往的作用下形成的各种虚拟组织乃至虚拟社会都是信息共同体,它们在很多方面具有自由人联合体的特征,信息共同体可以成为人类社会迈向自由人联合体的一个重要载体。

目 录

绪　论 ……………………………………………………………… 1

第一章　交往方式的历史变迁和当代新发展 …………………… 33
第一节　交往与交往方式 ………………………………………… 33
第二节　人类历史上的交往方式 ………………………………… 49
第三节　虚拟交往：信息时代的交往方式 ……………………… 58

第二章　虚拟交往的特征和类型 …………………………………… 69
第一节　虚拟交往的现实基础 …………………………………… 69
第二节　虚拟交往对现实的超越 ………………………………… 77
第三节　虚拟交往的类型和本质 ………………………………… 91

第三章　虚拟交往的发展与虚拟社会的形成 …………………… 104
第一节　虚拟交往的发展 ………………………………………… 104
第二节　虚拟社会：信息时代社会形态的新变化 ……………… 115
第三节　虚拟社会的结构及其突出矛盾 ………………………… 126

第四章　虚拟社会人的发展境遇 …………………………… 138
第一节　自由全面发展的新机遇 ………………………… 138
第二节　虚拟交往可能导致的新型异化 ………………… 150
第三节　在虚拟交往中实现人的发展 …………………… 163

第五章　虚拟交往的未来发展 ……………………………… 169
第一节　历史进程中的虚拟交往 ………………………… 169
第二节　信息化与全球化：虚拟交往与当今时代的特征 …… 180
第三节　虚拟交往与未来理想世界的构造 ……………… 187

结　语 ………………………………………………………… 198

参考文献 ……………………………………………………… 202

后　记 ………………………………………………………… 217

绪 论

一 信息时代的哲学问题

历史唯物主义认为，人类历史发展的总趋势是在曲折中前进，呈螺旋式上升的。随着生产力的不断发展和社会文明程度的持续提高，世界的面貌日新月异，人们的生产和生活正在经历着空前剧烈的变革。如果要在漫长的人类历史进程中给当今时代一个恰当的定位，那将是一件很困难的事情，或许"现代化"一词是最为恰当的概括。"当代社会实践的基本内容和最显著的特征就是全人类性的迈向现代化的进程"[①]，我们正处于大变革、大调整的现代化过程之中，作为时代精神之精华的马克思主义哲学，也遇见了新的时代问题，面临着现代化的使命。

现代化首先是科学技术的现代化，科学技术不仅促进了客观的物质世界的现代化，也在推动着哲学思想观念的现代化。恩格斯在总结近代欧洲哲学的发展时指出："推动哲学家前进的，决不像他们所想象的那样，只是纯粹思想的力量。恰恰相反，真正推动他们前进的，主要是自然科学和工业的强大而日益迅猛的进步。"[②] 自然科学是哲学发展的基础，自然科学对哲学发展起到直接和间接两种作用：一方面"科学直接为哲学提供思想素材供哲学吸收、采纳、综合和概括"；另一方面"科学的发展推动生产力的发展，尤其是近代

[①] 李景源主编《马克思主义哲学与现时代》，中国社会科学出版社，2007，第6页。
[②] 《马克思恩格斯选集》第4卷，人民出版社，1995，第226页。

科学诞生以来越发成为生产力中起普遍作用的因素,引起整个社会生活、社会结构、社会生产关系、阶级关系的变化,科学通过这些因素的媒介间接地影响哲学观点的变化和发展"①。信息技术的迅速发展将人类历史带入了信息时代,对人的生产生活、社会结构乃至历史的走向都产生了深远的影响,极大地改变了人们的交往方式。如何看待现代化过程中出现的这些新现象,构成了哲学的时代问题,哲学也将在回答这些时代问题中实现自身的现代化。

现代化不仅包括生产力和科学技术的现代化,更表现为人们的生产、生活方式在生产力和科学技术发展中所实现的变革,"各种经济时代的区别,不在于生产什么,而在于怎样生产,用什么劳动资料生产"②。现代化的实质是人们实践方式和内容的现代化,它是人们以能动性、创造性和超越性变革自己的生活世界的一个过程。"随着信息科技、生物科技等高新科技的发展,特别是电脑、手机、互联网等高科技成果的普及性应用,人类正在迈入'后工业'的'信息时代'。人们生活在数字化、虚拟化、时空压缩化、开放式、交互式的电子时空,认识和实践活动的深度、广度得以实质性拓展,能动性、自由度前所未有地提高,人类面临着有史以来最诡异的一种生存变异和活动革命。"③ 信息时代的到来,引发了人们交往方式的巨大变革,交往呈现朝虚拟化方向发展的明显趋势,实践的现代化在当前集中体现为交往的虚拟化,"虚拟交往成为最具时代特征的新型交往方式"④。

现代化带来了全球化和信息化两大结果,全球化和信息化就是当今世界最为现实、最为生动的现代化情景,这也已经成为人们的广泛共识。无论是信息化,还是全球化,都与人们的交往活动紧密

---

① 王伟光:《哲林漫步》,中国社会科学出版社,2013,第21页。
② 《马克思恩格斯全集》第23卷,人民出版社,1972,第204页。
③ 孙伟平:《论马克思主义哲学的时代化》,《哲学动态》2011年第12期。
④ 孙伟平:《人类交往实践的革命性变迁——虚拟交往及其哲学批判》,《吉林大学社会科学学报》2012年第3期。

相关。全球化和信息化是人们的实践推动的，二者相互促进共同作用于人们交往方式的变革：全球化在广度上拓展了人们的交往范围，以前所未有的力量把全世界紧密联系起来；信息化则剧烈变革了人们的交往手段，创造了虚拟时空和虚拟交往，进一步延展了人类交往的领域。在现代化的进程中，虚拟交往成为一个不容忽视的现象，发挥了重要作用。虚拟交往是信息化的结果，也是世界进一步全球化的需要，反过来又进一步推动了世界的全球化和信息化。交往的虚拟化、数字化与世界的信息化、全球化的进程交织在一起，共同重塑了我们的世界和生活。

当今时代的一个不可忽视的现实特征便是进入了信息时代。信息时代的人类社会发生了巨大的变化，不仅出现了虚拟时空这种新的实践领域，而且产生了虚拟实践这一全新的实践形式，对人们的思维、行为和生活方式产生了深刻的变革。虚拟实践对社会关系的变革，突出地体现在对人的交往关系的变革上，人们在虚拟时空中进行的虚拟实践归根结底是一种交往的实践。以人类社会历史规律为认识对象和研究对象，以解答实践活动中的现实问题为任务的历史唯物主义，应当把虚拟交往这一新的交往方式纳入研究范围之内。虚拟交往是信息时代社会实践的一种重要形式，研究信息时代的社会历史，必然要涉及对虚拟交往问题的研究。虚拟交往问题是历史唯物主义在信息时代不可回避的哲学课题。

虚拟交往不但是一个引人注意的重要社会现象，而且是一个值得深思的严肃的哲学问题。哲学与时代是紧密相连的，德国著名哲学家黑格尔说过，哲学是"被把握在思想中的它的时代"[1]。马克思和恩格斯强烈赞同这一观点并进一步提出，"任何真正的哲学都是自己时代精神的精华"，是"文明的活的灵魂"[2]。"恩格斯曾经明确将

---

[1] 〔德〕黑格尔：《法哲学原理》，范扬、张企泰译，商务印书馆，1961，"序"第12页。

[2] 《马克思恩格斯全集》第1卷，人民出版社，1956，第121页。

科学的发现和进步与人类的思想认识的发展联系起来"①，他认为："随着自然科学领域中每一个划时代的发现，唯物主义也必然要改变自己的形式。"② 哲学的时代性体现在对现实状况的反映、反思之中，体现在对时代特征的把握和对时代问题的回答之中。在当今时代，信息化和全球化成为两大基本特征，而虚拟交往在其中发挥着不可忽视的作用，哲学要真正成为这一时代精神的精华，就必须反映这一时代的特征，探求虚拟交往这一极具时代特征的交往方式，并且要在理论上不断总结反思，借以实现哲学自身的丰富和发展。

随着现代信息科学技术的发展，人们所生活的世界发生着剧烈的变革，信息时代、虚拟时代的到来正在深刻地改变着人们的交往方式、思维方式和行为方式。虚拟交往与现实交往之间存在很大的不同，它在给人带来自由和便利的同时也带来了一系列的难题，其中不仅有理论层面的困惑，也有现实生活中遇到的实际困扰。虚拟交往不仅是一个意义重大的理论问题，而且与人们的日常生活实践紧密相连，它关系着人们对社会历史和人类自身生存方式的认识，并通过世界观的形成影响着人们的实践。如何全面认识虚拟交往以及虚拟交往带来的社会历史问题，从而以唯物史观为指导，树立信息时代的社会历史观，以兴利除弊的方式对待虚拟交往；如何在虚拟与现实之间寻找平衡，用现实生活的价值原则来引导虚拟实践，用虚拟实践来充实现实生活，从而实现虚实和谐的全面的发展？这是本书将要探讨的课题，它不仅有利于个人的发展，也是和谐社会建设的一个重要推动力。

二 辩证批判的目的和原则

虚拟交往作为人类交往新的表现形式利害兼具，对其需要进行

---

① 王伟光主编《新大众哲学》（七卷本），人民出版社、中国社会科学出版社，2014，第88页。
② 《马克思恩格斯文集》第4卷，人民出版社，2009，第281页。

辩证分析，肯定其顺应时代潮流的一面，批判其衍生新的社会问题的一面。下文将围绕辩证的批判展开分析。批判性是马克思主义哲学的理论特色，批判则是马克思主义哲学特有的观察问题、研究问题、解决问题的方法。面对虚拟交往这一日渐凸显的时代问题，马克思主义哲学应当主动承担起批判的任务，在批判和反思中实现虚拟与现实的结合，进一步彰显其时代性和真理性。对虚拟交往展开哲学批判，需要明确三个基本问题，即何为批判、为何批判、如何批判。

（一）何为批判？

批判是哲学的本性，也是哲学的方法，哲学的发展正是在不断的批判和自我批判中实现的。对于"批判"这个概念，可以有不同的理解，现实中也存在着许多庸俗化、绝对化的误解，本书中的批判指的是哲学意义上的批判。"哲学意义上的'批判'是一种辩证法的态度，是自觉的、理性的、辩证的分析、取舍乃至重构。辩证的批判不是简单的否定，而是对认识和实践的偏差的揭示和校正，是人和社会发展、进步的阶梯。"[①]

与其他哲学话语中的批判概念不同，马克思主义哲学的批判具有特定的内涵。首先，它是彻底的、全面的批判。马克思主义哲学要批判的，不仅包括整个观念世界，而且包括整个现实世界，甚至包括对自我的批判。马克思呼吁"要对现存的一切进行无情的批判……这种批判不怕自己所作的结论"[②]。其次，它是实践的批判。在批判费尔巴哈哲学等旧哲学的时候，马克思指出"哲学家们只是用不同的方式解释世界，问题在于改变世界"[③]，把关注的焦点转向对现实世界的改造。实践批判是以实践为前提、目的和手段的批判，"对实践的唯物主义者即共产主义者来说，全部问题都在于使现存世界革命化，

[①] 郭湛：《马克思主义哲学的实践批判理论》，《哲学研究》2006年第7期。
[②] 《马克思恩格斯全集》第1卷，人民出版社，1956，第416页。
[③] 《马克思恩格斯文集》第1卷，人民出版社，2009，第502页。

实际地反对并改变现存的事物"①。

所谓对虚拟交往进行批判，就是以历史唯物主义为指导，用批判的眼光来全面审视虚拟交往这一新鲜事物，考察其产生的历史条件和客观必然性，总结其表现特点和发展规律，评价其在人的生存和发展、社会结构变化乃至历史发展进程中可能具有的意义。

(二) 为何批判？

对虚拟交往进行哲学批判，是信息化时代客观现实的需要。虚拟交往已经深入人们的生活之中，带来了很多方面的深刻变革，也引起了人们的广泛关注，虚拟交往所产生的重大影响是不可否认的客观事实。与此同时，关于虚拟交往存在一些有失偏颇甚至错误的认识，通过哲学角度的批判，有助于全面认识虚拟交往这一新鲜事物，澄清人们关于这一问题的混乱认识。

对虚拟交往的哲学批判，是马克思主义哲学批判本性的要求。"一个民族想要站在科学的最高峰，就一刻也不能没有理论思维。"②哲学要客观地反映时代，更要以批判的态度审视时代，以睿智的思想引领时代。对现存的一切展开理性批判是马克思主义哲学的本性，对虚拟交往，我们不能停留于现象层面的总结和概括，而要在理论上有所回应，在思想上有所体现。

对虚拟交往展开哲学批判，是丰富和发展马克思主义哲学理论的需要。"哲学不仅从内部即就其内容来说，而且从外部即就其表现来说，都要和自己时代的现实世界接触并相互作用。"③ 虚拟交往不仅改变了世界的面貌，而且给人们的思想带来了不小的震动，引起人们世界观、价值观、历史观等诸多方面的变化，马克思主义哲学的表述方式和理论观点也受到了新的挑战。在与虚拟交往这一现实问题的

---

① 《马克思恩格斯选集》第 1 卷，人民出版社，1995，第 75 页。
② 《马克思恩格斯全集》第 20 卷，人民出版社，1971，第 384 页。
③ 《马克思恩格斯全集》第 1 卷，人民出版社，1956，第 121 页。

结合中，与时俱进的马克思主义哲学可以在理论观点上得到丰富，在研究对象上得到扩展，以更加科学和完善的形态展示其理论魅力。马克思主义哲学关于社会交往问题的理论资源丰富，这些理论资源可以在关于虚拟交往的研究中继续发挥指导作用。经典作家关于社会交往问题的观点，在虚拟交往的研究中将得到进一步的丰富和发展。

此外，对虚拟交往展开哲学批判也具备了一定的条件。虚拟交往的深入发展，已经引起不少人的反思，人们在日常生活中积累了一定的感性认识，甚至在诸多看法上已经达成一致。近年来，已经有不少学者开始关注这一话题，尝试从不同角度开展学术研究，国内外已经出现了关于虚拟交往的研究成果，这一切都为虚拟交往的深入研究提供了必备的条件，奠定了坚实的基础。

"马克思主义哲学要保持它的旺盛的生命力，决不能停留在原有的结论上，必须面对现实，继续回答新时代提出的现实问题。"[①] 虚拟交往是信息时代一个重大的现实问题，也是马克思主义哲学的理论问题。对虚拟交往展开哲学批判，既是信息化时代现实的需要，也是哲学自身发展的要求，开展这一批判不仅具有丰富的理论支撑，而且积累了一定的客观条件。总之，对虚拟交往这一问题开展哲学批判，不仅是必要的，而且是可能的。

（三）如何批判？

对虚拟交往开展批判的目的是更加全面深刻地认识这一现象，运用哲学理论加以科学的解释和说明。同时还要反思其产生的社会历史意义，在此基础上完善哲学观点，以丰富和发展马克思主义哲学理论。开展这一批判需要坚持正确的原则和方法，以历史唯物主义为基本视角，以辩证法为根本方法。

历史唯物主义不仅是科学的历史观，也是有效的研究方法。研究虚拟交往需要坚持历史唯物主义的立场、观点和方法，把虚拟交

[①] 王伟光：《哲林漫步》，中国社会科学出版社，2013，第285页。

往放到历史中去考察。要全面论述这一历史现象产生的社会历史条件，揭示其中的规律性。要重点论述这一历史现象在当前社会中所产生的影响，辩证看待它对社会演进和人的发展所产生的意义。

辩证的批判才是科学的批判。"辩证法在对现存事物的肯定的理解中同时包含对现存事物的否定的理解，即对现存事物的必然灭亡的理解；辩证法对每一种既成的形式都是从不断的运动中，因而也是从它的暂时性方面去理解；辩证法不崇拜任何东西，按其本质来说，它是批判的和革命的。"[①] 要把虚拟交往作为一个运动的过程看待，既要阐释其产生的历史必然性，又要论及其未来的发展前景。要把虚拟交往视为矛盾的对立统一，深入分析其中存在的矛盾，论述其运动变化的原因和规律。

三 国内外研究现状

基于虚拟交往这一新的交往方式所引起的现实的剧烈变革，虚拟交往问题吸引了不同学科学者的关注，有关虚拟交往的哲学思考和学术研究也在学术界得以凸显，并逐渐成为研究的热点之一。

关于虚拟交往的研究是一个比较新的课题，国内外专门以此为题的论著尚不多见，但是有大量文献曾经论及这一问题，并提出了一些基础性的观点。对虚拟、虚拟实践、虚拟时空、虚拟社会等相关问题的研究，是研究虚拟交往问题的基础，可以称为关于虚拟交往的基础研究。随着信息科技的不断发展，虚拟交往在人们的生活中日益普及，大众对虚拟交往的体验和认识也不断深入，出现了一些专门研究虚拟交往问题的作品，具体内容涉及虚拟交往的特点、本质和对人的发展的意义等。

（一）关于虚拟交往的基础研究

国外关于"虚拟"相关问题的研究起步比较早，基本上是与互联网技术的诞生和发展相伴随的。网络营造的虚拟空间使得人们的生活、

---

① 《马克思恩格斯选集》第2卷，人民出版社，1995，第112页。

思维和行为的方式发生了深刻的变化，这也引起了学者的广泛关注，他们出版了一系列学术著作，其中一些著作已经翻译成中文出版。其中最著名的如下。迈克尔·海姆的《从界面到网络空间——虚拟实在的形而上学》探讨了虚拟社会与现实社会的关系等信息时代的哲学问题。曼纽尔·卡斯特的《网络社会的崛起》从全球化的视角分析了信息技术革命对人们的经济、文化、社会的影响。尼古拉·尼葛洛庞帝的《数字化生存》认为，数字化、网络化、信息化使人的生存方式发生了新的变化，人们将生存在一个虚拟化的空间中。埃瑟·戴森的《2.0版：数字化时代的生活设计》描述了因特网对商业、管理、教育、社区和个人产生的影响，还提出了数字化通信的发展所引发的一系列冲突。弗兰克·凯尔奇的《信息媒体革命——它如何改变着我们的世界》具体勾勒了他所称的"信息媒体革命"，描述了它给人类社会带来的种种影响，指出了这场革命对我们每个人的挑战。作者认为，信息媒体革命将引出一系列新的道德、伦理问题，它将改变我们工作、学习、娱乐的方式和日常行为的准则。马修·弗雷泽与苏米特拉·杜塔合著的《社交网络改变世界》结合网络交往的一些经典案例全面解读社交网络给我们的生活、工作，以及世界带来的巨大变革，比如身份日益多元化、地位日益民主化、权力日益分散化等。约斯·德·穆尔的《赛博空间的奥德赛——走向虚拟本体论与人类学》一书将研究的重心放在了信息技术对人类历史发展所形成的影响上，揭示了信息时代的电子传媒与赛博空间为人类历史的发展提供的新的可能性，提供了新的研究视角和新颖的观点。保罗·莱文森的《软利器：信息革命的自然历史与未来》从历史的视角考察了人类交往中各种媒介的诞生过程，预测了信息时代的新媒介给人类社会和人们的生活带来的改变。亚当·乔伊森的《网络行为心理学——虚拟世界与真实生活》从心理学的视角出发，对网络社会中人的行为进行了全面的阐释，指出了网络技术对个人行为的影响、正确认识虚拟世界与真实生活关系的重要性。这些作品从不同的学科和不同的角度探讨了虚拟及其对人们的社会生活所造成的影响，奠定了对虚拟现象开展研究的基本框架。虽然这些作品并未把虚拟交往作为研究的中心问题，但是其中或多或少涉及虚拟交往，书中所描述的现象、提出的问题乃至所做的预测都为我们今天研究虚拟交往奠定了坚实的基础，具有宝贵的参考价值。

由于我国社会信息化起步相较国外稍晚等一些现实的原因，国内关于虚拟交往及其相关问题的研究大约开始于20世纪90年代，研究成果大部分出现于近二十年内。国内学者结合信息化、数字化时代所引发的虚拟交往现象，或者从技术方面思考虚拟及其与现实世界的关系，或者把虚拟实践、虚拟交往作为一种社会文化现象进行探究，但大都侧重于对网络虚拟空间中的道德规范问题和人的主体性问题的研究。国内学者对"虚拟"问题的研究经历了一个从概念辨析到集中论述的发展过程，对"虚拟交往"的研究可以算作"虚拟哲学"研究中的一个前沿问题。虚拟交往的研究与以下这些相关问题的研究密不可分：一是对虚拟和虚拟交往的哲学内涵的理解；二是虚拟实在、虚拟实践、虚拟时空、虚拟社会的特征；三是虚拟社会与现实社会的关系。

1. 关于"虚拟"的概念的研究

大致来看，对虚拟的理解有广义和狭义两种。从狭义上理解，虚拟即符号化。从广义上理解，虚拟就是对现实实在性的超越。贺善侃在追溯了人类历史上存在过的不同形态的虚拟活动之后，探讨了虚拟实践与现实实践的关系，把虚拟看作实践的属性，肯定了虚拟实践与现实实践的本质统一。他认为，一方面，虚拟实践与现实实践存在内在的逻辑联系，现实实践是实践虚拟性程度逐步提高到特定阶段的结果。从基于"符号化"的虚拟性这一点而言，当今的虚拟实践与现实实践没有本质的区别。另一方面，就虚拟是对现实实在性的超越而言，虚拟性是一切活动不可缺少的属性。这种虚拟性是标志人的超越性和自由度的范畴。[①]

[①] 参见贺善侃《论虚拟实践的哲学依据》，《上海师范大学学报》（哲学社会科学版）2006年第4期。

为了明晰虚拟实践与现实实践的关系,殷正坤对"虚拟"一词进行了细致的考察,总结了这一范畴的几种含义:第一,用电脑网络代替传统的信息生产和传递方式,并把以这种方式进行的人们之间的思想交流或信息交换、存贮、获取过程称为"虚拟";第二,指一种缺乏相应组织结构却具备与传统组织同样完整的功能的组织系统。[1]

总结来看,目前国内外学术界关于"虚拟"大致形成了如下几种观点。第一,虚拟是同"真实"相对的"假设""虚构",甚至"虚假""虚幻"。第二,虚拟特指用0—1数字方式去表达、构成事物及其关系,是数字化表达方式和构成方式的总称,它构成了人类中介系统的革命。[2] 第三,虚拟即符号化,而符号化则是人创造意义生存的活动。[3] 第四,广义的虚拟是指规则文明或符号文明,是人类对各种规则的合成、选择及其演化。[4] 第五,虚拟主要是指一种超越现实的创造性的思维活动。[5] 第六,虚拟是对现实实在性的超越,是通过理性具体建构成的不具有现实生活世界中那样的外在可感知的客观实在性。[6] 有学者提出,从根本上说,"虚拟"是标志人的超越性和自由度的哲学范畴。[7] 周甄武则提出了对"虚拟"这一概念的理解应遵循的原则,他认为,对虚拟的理解应该摈弃那种试图寻求唯

---

[1] 参见殷正坤《"虚拟"与"虚拟"生存的实践特性——兼与刘友红商榷》,《哲学动态》2000年第8期。
[2] 参见陈志良《虚拟:人类中介系统的革命》,《中国人民大学学报》2000年第4期。
[3] 参见刘友红《人在电脑网络社会里的"虚拟"生存——实践范畴的再思考》,《哲学动态》2000年第1期。
[4] 参见张世英、陈志良《超越现实性哲学的对话》,《中国人民大学学报》2001年第3期。
[5] 参见殷正坤《"虚拟"与"虚拟"生存的实践特性——兼与刘友红商榷》,《哲学动态》2000年第8期。
[6] 参见〔美〕迈克尔·海姆《从界面到网络空间——虚拟实在的形而上学》,金吾伦、刘钢译,上海科技教育出版社,2000,第175页。
[7] 参见张明仓《虚拟形态:从虚拟思维到虚拟实践》,《福建论坛》(人文社会科学版)2002年第5期。

一最终答案的思维和做法，从现实语境、哲学层面、人性关涉三个维度来理解虚拟。他深入研究了虚拟产生的技术基础、生物学前提和历史渊源，认为人是虚拟性与现实性相统一的存在物。①

2. 对虚拟实践的研究

国内对虚拟实践的研究在近十年内呈现迅速升温的状态，有不少论者密切关注这一问题并持续开展研究。他们认为虚拟实践是人类生存方式的根本变革，这为马克思主义哲学的创新发展提供了契机。张明仓认为，虚拟实践正成为人类新型存在方式，虚拟社会正成为社会存在新形态。深入开展虚拟实践研究，对于建构马克思主义哲学当代形态具有多方面的意义：有助于对实践等范畴的前提性反思，进而完善、丰富马克思主义哲学的实践观；有助于深入理解、系统阐发并确立实践的思维方式，进而充分展现实践唯物主义的本真精神；从建构马克思主义哲学新形态的角度看，有助于凸显"理论与实践相统一的原则"；从充分展示和提升马克思主义哲学的当代价值方面看，它是强化马克思主义实践思想的批判和规范功能的突破口。② 持有否定意见者认为：虚拟实践提供的是一种描述性空间和描述性实践，并不是真正的实践。真实世界中的实践不仅为实践者提供经验，还会对这个世界有所作用并使其有所改变，而虚拟实践却不具备这种特征，它只可以为实践者提供经验，但不会因此引起现实世界的改变。比方说，无论一个虚拟现实系统的操作者如何"经历"了历史进程，历史丝毫不会因此而改变。③

上述问题中存在的争论与对马克思主义实践观的理解息息相关。国内学术界对马克思主义哲学的实践观有不同的理解，归纳起来主要有以下三种。第一，实践是主观见之于客观的活动，主要是物质

---

① 参见周甄武《论人的虚拟性》，《东岳论丛》2007年第5期。
② 参见张明仓《虚拟实践与马克思主义哲学的当代形态》，《学术研究》2003年第2期。
③ 参见杜楚源、李艺《虚拟现实：新的实践领域》，《自然辩证法研究》2000年第11期。

生产活动，强调理论付诸实践以及对物质形态的改造。第二，在肯定实践是主观见之于客观的活动基础上，进一步把实践理解为人的特殊的存在方式，在实践的内容方面，除物质生产外，还承认精神生产、交往活动的实践意义。第三，在强调实践是人的特殊的存在方式的同时，把人的一切对象性活动都纳入实践范畴，对实践做广义的理解。①

对于虚拟实践的否定，主要是基于上述的对马克思主义实践观的第一种理解。这种理解未免有失客观：马克思主义哲学的实践观应当是一种广义的实践观，不仅应该包括物质生产还应该包括人自身的生产和精神生产，而且在《德意志意识形态》中三种生产都有提到。虚拟实践虽然未能直接变革自然物，没有引起直接的物质世界的改变，却使人们的交往关系发生了改变，对实践主体产生了影响，不仅开阔了实践主体的视野、改变了其思维方式，而且为实践主体提供了更多的自由。

有学者认为，虚拟实践大大拓展了人类的认识范围和生存空间，但是值得注意的是虚拟实践毕竟不能完全代替真实的实践。一是它所呈现的内容决定于虚拟现实系统硬件技术和软件编制的水平，而不可能包括真实世界里可能出现的一切情况。二是这种实践只能帮助我们提高认识水平，但不能真实地改造我们通过实践真正想改造的对象。要达到实践的目的，包括对"虚拟实践"本身进行检验，还必须运用"虚拟实践"获得的经验去进行真正的现实实践。②

3. 对虚拟时空的研究

随着近几年数字化技术的发展和虚拟哲学研究的兴起，对虚拟时空的研究成为虚拟哲学的理论热点，这也是马克思社会时空观在当代的最新发展。关于这一问题的研究主要集中在以下几个方面。

---

① 参见王南湜《实践观的变迁与哲学的实践转向》，《吉林大学社会科学学报》2002 年第 6 期。
② 参见殷正坤《"虚拟"与"虚拟"生存的实践特性——兼与刘友红商榷》，《哲学动态》2000 年第 8 期。

第一,虚拟实践对社会时间形态的影响。有学者认为,虚拟实践的出现使得社会时间形态出现四个方面的变化。一是社会时间的弹性化。虚拟实践打破了机器大工业时代"时钟时间"对人们的束缚,大大增加了工作时间的灵活性和弹性,社会时间的弹性化管理越来越受到人们的重视。二是社会时间的即时化。信息和网络技术打破了人们传统的作息节奏和习惯,人们的活动完全打破了传统意义上的时间障碍,社会时间具有明显"即时化"的特点。三是社会时间的可逆化。在虚拟社会中,时间超越了传统的线性和不可逆的特征,呈现可逆化的特征。四是社会时间的个性化。数字化时代是"真正的个人化时代",虚拟实践使人们可以根据需要对社会时间进行选择,社会时间更多地具有了个性化的品格。

第二,虚拟空间的结构和特点。有学者认为,自人类产生以来,空间已经分化为自然空间和社会空间。随着当代虚拟实践的兴起,社会空间也二重化为传统意义上的现实社会空间——数字化的虚拟空间。有学者提出关于社会空间结构的分析方法:从社会时间转化为社会空间的基本方式来看,社会空间有物化型社会空间、关系型社会空间和制度型社会空间;从社会时间转化为社会空间的特点来看,社会空间有个体型空间和整体型空间。也有学者从不同角度对虚拟空间的特点给予了描述和说明。一是虚拟性。虚拟空间是通过信息、网络、传感、人机界面等一系列技术综合形成的数字化空间,它不同于现实空间却能给人以身临其境的真实感受。二是非限定性或流动性。虚拟空间打破了物理空间的稳定性和固定性,使虚拟实践不再受地理疆域的限制。三是缩微性。互联网使人们的各种交易时间大为缩短,从而拉近了交易距离,增加了单位时间的交易量,更多地"消灭"交易空间。四是非集中化或去中心化。虚拟空间解构了传统社会信息自上而下的集权结构,虚拟社会成为一个没有等级差别的社会,个人的自由意志和独立人格可以获得充分的张扬。五是可共享性或非独占性。现实实践中人的空间是固定的、独占的,虚拟实践中的空间是具有非独占性的,一个人可以同时既在此处又在他处,占据多个空间。

第三，信息化对时空特性的影响。有学者从信息化角度研究了时空的特性，认为信息技术的飞速发展及其广泛应用，推动时间和空间从社会发展的外部环境要素转化为内在因素，这也成为推动社会发展的重要力量。信息化不仅是信息技术、信息资源和信息活动规则创新和整合的过程，更是时间和空间重组的过程。主要表现为：发达国家借助信息产业化发展的优势向外扩张，不断扩大自己的发展空间，信息化对他们来说是一个"时空延伸"的过程。

4. 对虚拟社会的研究

关于虚拟社会这一概念的界定，学术界仍然存在较大的争议，尚未形成一致的认识。不同学科、不同研究视角可以对此概念进行分别界定。美国网络社会学者莱茵戈德（Howard Rheingold）于1993年出版了《虚拟社会》（The Virtual Community）一书，首次提出了"虚拟社会"这一概念。之后，美国学者卡拉·谢尔顿（Karla Shelton）、托德·麦克尼利（Todd McNeeley）于1997年出版了 Virtual Communities Companion 一书，此书于1998年被翻译成中文《虚拟社会》（中国水利水电出版社），书中以现实社会为对照对虚拟社会进行了描述。

中国学者最早使用"虚拟社会"这一概念，是阮美勤在《科技之友》1997年第2期发表题为《虚拟社会 胜似人间》一文开始的。文中对虚拟社会中的虚拟企业、虚拟监狱、虚拟生产、虚拟画廊、虚拟旅游、虚拟战争等进行了描述。徐晨在其学术论文《虚拟社会》中最早对虚拟社会概念进行了较为详细的描述。文中指出："从'虚拟现实'，我们得到'虚拟社会'这个叫法。但当你打破它时，这处在发展中的网上社会正在孕育着真正的友谊，真正的联系，真正的社会精神……它并非虚拟。'虚拟社会'与'网上的真正社会'是同意词。"（《计算机周刊》1999年第C1期）同一年，茹宁在其学术论文《虚拟社会伦理初探》中指出，"虚拟社会与现实社会不是对立的，它们将交融共存"，并提出虚拟社会具有自由性、开放性、虚拟性和非人化等特征。[①] 随后，我国其他学者

---

① 参见茹宁《虚拟社会伦理初探》，《理论与现代化》1999年第9期。

从不同学科领域探讨了基于互联网所形成的虚拟社会的内涵。目前主要形成了以下几种具有代表性的观点。一是从技术层面来界定虚拟社会。二是从人的实践活动的角度界定虚拟社会。三是从人的社会关系的角度界定虚拟社会。

与虚拟社会相关的概念有虚拟空间、虚拟世界和网络空间、网络世界、网络社会等。使用最为频繁的是"网络社会"。曼纽尔·卡斯特在《网络社会的崛起》一书中开创性地使用了"网络社会"这一概念。他认为,在信息技术范式,以及由当前历史变迁过程所诱发的社会形式与过程的联合影响下,空间和时间正被转化。借助网络信息技术的发展,作为一个新的社会组织形式网络社会正以其普遍性迅速扩展到全世界,它改变了人们对空间和时间的传统感受,给每个人的生活带来了冲击。

综合来看,学术界一般从两个角度来界定"网络社会"。一是把它作为一种社会形态。比较具有代表性的是曼纽尔·卡斯特的观点,信息时代的支配性功能与过程日益以网络组织起来,网络建构了我们社会的新形态……在网络中现身或缺席,以及每个网络相对于其他网络的动态关系,都是我们社会中支配与变迁的关键根源。因此,我们可以称这个社会为"网络社会"。① 在这个意义上,其他学者也提出了不同的称谓,如威尔逊等人称其为"信息时代",比尔·盖茨、莱文森称之为"数字化时代",波斯特称之为"第二媒介时代",尼葛洛庞帝称之为"比特时代""后信息时代"等。按照技术社会形态的划分方式,人类历史可以划分成渔猎社会、农业社会、工业社会和信息社会几个阶段,而网络社会指的就是信息社会。二是用虚拟社会来代指互联网创设的虚拟空间。随着网络技术发展,虚拟空间已经发展成为一个社会性的互动场所,它是人的实践的新领域,人们在这个空间中形成广泛的虚拟关系,使之具有了现实社会的一

---

① 参见〔美〕曼纽尔·卡斯特《网络社会的崛起》,夏铸九、王志弘等译,社会科学文献出版社,2001,第569页。

些形式。目前，国内学者一般是在这一意义上论述虚拟社会。

在不少学者看来，"虚拟社会"与"网络社会"的所指是基本相同的，但是"虚拟社会"这一称谓更好地揭示了互联网等技术所创造的人类生存和发展的新空间的本质。虚拟性是它与现实社会最显著的区别，也是它的技术基础。虚拟性反映了人们的实践方式的变化，更为本质地表达了人们之间的关系的虚拟性。虚拟社会是一种特殊的社会系统，"包含了其作为一种信息技术系统、一种信息交流平台、一种新型的经济模式和一种虚拟性的社会文化生活空间等几个方面的基本特质"①。

（二）关于虚拟交往的专门研究

国内学者对于网络时代的到来给予了充分的关注，学术界普遍认为网络是人类社会面临的深刻变革，它正在导致包括生存方式、交往方式、思维方式等在内的人类社会存在方式的变革。总结起来看，国内关于虚拟交往的研究主要集中在以下几个方面。一是虚拟交往与现实交往的关系。二是虚拟交往给实现人的自由发展带来的可能性。三是虚拟交往的特点。四是虚拟交往的意义。

1. 虚拟交往的概念

由于虚拟交往这种新型交往方式出现的时间还比较短，人们对它的认识和研究还不太充分，研究方法上也不够成熟，甚至对于"虚拟交往"这一概念的理解还存在不少争议。国内学者在对虚拟交往进行界定时，一般是将其与现实社会中的社会交往进行比较，通过描述虚拟交往的特点勾勒出虚拟社会的大致概念。虚拟交往与网络交往、虚拟实践等概念存在密切的联系。不少论者没有严格区分它们之间的区别，因为虚拟实践主要还是发生在网络空间中，所以这种不加区分的做法也是可以理解的。从搜集到的资料来看，我国研究者在使用"虚拟交往"或者"网络交往"的概念时，并没有严格的界定和区分，但一般都从交往的主客体、交往的手段、实现交

---

① 参见冯鹏志《网络社会规范的形构基础及其涵义》，《学海》2001年第6期。

往的物质载体等方面来考虑。

　　对于"虚拟交往"和"网络交往",许多论者未加详尽辨析,而是将二者通用,但大家能够达成一致的认识,虚拟交往就是依靠信息化的网络所进行的交往,并没有明确指出网络交往与虚拟交往之间存在本质的区别。如王海洋在《网络虚拟交往反思》一文中指出:"所谓虚拟交往行为,是指两个或两个以上主体在以互联网为基础的虚拟空间中以符号化、数字化或电子化的语言为信息交流载体的交往方式。"① 这种不加区分的做法,源于对虚拟交往的界定依据的是技术层面,把交往所依赖的中介方式作为交往形式的本质特征。这种做法显然是有失严谨的,虚拟交往和网络交往两个概念存在一定的差别。刘少杰认为,人类社会已经进入网络化时代,手机、计算机和互联网等渗透进社会生活的各个层面,向人们展现了十分复杂的变化,其中最突出的变化莫过于缺场交往的快速扩展、传递经验的地位提升和社会认同的力量彰显。② 这里所提到的"缺场交往",也是试图从交往主体这一角度来描述本书所称的"虚拟交往"。

　　宁全荣认为,有必要对网络交往与虚拟交往进行区分。网络交往主要是以交往介质作为区分的标准,凡是通过网络进行的交往都是网络交往。现在所说的虚拟交往固然依赖于网络,但是不能说全部的网络交往都是虚拟交往。网络交往中有的属于虚拟交往,有的则属于现实交往。虚拟交往的本质特征,也就是它区别于现实交往的根本的东西,既不在于是否通过网络,也不在于主体是否亲自在场,而在于交往主体身份的隐匿化和虚拟化,也就是虚拟主体间的交往。③

　　与上述观点相似,也有其他论者从交往主体的角度来定义虚拟交往,以交往主体是否在场作为判定现实交往与虚拟交往的标准。李辉认为,

---

① 参见王海洋《网络虚拟交往反思》,《河北学刊》2007年第2期。
② 参见刘少杰《网络化时代的社会变迁》,《中国科学报》2014年3月21日,第6版。
③ 参见宁全荣《论虚拟交往及其对于人的发展的意义》,《福建论坛》(人文社会科学版)2009年第3期。

主体的虚拟与否是判别交往是否为虚拟交往的依据。依托于网络形成的虚拟环境所进行的交往就是虚拟交往，但是虚拟交往与现实交往存在差别。网络交往是利用网络进行的交往，其目的是满足现实的需要；虚拟交往则是建立在人的虚拟的基础上的交往。① 刘永谋认为，按照交往过程中交往对象是否直接呈现在交往主体面前，即它是否被主体所直观，可以把交往分为两类：现实交往与虚拟交往。在现实交往中，对象被主体直观；在虚拟交往中，对象没有被主体直观，主体所直观的只是对象所制造的文字、声音和图像等中介物。纯粹网络交往，也就是说交往主体和交往对象在网下没有任何交往，是典型的虚拟交往。②

一些论者认为，虚拟交往并非与传统交往截然不同的另一种全新的交往方式，而是参与交流活动的主体以信息网络技术为基础、以数字化的符号为中介，进行相互作用、相互交流和相互理解的过程，它是多个主体通过改造或变革联系彼此的网络客体而结成网络交往实践的活动。网络交往等虚拟交往方式是现实交往的延伸。③

2. 虚拟交往与现实交往的关系

总体来看，当前学者大都认为虚拟交往是日常社会交往在网络中的延伸，虚拟交往在本质上还是以现实交往为基础的。学者普遍采用的研究方法是将当前的网络交往与日常社会生活中的交往进行比较分析。对于虚拟交往与现实交往的关系，多数学者坚持历史唯物主义的立场，认为虚拟交往需要现实生活和传统交往提供物质基础，它们相互之间有一定的依赖关系。在具体的论述上则存在一些差异，一种观点认为虚拟交往并不是一种新的交往方式，只能算作对现实交往的延伸和补充；另一种观点认为，虚拟交往是一种新型的交往方式，对现实交往具有某种程度的替代作用。

---

① 参见李辉《网络虚拟交往中的自我认同危机》，《社会科学》2004 年第 6 期。
② 参见刘永谋《论虚拟交往的结构与功能》，《长春工业大学学报》（社会科学版）2006 年第 3 期。
③ 参见韩红艳《大学生网络交往类型及其特点研究》，硕士学位论文，西南大学，2006。

吕玉平认为，随着信息社会的到来，人们的生活已经和网络息息相关，人们在网络空间中交流信息、知识、思想和情感，网络交往逐渐显现于人类的交往领域。网络交往是物质化交往，和传统社会交往相比较，网络交往具有个性化与群体化相互交融以及符号化和短暂性等特点。网络交往并不是一种新的交往，也不意味着人们的交往内容发生了质的变化，它是人们在新的交往平台上发生的互动关系，网络交往拓展了人们交往空间的维度，丰富了交往观的内容，体现了数字时代的鲜明特点。① 丁祯耿认为，虚拟交往改变了传统的交往方式，拓宽了人们之间的交往空间，赋予了交往以新的内涵，丰富了人类的生活实践。虚拟交往在三个方面依赖于现实生活：第一，虚拟交往是现实交往的重要组成部分；第二，虚拟交往应当遵循一定的社会规范；第三，虚拟交往的目的是丰富和完善现实生活世界，虚拟只是手段。虚拟交往的价值指向不是虚拟世界，而是现实生活世界。② 李辉认为，交往主体的符号化是虚拟交往与传统交往不同的主要原因。虚拟交往突破了制约传统交往的两个重要条件：一是交往主体身体的自然状况，二是交往主体在交往中的社会地位。但是，人毕竟还是现实的人，再美好的虚拟生活、再丰富的虚拟交往也要回归到现实生活和现实交往中来。③ 王海洋从文化哲学的角度反思了虚拟交往，认为虚拟交往可以弥补传统现实交往的不足。首先，虚拟交往有利于交往信心的重建。其次，虚拟交往消除了物理距离的限制。最后，虚拟交往在一定程度上摆脱了现实交往的功利性。④

大部分学者将研究注意力集中于现实与虚拟的区别，而另一些论者则将注意力转向虚拟与现实相互联系的方面，认为虚拟社会与现实社会共同构成了人类的生存空间和发展空间。人既是虚拟社会

---

① 参见吕玉平《网络交往：信息时代的新交往观》，《理论观察》2000年第4期。
② 参见丁祯耿《论虚拟交往》，《重庆社会科学》2005年第3期。
③ 参见李辉《网络虚拟交往中的自我认同危机》，《社会科学》2004年第6期。
④ 参见王海洋《虚拟交往反思：延展文化哲学的时代维度》，《河北学刊》2007年第2期。

的主体，又是现实社会的主体，人成为沟通虚拟社会和现实社会的桥梁。① 吴正国探讨了虚拟社会与现实社会的关系，认为这两种社会相互依存、相互联系。虚拟社会永远不能脱离现实社会而存在，现实社会也越来越依赖于虚拟社会。人们应该使虚拟社会与真实社会相互补充、相得益彰。②

网络社会学家戚攻探讨了虚拟社会与现实社会的"界限"问题。他在《网络社会——社会学研究的新课题》一文中指出：网络社会以"信息"交互为主，并以数字形式完成。当网络社会的信息"交互"转变为其他方式或形态时，人们的互动"交往"便回到现实社会中，即超越了网络社会的"界域"，但研究网络社会又必须在与现实社会的联系中求"真"。网络社会的虚拟环境为人们的互动关系提供了"自由"的空间。这就意味着，在现实社会中人们交往环境与空间的"转移"，既"扩大"又"缩小"。"扩大"表现在人们的生存与生活方式的多样性选择上，而"缩小"的可怕在于它引起的诸多社会问题。一是虚拟的交往逐步代替"真实的交往"。二是现实社会重垂直交往、轻横向联系的"传统"，将反过来变为重横向联系、轻垂直交往，即人们或许更愿意生活在网络社会中，以回避现实社会垂直结构中的交往给人们身心造成的种种压力。三是网络色情和网络沉溺等现象会孕育更大的风险。③

3. 虚拟交往的特点

虚拟交往的特点显然是在与现实社会交往的比较中总结出来的。国内不少学者对虚拟交往的特点给出了不同的概括，现将比较有代表性的观点总结如下。孙伟平把虚拟交往的基本特点概括为如下几个方面。其一，虚拟交往具有数字化、虚拟性。其二，虚拟交往具

---

① 参见黄继红《马克思"交往与自由"思想视野下的网络交往自由探讨》，《社会科学研究》2009年第5期。

② 参见吴正国《虚拟社会中的人际交往特点初探》，《内蒙古社会科学》（汉文版）2001年第4期。

③ 参见戚攻《网络社会——社会学研究的新课题》，《探索》2000年第3期。

有匿名性、私密性。其三，虚拟交往具有超地域性、开放性。其四，虚拟交往具有互动性、娱乐性。其五，虚拟交往具有自主性、设计性。① 贺善侃把虚拟交往作为虚拟实践的一种有代表性的类型加以探讨，认为人们在虚拟空间进行的虚拟实践归根结底是一种交往实践。虚拟实践创建了一种超越现实世界的新的交往领域，从而创设了人际交往的一系列新特点：交往主体的非人化、交往方式的非中心化、交往的快速化。② 吕玉平则认为，网络交往是主体的社会行为在网络空间中的延伸，交往基础的物质性、交往中介的符号化和交往发生的暂时性是虚拟交往的三大特征。首先，网络交往的首要特点在于物质性。物质生产活动是人类历史发展的前提和基础，是第一性的，由物质生产决定的物质交往是基础，是本原，它决定了其他一切交往活动及其形式。精神生产和精神交往是物质生产活动的产物，是与物质交往联系在一起共同发展的。其次，从交往的中介来看，网络交往是以符号为中介的，与现实社会中以实物为中介有很大的不同，这构成虚拟交往的另一大特点。最后，网络空间中人际关系的平均持续时间越来越短，网络主体与网络组织之间的连接也变得短暂。③ 丁祯耿在《论虚拟交往》一文中，从交往主体、交往客体、交往载体、交往时空等几个方面的虚拟性阐述了虚拟交往的虚拟特征。刘永谋认为，虚拟交往的根本属性在于其非直观性或虚拟性。自由和平等的认同，使虚拟交往表现出三个最重要的交往特点：去礼仪化、宽容和趣缘聚集。吴正国把虚拟交往的特征归纳为以下几个方面：交往范围的无限制性、互动中的匿名性、人际交往中的自我暴露、人际交往中的情感性。

概括来说，国内学者关于虚拟交往的特点的论述大致有以下几个方面。

一是在交往范围方面，主要体现在对时空的超越。虚拟交往的

---

① 参见孙伟平《信息时代的社会历史观》，江苏人民出版社，2010，第128~144页。
② 参见贺善侃《论虚拟实践的哲学依据》，《上海师范大学学报》（哲学社会科学版）2006年第4期。
③ 参见吕玉平《网络交往：信息时代的新交往观》，《理论观察》2000年第4期。

发生，最首要的一个前提就是虚拟时空的存在，虚拟交往的最大特征便是对时空的超越。网络以其虚拟性和无限性消解了传统社会的物理时空距离，也"超越了现实社会对个体身份和角色的规定，实现个体的真实自我和潜意识需求"①。周成龙和邢云文认为，对时空的超越是网络交往的新特点：网络交往实践导致社会时间形态的转型，社会时间变得弹性化、即时化、个性化、可逆化。网络交往实践创造了人类新型的生存空间，网络空间具有流动性、隐匿性和去中心化等特点。②

二是交往主体的变化，虚拟交往具有主体不在场、符号化等特点。交往主体的多极化是网络交往的一个特点，网络社会是由一系列不同社会地位和身份的他者所构成的社会。所以，网络社会的交往都要相互承认彼此的自主性、自觉性、能动性，交往实践开始表现为自由交往的特征，单一主体开始变为多极主体。网络交往中每个主体和与之切实相遇的另一主体，每一方都既要把自己视为主体，也要把对方视为主体，所以网络交往实践就由主—客单向交往转向主—客—主的交互性交往。网络交往实践使得主客体间的界限模糊。网络主体通过人机界面作用于网络客体，从而显示出交往实践中主客体之间的交互性和中介性。③ 宁全荣在《论虚拟交往及其对于人的发展的意义》一文中指出，作为计算机网络技术快速发展和广泛应用的衍生物的虚拟交往，其本质特征就在于交往主体的隐匿化和虚拟化。

《网络环境中虚拟自我的呈现与建构》一书对网络环境中的交往主体进行了较为深入的研究。该书从"自我"的概念出发，观察人的主体性在信息革命中的变化与发展，观察人们以什么样的手段、方式、内容和策略呈现和建构自我，关注人在"虚拟"与"真实"

---

① 参见欧阳友权等《网络文学论纲》，人民文学出版社，2003。
② 参见周成龙、邢云文《试析人类交往实践的新形态：网络交往实践》，《太原师范学院学报》（社会科学版）2007年第4期。
③ 周成龙、邢云文：《试析人类交往实践的新形态：网络交往实践》，《太原师范学院学报》（社会科学版）2007年第4期。

的互动中如何实现"自我"。"虚拟自我"是自我在虚拟空间中的存在方式、状态及体验。作者认为，虚拟自我不是另外一个自我，而是自我的一个部分。现阶段，网络环境中的虚拟自我指人们以互联网为技术手段建构的自我。虚拟自我产生的根本原因与人的本质欲望和内心的深刻需求息息相关。人们在虚拟空间中的探求其实就是对自我的一种探求，是一种对生命本质意义上的追问。① 黎力以网络游戏为例，研究了作为人们身份认同及心理满足的一种存在和情境的"虚拟实在"，并指出网络游戏是在一种虚拟环境中进行的，现实的人们从物理世界进入网络虚拟世界，在虚拟的、想象的自我构造中，表达了游戏者探索另一个新的自我"身份的愿望"。②

三是交往关系的变化，交往关系的虚拟化、间接化在虚拟交往中更加突出。李素霞的《交往手段革命与交往方式变迁》（人民出版社，2005）一书，从技术的角度论述了人类交往方式的变迁，探讨了交往手段、交往方式和社会发展之间的关系。该书认为可以从两个方面来理解交往方式的变化：一是交往空间和范围的变化，二是交往关系的变革。前者着眼于外延的考察，后者着眼于内涵的分析。韩克庆认为，数字技术的发展无疑将促使人类在经历过农业文明、工业文明后跨入一个全新的文明阶段。他把当前的时代称为"比特时代"，指出在这一新的时代社会互动被赋予了新的内涵。第一，符号系统网络化。第二，大众传媒简单化。第三，互动方式多样化，人机交互成为可能。第四，异步的交流增多。第五，人际沟通间接化。③

4. 虚拟交往的意义

虚拟交往是人的一种实践活动，必然具有一定的社会历史意义，其中既有积极的方面也有消极的方面。综合国内学者的论述，关于

---

① 参见马忠君《网络环境中虚拟自我的呈现与建构》，中国电影出版社，2013。
② 参见黎力《虚拟的自我实现——网络游戏心理刍议》，《中国传媒科技》2004年第4期。
③ 参见韩克庆《比特时代对人类社会的重构》，《山东大学学报》（哲学社会科学版）1998年第4期。

虚拟交往的意义的观点主要有以下几个方面。

一是对人的自由全面发展的意义。尼古拉·尼葛洛庞帝对网络环境下人的生存方式进行了新的定义，认为人们正在进入数字化生存时代，"计算不再只和计算机有关，它决定我们的生存"[①]。他指出，在数字化环境中，人类的每一代都会比上一代更加数字化；数字化生存使人挣脱了时间、空间和"原子"的束缚，使人得以接触更广泛的人群，遨游在更为广阔的世界中；就如同无法对抗大自然的力量一样，人们既无法彻底否定数字化时代的存在，又无法从根本上阻止数字化时代的前进和发展。

在关于虚拟交往给人的发展带来的影响这个问题上，大多数学者持乐观态度，认为虚拟交往给人的自由提供了新的空间和机会，为人的自由全面发展创造了更充分的条件。网络的出现为实现人的自由本性提供了更为广阔的空间和更宽容的游戏规则。有相当多的论者在研究虚拟交往时，把重点放在了虚拟交往给人的自由发展带来的影响上。黄继红将网络中的交往与马克思的交往思想相结合，从人的自由的角度探讨了二者之间的关系。一切社会关系不外是人与自然、人与社会、人与人的关系，是人的交往关系的抽象反映。交往的方式和水平展现了人的发展程度，交往形式和内容的革新也必然推动人的发展。自由交往是人的个性解放和全面发展的必要条件，而网络交往是交往发展的新阶段，因此网络交往的出现必然会对人的自由全面发展造成新的影响。马克思主义自由观是网络交往自由的文化资源，网络交往自由必须从马克思主义自由观中汲取有益的文化养分。[②] 宁全荣认为，具备主体隐匿化和虚拟化等特点的虚拟交往是一种新的交往形式，这样一种交往方式的出现极大地促进了人的发展。虚拟交往对人的发展的促进作用表现在三个方面。首先，虚拟交往突破了现实生活中人们的社

---

① 〔美〕尼古拉·尼葛洛庞帝：《数字化生存》，胡泳、范海燕译，海南出版社，1997，第15页。

② 参见黄继红《马克思"交往与自由"思想视野下的网络交往自由探讨》，《社会科学研究》2009年第5期。

会地位的不平等，参加虚拟交往的主体在虚拟空间里都成为平等的自由的主体，都可以自由地发表自己的意见和观点，实现平等的交往。其次，虚拟交往瓦解了现实交往的诸多强制性限制，成为在虚拟空间中的自由交往。最后，虚拟交往的赛博空间不仅为不同主体提供了一种理想的"公共领域"或"理想的言谈情境"，也形成了一种真正开放的舆论环境，在这个"公共空间"中，人们可以积极地表达自己的意见和建议，并形成尊重别人和宽容别人不同观点的良好习惯。这对于培养人们的独立意识、参与意识和责任意识等具有非常重要的意义。[1] 李辉认为，虚拟交往可能产生自我认同的危机。他通过考察自我认同危机在历史上的不同表现，指出了在信息社会出现的自我认同危机。这种危机表现在以下几个方面。第一，自我虚拟人格与现实人格的分离。第二，自我与社会关系的分离。第三，自我与人的本质的分离。这种危机是由虚拟和现实的矛盾引发的：当虚拟交往延伸现实交往时，反映了对现实模拟的一面；当虚拟交往试图脱离现实束缚时，反映了对现实背离的一面。孙伟平则辩证地分析了虚拟交往给人的发展带来的正反两个方面的意义。他在《论信息时代人的新异化》一文中论述了虚拟交往与人际交往的新异化：电子时空造成的隔离，使人们失去了真实的人际交往环境，作为社会性的动物，人们对感情的需求被剥夺。长时间脱离与人的交往会造成心理问题，使人形成对虚拟的依赖和对现实的逃避。虚拟交往还造就了一种被排挤在网络社会之外的孤立的"边缘人"，他们因为无法进入交往体系而被忽视。[2]

　　二是虚拟交往的社会文化后果，尤其是对社会伦理价值观的影响。与虚拟空间的匿名性和开放性相关联，虚拟交往中也必然存在伦理道德的问题。这一问题同样引起了一些学者的注意。严耕、陆俊、孙伟平在《网络伦理》一书中探讨了网络社会的道德问题，他

---

[1] 参见宁全荣《论虚拟交往及其对于人的发展的意义》，《福建论坛》（人文社会科学版）2009年第3期。

[2] 参见孙伟平《论信息时代人的新异化》，《哲学研究》2010年第7期。

们通过对网络社会问题和网络冲突的分析，论证了道德和网络规范对网络社会发展的重要性，认为网络道德是网络社会中所有成员共同利益的反映。网络上各种不道德现象必须通过网络礼仪和规范，以及法规体系的建立来加以控制。[①] 吴正国探讨了虚拟交往对人们之间关系和价值观的影响。由于网络互动的普遍性，人们建立的相互关系与传统的血缘、地缘和业缘关系不同，是一种新型的趣缘、信息缘关系。陈历在《论网络交往实践》一文中论述了网络交往的负面效应。其一，网络交往实践为网络犯罪提供了可乘之机。其二，网络交往实践使网络信息污染不断加剧。其三，网络交往使网络帝国主义得以滋生和蔓延。其四，网络交往可能会造成双重生活空间的冲突或失衡。其五，网络交往实践在一定程度上影响青少年的身心健康。其六，网络交往实践使人与人关系中的数字鸿沟问题日益明显。[②]

三是虚拟交往的时代意义和历史意义及其在人类交往方式变迁和交往理论发展中的作用。孙伟平在其专著《信息时代的社会历史观》中指出：人类交往实践活动的内容和形式从来都不是固定不变的。它是由一定时代的物质生产实践的能力和水平决定的，表现为一个与物质生产实践相适应的历史发展过程。在一定的历史时代和社会发展阶段，人类交往的范围、内容、形式，往往有其自身的特点，有时甚至迥然不同。虚拟交往的出现，导致了传统交往模式向现代交往模式的转换。[③] 在《人类交往实践的革命性变迁——虚拟交往及其哲学批判》中，孙伟平乐观地分析了虚拟交往的特点，他指出，虚拟交往是最具时代特征的新型交往方式，它彻底颠覆了传统的交往理论，极大地延展了人们的交往领域和范围，导致人类生存方式、活动方式发生巨大变革，并引领了一个普遍交往时代的来临。[④]

---

① 参见严耕、陆俊、孙伟平《网络伦理》，北京出版社，1998。
② 参见陈历《论网络交往实践》，硕士学位论文，福建师范大学，2003。
③ 参见孙伟平《信息时代的社会历史观》，江苏人民出版社，2010。
④ 参见孙伟平《人类交往实践的革命性变迁——虚拟交往及其哲学批判》，《吉林大学社会科学学报》2012年第3期。

四 研究现状评述

从对国内外研究现状的回顾来看，国外的研究起步早、发展快，也取得了丰富的研究成果。国内关于虚拟交往的研究还处于初步阶段，尽管不少论者开始认识到这一问题的重要性，并且已经做了一些相关的研究，但这些研究还处于基础阶段。目前关于虚拟交往的研究一般只有在论述"虚拟实践""虚拟社会"等相近范畴的文章中才有所涉及，几乎没有专门论述虚拟交往的著作出版，以"虚拟交往"为题的文章也比较少，2015年以后才陆续出现以此为题的学术文章。以历史唯物主义为理论框架，对虚拟实践进行全面研究基本上是一个空白，存在不少需要尝试解决的问题。尽管国内外关于虚拟交往的研究已经取得了一定进展，提出了很多有价值的观点，但是也存在一些尚待改进的方面。概括来看，目前关于虚拟交往的研究存在以下几个方面的欠缺。

首先，在研究方式上，大多停留于一般的经验研究，现象描述与趋势预测的论著居多，哲学层面的反思与批判较少。许多学者从不同的角度描述了信息技术发展所带来的交往方式的变革，以及变革带来的社会影响。但不论是其中所持有的技术乐观主义还是技术悲观主义，都是从经验事实得出结论，呈现一种不太成熟、不够理性的态度。对于虚拟交往的研究，仅仅局限于从技术（交往媒介）或一般的哲学视野的层面上展开分析，缺乏系统全面的研究成果，没有把"虚拟交往"作为专门的课题进行深入研究。随着科学技术的快速发展和人类交往能力的增长，虚拟交往已经成为实践中的普遍现象，人们也对它积累了一定的感性认识，对虚拟交往开展哲学层面的批判，总结其中的规律性，形成方法论层面的认识，显得尤其必要。

其次，在研究视角上，对虚拟交往的研究，从社会学、心理学、科技哲学等学科进行论述的较多，从历史唯物主义的视角对虚拟交往进行哲学批判的研究较少。从现有文献来看，大都没有很好地做到从逻辑、历史和现实相结合的角度系统对虚拟交往进行辩证的阐释。虚拟交往这种新的交往方式的产生和发展，具有其自身的内在规律性，对它的研究应当紧密结合信息时代的时代特征来进行。虚拟交往是人类实践的产物，与人类社会历史的发展息息相关，对实现人的自由、社会的发展和历史的演进都具有正反两方面的意义。以历史唯物主义为视角，在人类历史进程中考察虚拟交往的产生和发展，以辩证的态度分析其意义，这是目前研究中所欠缺的，也正是马克思主义哲学义不容辞的责任。虚拟交往理应在唯物史观的理论中得到合理的解释和科学的指导。

最后，在研究内容上，对于虚拟交往的积极意义给予的关注较多，对于其内在的矛盾的揭示较少，对于虚拟交往究竟带来哪些影响，缺少应有的重视。从目前的研究成果来看，对虚拟交往问题在信息时代、全球化时代的存在状况，以及虚拟交往与时代的内在关联，尚缺少比较系统和深入的探讨。

对虚拟交往的研究之所以存在上述不足之处，一个重要原因在于对虚拟交往的理解和阐释缺乏历史唯物主义的视野，没有将虚拟交往与人、社会、历史等这些历史观中最重要的范畴有机结合起来，脱离了现实的人与人类社会的历史，只是孤立地探讨虚拟交往现象，很难做到逻辑与历史的统一。运用历史唯物主义的视角，客观地面对科学技术发展和虚拟交往产生的历史，辩证地分析虚拟交往所产生的社会历史后果，这是马克思主义哲学在这一问题上的一个优势，这也是本书努力的方向。

五　本书的主要内容和创新之处

根据对相关文献资料的梳理和对近年来研究现状的了解，本书将研究的重点转向虚拟交往的社会历史意义，在辩证认识虚拟交往这一现实问题方面尝试进行一些创新。

（一）主要内容和观点

本书针对虚拟交往这一历史现象展开哲学探析，运用历史唯物主义的哲学原理探讨虚拟交往在人的生存、社会发展、历史进步等诸多方面产生的影响，以批判的态度审视其中的利弊得失，反思虚拟交往的当代价值和历史意义。

第一，在历史的视野中总结人类交往方式的变化规律。通过历史的考察，指出虚拟交往的产生是一个自然的历史过程，是人类交往方式发展的必然结果，符合人类交往方式发展的一般规律。该部分主要从生产力和科学技术发展的角度，全面论述人类交往方式的主要形态，总结交往方式发展的一般规律，探究虚拟交往这一新的交往方式产生的基础和条件，进而论证虚拟交往产生的必然性。本书认为，人们的交往活动带有一定的虚拟性，这是人的实践能力发展的必然结果。虚拟性并非凭空产生，而是具有悠久的历史根源和深刻的哲学依据的。

第二，从哲学上界定虚拟交往这一概念，总结其本质、特点、表现及社会历史意义。以历史唯物主义的视角探讨虚拟交往的现实基础、主体需求等，指出虚拟交往这一交往方式在信息时代得到迅速发展并产生重大社会历史意义的原因，结合信息时代人类交往活动的状况，探究主体的需求在虚拟交往发展中的作用。从虚拟交往与现实交往的对比中，归纳虚拟交往的本质和特点，并指出虚拟交往与现实交往之间的关系。本书把虚拟与现实之间的矛盾作为虚拟交往的一对基本矛盾，认为对这一对基本矛盾的处理情况，决定着交往状况和效果。人的活动具有虚拟与现实两种性质，其应当成为联系虚拟与现实的桥梁，正如实践是联系主观与客观的桥梁一样，虚拟交往中作为主体的人是矛盾的焦点，人应当成为虚拟交往中矛盾解决的关键。

第三，探讨虚拟交往对人的生存和发展产生的意义。虚拟交往为人的发展创造了双重境遇：一方面是人的自由发展、自由交往的可能性被无限放大；另一方面则是人们遭受着虚拟交往带来的新的异化现象。本书认为，虚拟交往是一种交往方式，是人们实践的产物，不恰当的虚拟交往活动会引起负面效果，应当将这种活动控制在一定的范围内。本书提出了应对虚拟交往中异化问题的一般原则：

坚持以人为本，高扬人的主体性，防范对虚拟交往的不当使用，抑制虚拟交往中异化现象的产生，使虚拟交往变成为主体服务的工具，实现虚实结合、虚实相生的状态。

第四，探讨虚拟交往在社会层面的影响。虚拟交往推动了不同交往主体的互动、集聚，产生了各种虚拟组织、虚拟社区甚至虚拟社会，创造了人类活动的新的空间。虚拟社会是对虚拟时空及在这一环境中所发生的人类活动的总称，归根结底是人们之间交互活动的产物。虚拟社会的出现，在经济、政治和文化等方面产生了深远的影响，虽然没有触动社会制度的质变，却也提出了一系列新的挑战。深入剖析虚拟社会所引发的新的矛盾，探求处理社会矛盾的新方法，必须加强对虚拟社会的关注。本书认为，"虚拟社会"并不是一种全新的社会形态，不过是人们从技术角度出发做出的一种描述，并不能全面地、准确地指称信息时代的社会形态。"虚拟社会"的出现是生产力发展的结果，人们实践的深度、广度得到了空前的拓展，但是并没有从根本上改变人们之间的生产关系，更不涉及社会制度的改变。

第五，回归到历史的角度，重新审视虚拟交往的当前境遇和未来发展。结合当今时代全球化和信息化两大基本特征，探讨虚拟交往在当代的价值和在人类历史上可能产生的深远影响。本书认为，虚拟交往对当今时代两大特征的塑造起到了重要作用，是全球化和信息化的重要推动力：虚拟交往推动了交往范围的扩大和信息技术的广泛应用，交往的虚拟化在很大程度上决定了世界的信息化；全球化表现为资本全球化、经济全球化，从根本上来说是交往的全球化。

（二）主要创新之处

针对研究现状中的不足，本书试图在某些方面做出一些改变。本书的创新之处体现在内容的创新、方法的创新、观点的创新等几个方面。

第一，选择新的研究视角。改变以往研究中单纯针对"虚拟交往"这一现象本身进行探讨的研究方式，将虚拟交往置于历史唯物主义的视野中，系统论述虚拟交往的产生、本质和意义，重在阐述虚拟交往的哲学内涵和社会历史意义。虚拟交往不是一种孤立的现象，它与人们的生活实践紧密相关，对其社会历史意义的重点关注是本书的努力方向。

第二，采取新的研究方法。摒弃从科学技术、生产力发展等某一方面来论证交往方式的变迁等做法，着重从人类社会发展规律的层面揭示虚拟交往产生的社会历史性。避免孤立地研究虚拟交往这一社会现象，使研究陷入与人类社会历史相脱离的误区。把虚拟交往的社会历史意义与人自身的发展、社会发展和历史演进这些历史唯物主义的核心范畴有机地结合起来。

第三，结合新的时代特征。当前世界历史呈现全球化、信息化的时代特征，这与人类交往方式的发展具有十分微妙的联系。可以说，虚拟交往这一新的交往方式的出现既是信息化所带来的结果，也将成为塑造历史面貌、决定历史走向的一个重要因素。将虚拟交往与信息化、全球化等人类历史的当代特征相结合，揭示虚拟交往与当代历史发展的内在关联，这是本书想要实现突破的又一个重要问题。

在具体的研究过程中，本书还尝试提出一些具有创造性的观点，并围绕这些观点做出适当论证。这些创新观点主要包括：虚拟性是人类实践的一种本性、虚拟交往的产生具有必然性、虚拟交往的发展必然导致虚拟社会的形成、虚拟交往的基本矛盾是虚拟与现实的矛盾、虚拟交往为人的发展创造了双重境遇、虚拟交往能够增加和提高人类交往的自由和普遍程度，等等。

第一章
交往方式的历史变迁和当代新发展

人是以实践的方式存在的，实践的目的在于处理人与自然的关系和人与人的关系，社会交往就是为了处理人与人之间的关系。人的本质是一切社会关系的总和，而人们的社会关系是在相互交往中建立的，社会关系的状况与人们所采用的交往方式密切相关。人与人之间关系的妥善处理，需要考虑到人们在建立关系时所采取的交往方式。交往是一种社会历史现象，具有自身的规律和其产生的必然性及发展的一般趋势。生产力的发展增强了人们的交往能力，更新了交往工具，扩展了交往的范围，为交往创造了更多的可能，也进一步刺激了人们的交往需求。交往方式在不同的时代具有各自的特点，在当今的信息时代呈现虚拟化的趋势，虚拟交往的出现成为历史的必然。

第一节 交往与交往方式

交往是人类的一种实践活动，是有人的意识参与其中的能动性活动，人们具体的交往活动情形是千差万别的。也就是说，人们总是倾向于根据自身的需要和客观条件的限制来选择交往的具体方式。随着历史的演变，人们关于交往的需求不断变化，能够用于交往的条件也不断改进，交往活动的具体形式处于动态的变化之中。因此，不论是从静态来看，还是从动态来看，人类交往活动都表现为多种方式，新的交往方式也在不断出现。

一 交往活动及其社会历史意义

交往是一种复杂的社会现象，可以从不同的学科、不同的层面和角度来理解，它在人类社会历史中发挥着十分重要的作用。围绕对交往这一概念的认识，国内外存在诸多不同的流派，甚至在马克思主义经典作家不同时期的表述中也存在一定的差别。

（一）"交往"的概念辨析

"交往"既是生活中一个宽泛的日常概念，也是历史上一个悠久的哲学范畴。哲学上讲的交往，一般指的是人与人或人与物之间的相互影响。广义的交往既包括物质的交换、交易，也包括精神上的交流、互动。狭义的交往则指的是人与人之间的交互影响。

在哲学史上，曾经有不同的哲学家论及交往问题，其中既有唯心主义的观点，也有唯物主义的结论。例如，古希腊哲学家亚里士多德通过对人类交往行为的研究，提出了公正是人类实践的最高德性的论断。他认为"公正是一切德性的总括。公正最为完全，因为它是交往行为上的总体的德性"[1]。费尔巴哈认为"人与人的交往，乃是真理性和普遍性最基本的原则和标准"[2]。他认为人的真理性体现在与人的交往之中，孤立的个人是不具有真理性的。

在现代西方哲学中，关于交往问题的研究也占有重要的地位，甚至形成了专门研究这一问题的交往行动理论。德国哲学家哈贝马斯把交往行为看作人类实践的一个根本性问题，认为"交往理论意欲解决的问题是哲学性的，并关涉社会科学的基础"[3]。哈贝马斯认

---

[1] 〔古希腊〕亚里士多德：《尼各马可伦理学》，廖申白译注，商务印书馆，2003，第130页。

[2] 《费尔巴哈哲学著作选集》（上），商务印书馆，1984，第173页。

[3] 〔德〕哈贝马斯：《交往与社会进化》，张博树译，重庆出版社，1989，第99页。

第一章 交往方式的历史变迁和当代新发展

为，交往行为主要是一种相互理解。交往行为是一种以语言为媒介，借助符号协调并通过行为者相互间对话协商以达成人与人之间相互理解的行为。文化哲学家卡西尔把人定义为符号的动物，认为符号交往是人类交往与动物被动式的交往的主要区别。

与此相对应的是，马克思主义哲学也有关于交往的丰富理论资源，历史唯物主义把交往作为人的一种实践，认为交往本身就是人的存在方式。马克思论述的交往是一种社会交往，重视人们在生产中的交往，并且把生产关系作为交往最重要的产物。

马克思和恩格斯是历史唯物主义交往理论的开创者，他们的文献中有多处论及交往问题。在经典文献中，并没有对"交往"这一概念进行精确的界定，但是这并不能说明马克思主义哲学忽视了对人类交往问题的研究。在唯物史观的经典文本《德意志意识形态》中，出现了大量与交往有关的范畴，如"交往""交往关系""交往形式""物质交往""精神交往""世界交往""市民社会""所有制形式""所有制关系"等。当然，"生产关系"这一术语也在使用，只是还没有准确地规定下来。

交往、交往关系、交往形式等几个相近范畴，是随着论题侧重点的变化和唯物史观的不断完善而在不同角度上灵活使用的，因此，"交往"也被赋予了多重含义。从马克思、恩格斯的文献来看，"交往"至少具有以下几种意义。

第一，人与人之间的物质交换关系。在这一种意义上，交往与"交易"具有相近的意义，指的主要是人们在流通领域里产生的经济关系。"'交换'主要是人和自然之间的交换，即以人的劳动换取自然的产品。"① 人与人之间的物质交换关系，有时候也可以称为"交往"，比如，在1846年致安年科夫的信中，马克思在论述了社会是人们交互活动的产物之后，接下来写道："在人们的生产力发展的一

---

① 胡为雄：《马克思的社会交往理论》，《教学与研究》2004年第8期。

定状况下，就会有一定的交换［commerce］和消费形式。"① 在这里，我们可以认为交往与交换是并列使用的，它指的是人与人之间的物质交换关系。

第二，人与人之间的交互关系。这是较为宽泛的一种用法，这种意义上的"交往"包括人与人之间的各种交互关系。"到现在为止，我们只是主要考察了人类活动的一个方面——人们对自然的作用。另一方面，是人对人的作用……"②，这里不难看出，整个人类活动被划分为两大类：人与自然的关系和人与人的关系。人们对自然的作用，就是通过生产劳动来改造自然；人对人的作用，就是通过交往活动改造人与人之间的社会关系。人对人的作用，就是交往的本质含义，这也是本书所采取的解释。

第三，人们在生产中的交互活动。这一意义上的"交往"概念与"生产关系"比较接近。"为了不致丧失已经取得的成果，为了不致失掉文明的果实，人们在他们的交往［commerce］方式不再适合于既得的生产力时，就不得不改变他们继承下来的一切社会形式。"③ 在这里，"交往方式"与"生产力"同时出现，并且是作为一对范畴来使用的，这已经基本阐明了生产力与交往方式的辩证关系。应当说，这一意义上的"交往方式"实际上是"生产关系"的意思。"人们在生产过程中结成的社会关系就是生产关系，也就是人们的经济关系"④，包括生产资料归谁所有、人们在生产中所处的地位和相互关系、产品如何分配等几个方面。

第四，群体或国家之间在物质或精神上的交互活动。交往的主体不仅仅局限于个人主体，也可以包括社会群体甚至民族国家，交往的内容有物质方面的，也有精神方面的。马克思在论述交往超出国家范围走向普遍交往的时候，就是把民族国家作为交往的主体的。

---

① 《马克思恩格斯选集》第4卷，人民出版社，1995，第532页。
② 《马克思恩格斯全集》第3卷，人民出版社，1960，第41页。
③ 《马克思恩格斯选集》第4卷，人民出版社，1995，第532～533页。
④ 韩树英主编《马克思主义哲学纲要》，人民出版社，2004，第289～290页。

第一章　交往方式的历史变迁和当代新发展

马克思将理论的立足点放在了物质生产上面,因为生产在人类活动中具有决定性的作用,是人类历史的第一个前提。因为"人们为了能够'创造历史',必须能够生活。但是为了生活,首先就需要吃喝住穿以及其他一些东西。因此第一个历史活动就是生产满足这些需要的资料,即生产物质生活本身"①。整个唯物史观就是在此基础上建立起来的。生产劳动是人类最为根本性、最重要的一种实践,生产活动中必然发生人们之间的交互,可以将生产劳动称为交往的一种。但是并不能因此将生产与交往混同起来,生产关系特指的是人们在生产中的交互活动,不包括另外的不具备物质生产性质的交互性活动,而这些活动也是可以称为交往的。交往具有比生产关系更加宽泛的意义,二者处于不同的层次。马克思将人们在生产过程中的交往称为"物质交往",认为这是基础性的交往,同时也就承认了物质交往之外的其他类型的交往:"物质交往——首先是人们在生产过程中的交往,乃是任何另一种交往的基础。"②

综合以上论述可以发现,交往范畴的使用具有多种含义。但是无论在何种意义上使用这一范畴,以下两点是确定的。首先,交往是社会性范畴。交往的本质是人与人之间的交互关系,只有在人的实践活动的基础上,才可能有交往活动的产生。马克思认为,交往依赖社会条件,受到社会条件的局限。"迄今为止的一切交往都只是在一定条件下的个人的交往,而不是单纯的个人的交往。"③ 交往依赖于一定的社会条件,需要有健全的从事交往活动的人、一定的物质基础等。其次,交往是一个历史的范畴。"社会——不管其形式如何——是什么呢?是人们交互活动的产物。"④ 交往可以有不同的形式,与之对应的则是不同形式的社会,交往的变迁影响着社会形态的转变。交往并不是自然产生的,有其产生的必然性和自身的规律

---

① 《马克思恩格斯选集》第 1 卷,人民出版社,1995,第 79 页。
② 《马克思恩格斯全集》第 3 卷,人民出版社,1960,第 697 页。
③ 《马克思恩格斯全集》第 3 卷,人民出版社,1960,第 74 页。
④ 《马克思恩格斯选集》第 4 卷,人民出版社,1995,第 532 页。

性。交往也不是固定不变的，而是会随着历史的发展呈现一定的阶段性特征，不同时代的人们在进行交往时会采取不同的方式。

总之，马克思主义哲学关于交往问题的大量论述表明，虽然"交往"在有些情况下表达的是"生产关系"的意思，但并不排除它具有另外一些比较宽泛的含义。交往的本质是人对人的交互关系，而不仅仅指人们在生产活动中的关系。

不论是在人们的日常理解中，还是在经典作家的论述中，"交往"都可以具有比较宽泛的概念。本书的"交往"指的是不同主体之间的交互活动，其中的主体既包括个人主体，也包括个人组成的群体组织，甚至包括民族国家等；同样地，交往活动也包括人们的生产活动，广义的交往关系则包括人们在生产实践中的关系。我们认为：交往范畴概括了全部社会物质生活和精神生活中人与人之间的物质和精神的变换过程，是人与人之间交换其活动、能力及其成果的过程，是人与人之间以一定的物质和精神的手段为媒介的相互作用过程。[①]

（二）交往活动的社会历史意义

交往是人类的一个根本性的活动，普遍存在于人们的实践之中。交往不仅是人的存在方式，而且推动着人类社会的组成和国家的产生，也作用于社会制度等上层建筑。交往的社会历史意义主要表现在以下几个方面。

第一，交往的扩大是生产的前提。交往与生产是相互作用的关系，生产是一种社会性的活动，孤立的个人无法完成。交往构成了生产的前提，人们要进行生产，首先就必须发生一定的联系。人们"只有以一定的方式共同活动和互相交换其活动，才能进行生产。为了进行生产，人们相互之间便发生一定的联系和关系；只有在这些社会联系和社会关系的范围内，才会有他们对自然界的影响，才会

[①] 参见陈筠泉、刘奔主编《哲学与文化》，中国社会科学出版社，1996，第176页。

有生产"①。生产实践是人对自然界的关系，而交往则是人对人的社会关系，前者通过后者起作用，交往比生产更加具有基础性。

交往需要一定的技术手段、媒介等物质条件，这些条件是由生产来提供的。马克思也揭示了生产与交往之间的辩证关系："这种生产第一次是随着人口的增长而开始的。而生产本身又是以个人彼此之间的交往［Verkehr］为前提的。这种交往的形式又是由生产决定的。"② 由此可见，生产实践与交往形式之间具有相互作用：人们的生产实践活动以人们在生产中的交往关系为前提，物质生产的发展水平又决定着交往所采取的形式。

第二，生产力的实现需要交往。生产力是人们在生产过程中影响和改造自然界、获得物质资料的力量，表示的是生产中人与自然界的关系。生产力存在于人们通过相互联系而开展的生产实践中，而不是存在于孤立的个人之中。中国古代哲学家荀子曾经揭示人胜于动物的重要原因，"人有气、有生、有知，亦且有义，故最为天下贵也。力不若牛，走不若马，而牛马为用，何也？曰：人能群，彼不能群也"（《荀子·王制》）。人正是由于"能群"才具备了高于动物的生产实践的能力。马克思认为生产力是一种客观的物质力量，但是这种力量"只有在这些个人的交往和相互联系中才能成为真正的力量"③。每个孤立的个人所具备的只是潜在的生产力，只有通过交往联合起来，作用于具体的实践，才是现实的生产力。通过交往形成社会性力量，是人们把握生产力、实现生产力的保证。

第三，交往促成了社会。从社会的本质上来说，唯物史观认为，"社会生活在本质上是实践的"④，构成社会的人是从事实践的人，实践所要改造的是人与自然和人与人两类关系。人们除了进行生产实

---

① 《马克思恩格斯选集》第 1 卷，人民出版社，1995，第 344 页。
② 《马克思恩格斯选集》第 1 卷，人民出版社，1995，第 68 页。
③ 《马克思恩格斯全集》第 3 卷，人民出版社，1960，第 75 页。
④ 《马克思恩格斯选集》第 1 卷，人民出版社，1995，第 60 页。

践改造人与自然的关系，还要开展各种交往处理人与人之间的关系。因此，马克思明确地指出，人类社会是"直接从生产和交往中发展起来的"①。从社会的构成上来说，社会不是独立的个人松散地组合而成的，而是在人们的交互活动中创造的，"正是个人相互间的这种私人的个人的关系、他们作为个人的相互关系，创立了——并且每天都在重新创立着——现存的关系"②，"社会不是由个人构成，而是表示这些个人彼此发生的那些联系和关系的总和"③。

交往还创造了国家制度。"在人们的生产力发展的一定状况下，就会有一定的交换［commerce］和消费形式。在生产、交换和消费发展的一定阶段上，就会有相应的社会制度、相应的家庭、等级或阶级组织，一句话，就会有相应的市民社会。有一定的市民社会，就会有不过是市民社会的正式表现的相应的政治国家。"④ 交往对社会的塑造作用是全面的、彻底的，不仅导致了国家的产生，而且创造了社会制度，对整个上层建筑产生影响。"现存制度只不过是个人之间迄今所存在的交往的产物。"⑤

第四，交往是人类社会变革的推动力。交往是历史地发展变化的，它不仅塑造了社会的面貌，而且推动着社会的变革。随着人类交往能力的提升和交往手段的改进，交往的范围不断扩大，交往程度不断加深，交往的变革促使生产力发展，进而推动社会形态的演进。马克思在批评费尔巴哈的时候说过："他没有看到，他周围的感性世界决不是某种开天辟地以来就已存在的、始终如一的东西，而是工业和社会状况的产物，是历史的产物，是世世代代活动的结果，其中每一代都在前一代所达到的基础上继续发展前一代的工业和交

---

① 《马克思恩格斯选集》第1卷，人民出版社，1995，第131页。
② 《马克思恩格斯全集》第3卷，人民出版社，1960，第515页。
③ 《马克思恩格斯全集》第46卷（上），人民出版社，1979，第220页。
④ 《马克思恩格斯选集》第4卷，人民出版社，1995，第532页。
⑤ 《马克思恩格斯全集》第3卷，人民出版社，1960，第79页。

往方式,并随着需要的改变而改变它的社会制度。"①

交往的不断扩大将最终导致普遍交往的到来,普遍交往是共产主义社会实现的必要条件。所谓普遍交往,就是交往超出了一国的范围成为世界范围内民族及国家之间的交往,也就是世界交往。"由于普遍的交往,一方面,可以发现在一切民族中同时都存在着'没有财产的'群众这一事实(普遍竞争),而其中每一民族同其他民族的变革都有依存关系;最后,狭隘地域性的个人为世界历史性的、真正普遍的个人所代替。"②"所有这一切产生了历史发展的一个新阶段"③,这就是共产主义社会。马克思还指出了实现共产主义的具体条件,他认为,"无产阶级只有在世界历史意义上才能存在,就像它的事业——共产主义一般只有作为'世界历史性的'存在才有可能实现一样"④。如果不能够做到交往的普遍化,那么,"(1)共产主义就只能作为某种地域性的东西而存在;(2)交往的力量本身就不可能发展成为一种普遍的因而是不堪忍受的力量:它们会依然处于家庭的、笼罩着迷信气氛的'境地';(3)交往的任何扩大都会消灭地域性的共产主义"⑤。

第五,交往是人的存在形式和发展需求。"人是最名副其实的政治的动物,不仅是一种合群的动物,而且是只有在社会中才能独立的动物。"⑥ 人只有在社会关系中才能够真正生存,体现人之为人的本质。人的真正本质就是人具有复杂的社会关系,相互之间处于更加普遍的联系之中。人的本质就是人的社会关系的总和。人的发展同样是在交往中实现的,随着交往能力的发展,人类交往向着有利于人的自由全面发展的方向趋近。交往的普遍化和共产主义社会的

---

① 《马克思恩格斯全集》第 3 卷,人民出版社,1960,第 48 页。
② 《马克思恩格斯全集》第 3 卷,人民出版社,1960,第 39 页。
③ 《马克思恩格斯全集》第 3 卷,人民出版社,1960,第 64 页。
④ 《马克思恩格斯全集》第 3 卷,人民出版社,1960,第 40 页。
⑤ 《马克思恩格斯全集》第 3 卷,人民出版社,1960,第 39 页。
⑥ 《马克思恩格斯选集》第 2 卷,人民出版社,1995,第 2 页。

到来，为人的自由全面发展提供了现实性。

既然人的本质是社会关系，那么人的发展程度就取决于人们之间关系的状况，取决于人们与之交往的其他人的发展程度，"一个人的发展取决于和他直接或间接进行交往的其他一切人的发展"[①]。个人的发展"取决于个人间的联系，而这种个人间的联系则表现在下列三个方面，即经济前提，一切人的自由发展的必要的团结一致以及在现有生产力基础上的个人的共同生活方式"[②]。交往的普遍化将处于交往关系中的人们置于全面的自由之中，人们处于同样的经济前提下，具有共同的生活方式，人与人之间在交往中的敌对关系和根本矛盾得以消除，人们在交往中是利害攸关的和谐关系，一个人的发展是其他人发展的条件，一个人的发展也依赖于全部其他人的发展。

二 交往方式及其基本类型

如前文所述，交往是一种社会现象，是一个历史范畴，它在不同的历史时期可以表现为不同的形式，并随着历史的发展而改变。因此，为了深入研究不同时代的交往所具有的特点及其产生的意义，有必要大致划分交往活动的类型，并且将某种类型的交往活动称为某种"交往方式"。

（一）"交往方式"的概念

由于"交往形式"这一概念在《德意志意识形态》等马克思主义经典文献中也曾多次出现，并且在唯物史观的创立和发展中具有举足轻重的作用，而本书是在一种特定的意义上使用这一概念的，所以有必要首先做一定的区分，以免造成不必要的混淆。

有很多学者认为，在唯物史观的创立过程中，"交往形式"是"生产关系"这一哲学范畴的理论雏形。例如，在《马克思恩格斯全

[①]《马克思恩格斯全集》第3卷，人民出版社，1960，第515页。
[②]《马克思恩格斯全集》第3卷，人民出版社，1960，第516页。

集》第 3 卷的说明中编译者解释道:"马克思和恩格斯所创立的理论的某些基本概念在'德意志意识形态'中还是用不太确切的术语来表达的,后来他们用比较确切表达了这些新概念的内容的另一些术语代替了这些术语。例如,生产关系这个概念在这里是用'交往方式'、'交往形式'、'交往关系'等术语来表达的。"该卷在正文后面的注释中也提到"'德意志意识形态'中所用的这些术语……('交往形式'、'交往方法'、'交往关系')就是马克思和恩格斯在当时所形成的生产关系的概念"①。这种观点指出了交往形式与生产关系两个术语之间的演变关系,但是也可能造成误解,似乎交往形式和生产关系完全是同一个意思,只是在不同时期采用了不同的表述方式而已。其实二者之间的差别还是存在的。上述这番话承认了这样一个前提,即"在'德意志意识形态'中,«verkehr»(交往)这个术语的含义很广"②。

众所周知,"生产关系"是历史唯物主义的核心范畴,也是马克思主义哲学的特有范畴,它是随着唯物史观的创立而出现的。生产关系这一范畴在历史唯物主义的创立中具有决定性意义,它是阐明生产力和生产关系相互关系和作用的前提,是理解社会历史发展规律的关键。正如列宁评价马克思的功绩时说的,"只有把社会关系归结于生产关系,把生产关系归结于生产力的水平,才能有可靠的根据把社会形态的发展看作自然历史过程"③。生产关系与生产力作为一对核心范畴,在整个唯物史观中占有极其重要的地位,这是毋庸置疑的。交往形式在早期经典中是生产关系的代名词,这也是没有疑问的。但是不能因此而否定交往形式具有独立的含义。

不可否认的现象是,虽然生产关系这一范畴已经在《德意志意识形态》中出现,但是文中仍然在多处使用诸如上述的"交往形式""交往方式"等概念,而且交往关系这一概念的使用还比较宽泛。在

---

① 《马克思恩格斯全集》第 3 卷,人民出版社,1960,第 697 页。
② 《马克思恩格斯全集》第 3 卷,人民出版社,1960,第 697 页。
③ 《列宁选集》第 1 卷,人民出版社,1995,第 8~9 页。

经典文献中，交往形式与生产关系两个术语有时候甚至是在同一句话中出现的，比如："我们只知道，雇农无意对现存的生产关系和交往关系作任何改变，只希望强迫地主把地主的花费多于雇农的花费的那笔钱交给他们。"[①] 类似这样的用法还有多处，据此可以认为，两个术语在内涵上具有较大的差异，"如果两个概念完全相同，就没有必要把两者并提或并列了"[②]。

实际上，交往形式与生产关系具有各自独立的意义，二者不应该简单地混同起来。《德意志意识形态》中存在多处对于"生产关系"这一术语的直接使用。这一范畴具有多种不同的含义，文中主要是在以下几种意义上使用——人们在生产中的相互关系、人们对生产资料的占有关系、产品的分配关系等，有时候则是包括以上三种含义。例如，文中提到"封建时代的所有制的主要形式，一方面是土地所有制和束缚于土地所有制的农奴劳动，另一方面是拥有少量资本并支配着帮工劳动的自身劳动。这两种所有制的结构都是由狭隘的生产关系……决定的"[③]。

生产关系具有特定的内涵，这一范畴需要在一定的限度内使用。"生产关系"侧重于人们在具体的生产领域中的经济关系，对生产关系的分析是以人们生产他们必需的生活资料为起点的，并且以生产力为基础，联系分工的具体情况加以论述。唯物史观创立的基础是："从直接生活的物质生产出发来考察现实的生产过程，并把与该生产方式相联系的、它所产生的交往形式，即各个不同阶段上的市民社会，理解为整个历史的基础。"[④] 在这里，交往关系中又分离出了一个经济关系，赋予其"经济基础"的含义，为向真正"经济基础"意义上的生产关系范畴过渡做了准备。总而言之，"马克思从人的多

[①] 《马克思恩格斯全集》第3卷，人民出版社，1960，第450页。
[②] 赵家祥：《解析〈德意志意识形态〉中的一个难解之谜——"生产关系"概念与"交往形式"等术语的关系》，《哲学动态》2011年第4期。
[③] 《马克思恩格斯选集》第1卷，人民出版社，1995，第71页。
[④] 《马克思恩格斯全集》第3卷，人民出版社，1960，第42页。

种活动中划出生产活动,从人的各种关系中划出生产关系,从而把握了社会的本质"①。

生产关系是交往关系的一种,是具有了特定内涵的一种交往关系。"交往形式有时也被具体化为所有制形式,实质就是生产关系。"② 当人们之间的交往关系具体到所有制形式,考虑到具体的社会分工情况的时候,就具备了生产关系的意义。"私有财产是生产力发展一定阶段上必然的交往形式,这种交往形式在私有财产成为新出现的生产力的桎梏以前是不会消灭的,并且是直接的物质生活的生产所必不可少的条件。"③ 由此可见,生产关系是专门用来描述人们在生产过程中的关系的,而不能包括人与人之间的各种交互活动。"生产关系概念反映的只是人们在物质生产过程中的物质交往活动,它不包括精神交往活动"④,这一概念有更加精确,同时也更加狭窄的使用范围。

而交往方式则具有更加宽泛的意义。比如,在《德意志意识形态》中有这样一处:"每个个人和每一代当作现成的东西承受下来的生产力、资金和社会交往形式的总和,是哲学家们想像为'实体'和'人的本质'的东西的现实基础。"⑤ 此处所使用的"交往形式"并不仅仅是指人们在生产中的关系,还具有更加普遍的意义,指的是一切社会关系的总和。

"交往形式"主要包括两大类,即物质交往形式和精神交往形式,生产关系属于物质交往形式。物质交往形式既包括物质生产过程中的交往形式,也包括其他物质活动领域中的交往形式,只有物质生产过程中的交往形式才是生产关系,其他物质活动领域中的交

---

① 陈先达:《走向历史的深处》,中国人民大学出版社,2010,第262页。
② 王伟光:《王伟光讲习录》(上),中共中央党校出版社,2008,第21页。
③ 《马克思恩格斯全集》第3卷,人民出版社,1960,第410~411页。
④ 赵家祥:《解析〈德意志意识形态〉中的一个难解之谜——"生产关系"概念与"交往形式"等术语的关系》,《哲学动态》2011年第4期。
⑤ 《马克思恩格斯全集》第3卷,人民出版社,1960,第43页。

往形式不属于生产关系。① "交往方式"是马克思在《德意志意识形态》中用以表述生产关系的概念。在《哲学的贫困》中,马克思用"生产关系"代替了"交往形式"这一概念。"交往形式"的含义较"生产关系"更宽,有时指生产之外的领域中人们的交往关系,有时又指交往活动采取的具体样式。因此,把交往形式和交往关系两个范畴仅仅当成生产关系范畴的最初表达,把交往消解在物质生产活动中,而看不到交往概念所蕴含的广泛意义,这种做法是不恰当的。②

"交往形式"与"生产关系"是两个具有各自内涵的范畴,不应当简单地将二者等同起来。交往关系具有更加宽泛的含义。交往关系"是指广义的社会关系,即社会内部形成的最一般的关系,这里既包括物质交往,也包括精神交往,实际上是指社会关系的总和"③。通过以上辨析可以澄清:交往形式和交往方式是比生产关系更加宽泛的概念,即使是在马克思主义哲学的早期经典文献中,也是在不同的意义上使用这些概念的。

特别值得一提的是,在德国著名哲学家哈贝马斯的交往行为理论中也有关于"交往方式"的提法,他的交往行为理论是以"交往行为"为基础的主体间性哲学。在这一理论中,人的行为被划分为两类:一类是工具性行为,另一类则是交往行为。哈贝马斯的"交往方式"是用来取代"生产方式"的,这种做法的目的是重建历史唯物主义。与哈贝马斯的做法不同,本书中所使用的"交往方式"不是也不能取代马克思的"生产方式",其是以承认生产关系以及整个唯物史观的科学性为前提的,只是认为两个概念应当具有不同的内涵。

此处应当指出,本书所使用的"交往方式"并不是历史唯物主义创立早期作为"生产关系"雏形来理解的那种意义。它描述的是

---

① 参见赵家祥《解析〈德意志意识形态〉中的一个难解之谜——"生产关系"概念与"交往形式"等术语的关系》,《哲学动态》2011年第4期。
② 参见姜锡润、王燕《关于〈德意志意识形态〉中交往与交往形式研究》,《武汉大学学报》(人文科学版) 2002年第4期。
③ 王伟光:《王伟光讲习录》(上),中共中央党校出版社,2008,第21页。

人们在各种交往活动中所采用的技术手段、主体所处的状态、双方的交往关系等，用来指称人类历史上不同类型的交往活动。比如，虚拟交往就是一种独具特色的交往方式。

(二) 交往方式的基本类型

交往方式是对不同的交往活动的指称，不同历史时期的交往在某些方面具有鲜明的特征，可以用作对这一交往方式的描述。从人类交往活动发展的历史来看，交往具有各种表现形式，为了研究虚拟交往这种具体的交往方式，首先有必要对人类历史上曾经出现过的交往方式做出大致的划分。划分的依据可以有很多种，相应的划分结果也可以有多种。在这里可以先看一下马克思主义哲学经典文献中提到过的几种交往方式。

在《德意志意识形态》等经典文献中，并没有明确指出划分交往方式的标准，而是笼统地提及几种具体的交往方式。但是我们可以确定的是，马克思认为交往的方式可以有很多种，不仅交往的主体可以有很多种，而且交往还可以以很多形式表现出来。马克思认为交往具有多种形式，包括个人、社会团体，乃至国家的物质交往和精神交往，他甚至认为"战争本身还是一种经常的交往形式"[1]。

从交往的对象来看，有自然交往和社会交往。自然界是"人为了不致死亡而必须与之不断交往"的"人的无机的身体"。这里虽然使用了"交往"这一概念来表示人与自然之间的关系，但那只是另一种意义上的，其要表达的意思是人与自然之间的相互影响，并没有互动的意思。严格来讲，与自然的关系不能称为交往，自然是没有意识的，无法产生真正意义上的"互动"。我们认为，交往首先应当是社会性的，即人们在社会实践中所建立的人与人之间的关系才能称得上交往。

---

[1] 《马克思恩格斯全集》第3卷，人民出版社，1960，第26页。

从交往的范围来看，有内部交往、外部交往和世界交往。这种划分在马克思主义文献中是有确切的证据的。马克思所谓的内部交往和外部交往是以民族和国家为标准来划分的。他认为"各民族之间的相互关系取决于每一个民族的生产力、分工和内部交往的发展程度"①。并在此基础上说明了内部交往和外部交往的相互影响关系，"不仅一个民族与其他民族的关系，而且这个民族本身的整个内部结构也取决于自己的生产以及自己内部和外部的交往的发展程度"②。

从交往的内容来看，有物质交往和精神交往。马克思已经把人类的交往大致划分为物质交往和精神交往两大类，并且指明了两种交往方式的大致关系。首先，物质交往是决定性的交往方式，制约着精神交往的发展。人们要进行交往，就必须具备一定的物质基础，"个人对一定关系和一定活动方式的依赖恰恰是由物质生产和物质交往决定的"③。精神交往是伴随着物质交往而产生的，"思想、观念、意识的生产最初是直接与人们的物质活动，与人们的物质交往，与现实生活的语言交织在一起的。人们的精神交往在这里还是人们物质关系的直接产物"④。其次，精神交往丰富了交往的内容和形式，促进了交往的发展。

交往具有不同的类型，从不同的角度予以划分可以得出不同的结果，以上所做的划分也是比较粗略的。历史上实际存在过的交往方式不仅仅局限于以上经典文献中出现过的这些具体名称，它处于不停的发展变化之中，未来也会出现新的形式。以上这些不同类型的交往方式在历史上属于不同的时代，各自占据着不同的地位，对人类社会历史发挥着不同的作用。

---

① 《马克思恩格斯选集》第1卷，人民出版社，1995，第68页。
② 《马克思恩格斯选集》第1卷，人民出版社，1995，第68页。
③ 《马克思恩格斯全集》第3卷，人民出版社，1960，第460~461页。
④ 《马克思恩格斯全集》第3卷，人民出版社，1960，第29页。

第二节　人类历史上的交往方式

前文已经论及，交往方式是历史地发展的，具有自身的规律。为了揭示这一规律，全面准确把握交往方式的现状和未来发展方向，有必要大致考察人类交往方式变迁的整个历史。

一　交往方式的历史演变

交往方式的变迁体现在交往活动的主要构成因素上，即交往手段、交往范围和交往内容等。因此，本书以上述几个方面为主要线索，对人类历史上出现过的交往方式做一个大致的回顾。

（一）交往手段的变革

任何社会交往的实现，都需要借助一定的交往手段，交往手段是人们在交往行为中所使用的物质和技术支持。交往手段的改进在很大程度上塑造着交往方式的特点，引起交往方式的变迁。交往手段主要包括通信设备和传播媒介，在人类交往的历史上，货币、语言、文字，以及各种通信技术等都是起到了重要作用的交往手段。以这些交往手段的更替为标志，可以将人类交往方式大致划分为以下几个阶段。

在自给自足的原始社会和封闭的小农经济时期，人们"都是直接生产自己的大部分消费品，因而他们取得生活资料多半是靠与自然交换，而不是靠与社会交往"①，自然交往是以人为主体、以物质为对象的交往，在这种交往方式占据主流的情况下，人们之间呈现相互隔绝的状态。与自然的交换是最原始、最朴素的交往方式，严格来说这只是"交换"而非"交往"。由于缺乏一定的社会性，其还

---

① 《马克思恩格斯选集》第 1 卷，人民出版社，1995，第 677 页。

称不上真正的社会交往。

随着生产力的发展和剩余产品的出现，人与人之间的物质交换开始出现。以物易物的直接交换是完全没有虚拟成分的，人们面对面地相互交换劳动成果，整个交往过程都是在同一时空内完成的。货币等一般等价物的出现使交易具有了"不同时"性，人们可以借助于等价物将支付等环节提前或延后，从而延长了交往的过程。与面对面的直接交往相区别，间接交往需要通过中介物的过渡，凡是在交往过程中需要中介过渡的间接交往都可以看作具有一定程度的虚拟性。实物交换是一种物质的交往方式，以实现物质的交接为主要目的，其中也伴随着交往主体的意愿等主观因素，物质交往具备了一定的主观性、间接性。在物质交往基础上产生的精神交往也是这样。

语言的出现是人类交往史上的一件大事，马克思认为语言是交往的重要媒介，语言的产生是交往发展的产物。"语言也和意识一样，只是由于需要，由于和他人交往的迫切需要才产生的。"[1] 语言的产生是人与人之间开展真正交往的前提。精神交往是随着语言的产生而发展起来的，交往的需求促进了语言的产生。语言形成之后，又反过来推动人类交往的发展，语言是"组织社会的最大工具，公共纽带"[2]，语言把人们的自然交往变成了社会交往。语言的出现不仅为物质交往创造了便利条件，也使得不同主体之间的精神交往成为可能。"思想、观念、意识的生产最初是直接与人们的物质活动，与人们的物质交往，与现实生活的语言交织在一起的。人们的想象、思维、精神交往在这里还是人们物质行动的直接产物。"[3] 语言促进物质交往的进一步间接化和精神交往的产生，人类交往走向社会交往的新阶段。

---

[1] 《马克思恩格斯全集》第 3 卷，人民出版社，1960，第 34 页。
[2] 〔英〕洛克：《人类理解论》下册，关文运译，商务印书馆，1959，第 383 页。
[3] 《马克思恩格斯选集》第 1 卷，人民出版社，1995，第 81 页。

文字的出现提供了交往间接化的另一个关键条件，它使得交往跨越时空、突破物理限制成为可能。文字不仅可以传达处于不同地点的人所表达的信息，而且可以通过记载、传承功能让不同时代的人实现精神交流。马克思曾经高度评价文字的发明在人类文明进程中的作用，认为活字印刷术"变成新教的工具，总的来说变成科学复兴的手段，变成对精神发展创造必要前提的最强大的杠杆"①，活字印刷术与火药、指南针共同预示了资本主义社会的到来。自从语言和文字产生之后，人与人之间的思想观点的交流变得越来越频繁，马克思所称的"精神交往"成为人们生活中的重要内容。

除了以上提到的几种典型的交往手段之外，交通和通信技术也是重要的交往手段。语言、文字等交往手段把人们的交往需求由直接交往变成间接交往，处于交往中的双方可以不同时在场。与此同时，仍有许多交往需要交往双方同时在场，于是突破物理时空的限制成为交往发展的要求。交通运输技术的改进创造了这样的条件，车、船和飞机等运输工具的发明，通过交往主体物理位置的移动，使处于较远距离的人们得以实现面对面的交往。书信、电话、电报乃至电子邮件和网络即时通信设备，则是在人们之间架设了新的连接方式，提供了新的"面对面"的可能。借助于网络通信和无线通信技术，可以瞬间实现地面与空中和海底对话，也可以突破国界和时区的限制。

（二）交往范围的扩大

从交往范围的角度来看，人类的交往方式也经历了巨大的变革，呈现不断扩大的趋势。马克思、恩格斯认为，交往的主要类型有内部交往、外部交往和世界交往，这就大致指出了交往范围扩展的三个层面。这种划分是以民族国家的地理疆域为标准的，所谓内部交往，就是在同一个民族国家领域内发生的交往，它是以民族国家的

---

① 《马克思恩格斯全集》第47卷，人民出版社，1979，第427页。

疆域为界的。外部交往即不同民族国家之间的交往。

在原始的部落社会,人们的交往局限于本部落之内,共同参与狩猎捕鱼等生产活动,婚姻也发生在本部落之内,这时候的交往主要发生在以部落为界限的内部。部落之间因为争夺领地或资源而发生的战争等冲突,已经超出了一个部落的控制范围,成为一种外部交往。外部交往与内部交往也可以在不同的意义上做出划分,在国家产生之后,国家的疆域范围成为划分内部交往与外部交往的另一标准。在区域化国际组织广泛存在的今天,不同国家之间的交往也可以成为另一种意义上的"内部交往"。

外部交往具有多种形式,有经济贸易的往来,也有思想文化的交流,马克思甚至认为战争也是一种经常性的交往方式。外部交往扩展了交往的范围,也丰富了交往的内容,促进了不同民族和地区之间的文化交流。

世界交往即全球范围内的交往,是外部交往的进一步扩大,是交往在新的历史阶段上的产物。马克思已经关注到资本主义时代初具端倪的全球化趋势,描述了世界交往的整体面貌:"过去那种地方的和民族的自给自足和闭关自守状态,被各民族的各方面的互相往来和各方面的互相依赖所代替了。"[1]

马克思着重从物质交往的角度阐述了交往向世界交往的转变,认为世界交往是资本主义扩张的结果,"资产阶级,由于开拓了世界市场,使一切国家的生产和消费都成为世界性的了"[2]。殖民时代的世界交往,是资本主义国家主导的,是东西方民族和国家之间的不平等交往。资产阶级的扩张是世界交往的重要力量,却不是唯一的动力,社会主义制度和社会主义国家建立之后,也发挥了重要作用。即使是在资本主义的殖民扩张时代,世界交往也不仅仅局限于殖民地与宗主国之间的交往,在当今时代,还应当包括不同社会制度之

---

[1] 《马克思恩格斯选集》第1卷,人民出版社,1995,第276页。
[2] 《马克思恩格斯选集》第1卷,人民出版社,1995,第276页。

间的交往，社会主义国家在世界交往中发挥着重要作用，全球化是世界各国共同促成的。

（三）交往内容的丰富

物质交往和精神交往是人类最为基本的两种交往方式，所谓物质交往，就是人们在物质生产过程中所进行的交往。它包括以物易物的直接交换、以等价物为中介的交易，以及依靠金融手段完成的各种贸易等，物质交往的目的是通过产品的交换实现资源重新配置，使交往双方的利益得到最大化。马克思认为"交往形式中的物质交往形式就是市民社会"①，市民社会具有广义和狭义之分，狭义的市民社会特指资产阶级社会，而广义的市民社会"包括各个人在生产力发展的一定阶段上的一切物质交往"②。

单纯的物质交往是比较朴素的交往方式，是以维持生命需要为第一考虑的最基本的交往，人们还没有机会表达丰富的个人意愿，个人之间的精神交往还是一片空白。精神交往是伴随着语言文字等符号系统的出现而产生的，借助于这些符号，人们得以表达自己的意愿，通过相互之间交换思想在利益中达到共同点。精神交往极大地丰富了人类交往的内容，创造了丰富多彩的文化。

物质交往处于较低层次，是基本的交往方式，精神交往只有在物质交往得到充分发展的时候才能进行。在物质生产比较丰富的时候，精神交往往往得到极大的发展。历史证明，凡是经济比较繁荣的时代，文学艺术的创作就比较活跃，对外文化交流也比较频繁。精神交往可以满足人们较高层次的心理需求，在实现形式上是多样化的。除了语言、文字的交流以外，还有通过法律、宗教等方式表达出来的意识。

---

① 赵家祥：《解析〈德意志意识形态〉中的一个难解之谜——"生产关系"概念与"交往形式"等术语的关系》，《哲学动态》2011年第4期。
② 《马克思恩格斯选集》第1卷，人民出版社，1995，第130页。

当然了，物质交往与精神交往并不是截然分开的，在物质交往中也伴随着一定的精神交往。人们相互之间在进行物质交往的同时，也要围绕精神交往做一些商讨，让对方明了自己的意向和期待，争取交往朝着自己期望的方向发展，维护自身在交往中的物质利益。同样地，精神交往中也可能带有物质交往的成分。精神交往中所交换的不仅仅是思想和观点，还有一些以物质形态呈现的产品。

以上从几个不同的角度大致叙述了人类交往方式变迁的历史，这些交往方式在不同的时期轮番登上历史舞台，分别成为某一时代最具代表性的交往方式。随着社会历史的发展，人们的交往能力也在不断提升，新的交往方式也会不断出现并取得支配地位，成为新的时代最具典型意义的交往方式。

二 交往方式变革的一般规律和趋势

通过以上对人类交往方式历史变迁的考察，可以总结出人类交往方式变迁具有一些基本趋势，大致包括以下几个重要方面。

第一，间接化。交往手段的变革创造着交往间接化的条件，交往中介物拉长了交往实现的环节，把人们面对面的直接交往变成间接交往；各种交通通信技术和设备的使用在某种程度上拉近了交往双方的距离，创造了新的"面对面"的可能，交往主体之间的物理距离越来越远，而心理距离却可以越来越近，新技术起到了对实际距离的消解作用。交往环节的间接化，使交往主体可以不在场，而是以某种交往媒介来代表自己出场。比如，以货币购买商品时，商品的出售者不需要见到货物的真正购买者，在这里，货币代替了交往主体的某些职能，在某种程度上充当了交往主体的角色。随着电子商务和全球邮递业务的发展，网络环境下的商品交易活动更加具有间接性，网络支付和货到付款引入的第三方的参与人，成为交往双方的中介。

交往范围的扩大与交往的间接化趋势是相统一的。交往范围的不断扩大必然导致交往主体产生"鞭长莫及"的感觉,在频繁的外部交往乃至全球化交往中,人们难以做到随时随地亲自完成交往中的每一个细微环节,只能以间接化的方式来完成。当交往的地理范围超出人的生理条件所能到达的范围时,就需要借助于运输工具和通信工具等这些延长了的身体器官,以间接的方式达成交往活动。交往范围越大,人们在交往中遇到的现实障碍越多,以间接化的方式实行的交往越多。总而言之,交往范围不断扩大的历史发展过程体现着交往活动间接化的整体趋势,交往范围扩大的历史与交往间接化的过程是内在一致的。

交往内容的丰富也具有某种间接化的趋势。物质交往中存在着需要转移的有形商品,而精神交往中交往双方需要交换的除了有固化在有形物质上的文化产品外,大量的是以无形的主观思想形态表现的,可以用声音、图像、文字等多种符号来表达,这些符号在交往双方不同时到场的时候也可以顺利实现交换。与物质交往相比,精神交往中的间接化趋势更加显著。可以说,面对面的交谈之外的所有精神交往都可以算作间接的交往,古代的烽火狼烟、驿站邮传和现代社会使用的书信、电信等都是间接的信息传递方式,交往双方可以各自处于千里之外,通过信息传递实现交往。

交往的间接化,其实就是对时间和空间限制的突破,通过某些变通达到交往的目的。间接化的交往可以实现全天候、不间断的交往。当面对面的现场交往难以实现时,就通过变更交往主体所在的物理空间、寻找作为代理者的交往中介,达到另一种意义上的新的"在场";交往活动双方的同步存在障碍时,就通过适当延长或压缩交往的某些环节,来实现交往过程的完整。交往的间接化是某种程度上的妥协,是人们为了保证交往过程完整、实现交往目的而在交往活动中做出的调整。历史证明,交往的间接化是克服交往障碍实现交往目的的有效办法。在不断间接化的变化中,各种新的交往方式不断出现。

第二,符号化。交往活动不能够以双方同时在场的直接方式实现时，就要借助于某些中介以间接的方式实现，其中符号是很重要的一种中介。交往的符号化，就是交往活动中符号的作用越来越突出，以至于现代社会的交往活动甚至高度依赖各种符号的使用。符号化的交往是间接化的交往，是以符号为手段、以符号为中介的交往方式。

符号化的交往既包括以符号为手段的交往，也包括以符号为对象的交往。交往的符号化首先体现在交往手段的符号化。在人类交往方式演变的历史上出现过的很多交往手段都是以某种符号来传递信息的，书信、电话、电报甚至信息时代的电子邮件和聊天软件概莫能外。这些信息传递手段都在改进所使用的符号，声音符号、图像符号、视频符号，甚至数字化的符号，都成为交往中的关键要素。交往的符号化还体现在交往主体的符号化。在各种需要身份认证的情况下，卡片中所存储的电磁信号代表了卡片所对应的真正持有人，由于日益普及和过度使用，这些电磁符号在某些情况下甚至可以取代人的地位，符号化的主体也可以被当成交往对象。符号化改变了交往的各个要素和环节，交往方式正在日益向着符号化的方向发展。

交往的符号化创造了交往范围扩大的一个关键条件，交往手段的符号化提供了新的技术装备，提升了信息传递的速度和效率。符号化的交往主体可以在信息高速公路上传输，能够更加便捷地到达任意地点，在瞬间就实现全球范围的交往。用数字化符号搭建的交往平台则将人们的活动范围由现实延伸到了虚拟时空，虚拟时空成为与现实的物理世界相对应的另一个新世界。符号化的交往是间接的交往方式，符号的介入拉伸或压缩了交往的环节。比如，在电子商务中，货币是以数字符号来表示的，货币的让渡是以数字符号的增减变化来体现的，这里面并不需要交易双方面对面或手递手，交易中的支付环节延长了，然而这种延长却取得了快速便捷的效果。

交往的符号化推动了交往内容的丰富和交往方式的多样化。物质交往只能够单纯地表达交往双方的物质利害关系，无法细腻地传递人们的各种心理感受和思想观点，建立在各种符号系统上的精神交往具备了这种可能。用语言和文字等符号系统来表达交往主体的意愿，可以实现多种交往目的，甚至在某些情况下这些符号可以充当交往主体的角色，使人产生"见字如面"的感觉。通过符号系统的不断完善，人们之间的精神交往获得极大的发展，交往的内容和方式也日益丰富。语言可以用来面对面地直接交往，文字可以实现远距离和跨时间的交往，电报甚至还能够实现特定的人之间的交往，信息社会中的人们能够很轻松地以任意的兴趣和爱好开展各种交流，交往的信息量剧增而成本骤减。

第三，虚拟化。交往的间接化和符号化已经具备了一定程度的虚拟性，虚拟化是间接化、符号化的进一步加深。间接的交往实际上是拆分了交往的环节，分两步完成整个交往过程。先是交往主体将意愿寄托于中介，然后是交往中介代替交往主体与交往对象接触并完成物质或精神方面的互动。不论是实物形态的中介还是符号化的中介，都使得交往过程显得不再完全的真切，在一定程度上造成了交往过程的虚拟化。虚拟化还体现在交往活动的每一构成要素之中，交往主体和交往对象也可以数字符号化，人们与之进行交往的可能并不是一个真实的人，可能是一个电脑程序，也可能是某人在电子游戏中所扮演的角色。

虚拟化是交往手段发展的结果，虚拟化的程度加深也标志着交往手段的进步。在交往手段变革的历程中，虚拟化的趋势也越来越明显：中介物的出现使得交往主体可以不在场，交通通信技术实现了远距离情况下主体某种程度的再现，信息时代的符号化主体甚至可以独立地充当交往主体的角色。虚拟化与交往手段的变革交织在一起，在信息化时代表现得最为充分。虚拟化导致了交往范围的急剧扩大，从传统的物理世界延伸到了数字化的虚拟时空。传统的交往方式以全球交往为最终目的，物理世界成为天然的边界，而虚拟交往则又一次开辟了全新的交往领域，虚拟时空才刚刚展开。

通过对人类交往发展史的简单回顾，基本可以得出人类交往方式变革的基本趋势和一般规律。人类交往方式的发展大致呈现自然交往—社会交往、直接交往—间接交往、实物交往—符号交往、现实交往—虚拟交往的整体趋势，新旧交往方式之间存在着先行后续的关系，但并非完全取代，不同交往方式可以共存。在这一整体趋势中可以发现，交往手段持续变革，交往范围和领域不断扩大，交往的内容日益丰富，这几种趋势是内在一致的，共同构成了人类交往方式变迁的一般轨迹。在这一轨迹中可以看到人类交往一直在向着虚拟化的方向发展，虚拟化是人类交往方式变迁的一条主线，从间接化到符号化再到全面的数字符号化，虚拟化的程度一直在逐渐加深，直到信息时代这一趋势才比较明晰地表现出来。由于信息时代人们的交往活动已经具有较高的虚拟性，便称其为"虚拟交往"，虚拟交往成为信息时代最显著的交往方式。

第三节 虚拟交往：信息时代的交往方式

交往方式的变迁是与时代变革同步的，每一种交往方式都是历史的产物。不同的时代产生了不同的交往需求，提供了新的技术和物质条件，也造就了代表人们交往能力和技术水平的新的交往方式。信息时代不仅实现了生产力和技术上的巨大进步，而且深刻地变革了人们的交往方式，产生了虚拟交往这种新的交往方式。身处信息时代我们已经充分意识到，虚拟交往造就了新的生存方式、生活方式、思维方式和价值观。正是由于虚拟交往的广泛应用和它对人们生活的深入影响，可以把虚拟交往称为"信息时代最为典型的交往方式"。

通过考察人类交往方式变迁的历史，可以总结其中呈现的一定规律和整体趋势，然而这一规律并不是先天存在的，而是在各种力量的交织作用下促成的。影响交往方式变迁的因素，既有人的交往需求，也有社会所提供的物质条件。正是在各种因素的共同作用下，人类的交往方式不断变化，呈现鲜明的时代性。

一 交往方式变迁的动力因素和制约因素

影响交往方式变迁的力量可以分为两大类：一类是动力因素，决定着发展的方向；另一类是制约因素，影响着发展的速度。两方面的合力共同作用于人类交往方式的变迁历史。影响交往方式变迁的因素很复杂，不同因素起作用的方向和大小都存在很大差别，针对这一问题可以展开很多的论述。但是由于本书要论述的重点不在此处，我们打算就这一问题进行简单概括而不深究：以人的交往需求为例来探讨交往方式变迁的动力，以现实条件的限制为例来探讨交往方式在变迁中可能遇到的制约因素。人的交往需求趋于不断扩大，社会所提供的交往条件也日益改变，但是二者的发展并不是完全同步的，交往需求的扩大受到现实条件的限制，二者之间的矛盾运动推动着交往方式不断变革。

（一）交往需求的扩大

交往方式的变迁具有一定的规律性，但是这种变化不是自发进行的，而是有人的主观目的参与其中，是在一定的社会条件下发生的。交往方式发展变化的原因有两个重要的方面，一个是人的交往需求的扩大，另一个是生产和生活提出了旧的交往方式所不能满足的新要求，两个方面共同构成了推动交往方式变迁的主要动力。

交往是个人在社会生活中满足需要的基本方式，人们在交往活动中要获得物质和精神上的满足。交往是在多种动机的驱动下进行的，马克思认为，人们为了生活就首先要解决基本的自然需求，亚里士多德说过"求知是人类的本性"[①]，马斯洛则提出了人的需求层次理论……总之，人们在生活中具有多种方面的需求。人的交往需求是丰富多样的：既要满足生理需求又要实现心理欲望，既要物质

---

① 〔古希腊〕亚里士多德：《形而上学》，吴寿彭译，商务印书馆，1959，第1页。

上富足又要精神上充实，既要不断追求真理又要努力实现价值，这些动机仅仅依靠个人的力量很难得到实现，要在与他人的交往中创造条件。人们是在相互的交往中实现自己的目的的，马克思早就揭示了这一点："在市民社会中，每个人都以自身为目的，其他一切在他看来都是虚无。但是，如果他不同别人发生关系，他就不能达到他的全部目的……"①

交往是人与人之间的相互需要。马克思指出："每一个人在另一个人面前作为这另一个人所需要的客体的所有者而出现，这一切表明：每一个人作为人超出了他自己的特殊需要等等，他们是作为人彼此发生关系的；他们都意识到他们共同的种属。"② 只有处于人与人之间相互关系中的人，才是真正意义上的人，才具备了人的真正属性。哲学家雅斯贝尔斯也指出："人们不是作为孤立的个体而生存着，而是作为家庭中的成员，团体中的同人，具有众所周知历史渊源的各种'人群'中的组成部分而生存着。"③

交往是一种有目的的活动，交往主体的目的支配着交往的全过程。"人们为之奋斗的一切，都同他们的利益有关"④，不论是物质方面的交往，还是精神方面的交往，都是交往主体追求自身利益的活动。"正是在人们建立的社会关系中，他们的利益才能得到表现，他们的欲望才能成为现实"⑤，而社会关系的建立又离不开交往活动，因此可以说，人们是在交往活动中实现各自的利益的。在物质交往中，人们通过交换产品重新配置资源，在充分发挥物质价值的同时也满足了自己的物质利益；在精神交往中，人们通过与他人的社会

---

① 〔德〕黑格尔：《法哲学原理》，范扬、张企泰译，商务印书馆，1961，第197页。
② 《马克思恩格斯全集》第46卷（上），人民出版社，1979，第195页。
③ 〔德〕卡尔·雅斯贝尔斯：《现时代的人》，周晓亮、宋祖良译，社会科学文献出版社，1992，第7页。
④ 《马克思恩格斯全集》第1卷，人民出版社，1995，第187页。
⑤ 〔美〕彼德·布劳：《社会生活中的交换与权力》，孙非、张黎勤译，华夏出版社，1988，第13页。

联系得到对真善美的新认识，获得了友谊、知识及丰富的情感体验，这些都是人们在交往中所追求的精神利益。人们在交往行为中要实现的是双方利益的最大化，双赢是交往的理想结果。双赢的结果并不是轻而易举就能得到的，往往需要经过一定的波折。当交往双方的利益不能达成一致时，交往就会发生矛盾冲突，正确处理交往关系需要注意调节双方的利益，争取双赢的结果。

物质利益和精神利益是人们必需的两大类利益，也是人们在交往中要达到的目的，"随着信息技术的高度发展，不仅人们物质利益的内容和水平发生了重大变化，对精神利益的要求也更高、更迫切"[1]。信息时代的物质生产力得到了较大的提高，人们的物质生活条件得到了改善，当物质方面的需要得到基本满足的时候，精神利益的要求便凸显了出来。传统的交往方式以人们的物质利益的满足为主要目的，在满足人们多元化的精神利益方面显得不足，这就提出了变革交往方式的新要求。

人的需求是不断扩大的，而人类个体生存是有限的，在时间上和空间上都受到制约，二者之间的矛盾只有通过交往才能够有效解决，这就提出了改变交往方式的要求。人们在遇到分身乏术的困难的时候提出了远距离信息传输的办法，延长了自身的器官；在无法深入微观世界的时候又创造了虚拟技术，以微观机器人来代替自己完成艰巨任务。各种交往手段的出现及所实现的交往方式的变迁，都是人们不断增长的交往需求的产物。

（二）现实条件的制约

交往需求不断扩大提出了交往方式变迁的要求，然而历史并不是人们主观想象的产物，需要在一定的社会条件中才能实现。交往的现实条件限制着交往方式变迁的速度，具体来说有物质基础方面的，也有社会关系状况方面的，还有思想意识方面的。

---

[1] 王伟光：《利益论》，中国社会科学出版社，2010，第90页。

交往的物质基础是由生产决定的，交往所能够进行的深度和广度受制于社会所能够提供的科学技术水平。马克思揭示了一个非常简单却容易被哲学家忽视的事实，人的首要问题是能够生存下来，也就是能满足吃穿住用等基本的需要。人与人之间的交往也离不开个人的生存这一前提，而且交往与生产力和科学技术的发展水平息息相关。"交往的形式又是由生产决定的"①，由于生产力的发展水平不同，交往在同一地域的不同时期表现为不同的形式，在同一时代的不同国家也是形式各异。交往是人的一种现实需要，也具有很多的理想成分，在人类历史上幻想通过建造"通天塔"实现与神的对话之类的传说数见不鲜，但是交往需求的实现都是以社会条件的许可为限度的。生产力和科学技术的进步为交往的发展创造了可能，不断地将理想中的交往方式变为现实。越是现代化的交往方式，越是离不开科学技术的支持，其中也就有更多人的主观愿望的成分，也就是说会有越来越多的虚拟的成分参与其中。

　　生产力和科学技术提供的物质力量，要在人的实践中成为变革世界的力量。生产力和科学技术能否被人充分运用，恰当地用来为交往服务，取决于人们运用这些物质力量的能力，也就是人们的交往能力。交往能力是人们在现实生产力的基础上进行交往活动的能力，交往能力的形成受到具体的社会制度、社会政策等因素的影响。交往所需要的社会物质条件，只有真正为人所掌握，才能够通过人的桥梁作用影响社会交往方式的变迁。

　　影响交往方式发展的除了有物质方面的客观原因，还有社会方面的因素。交往的实质是人与人之间的对象性关系，人与人的关系受到社会状况的制约，因此，交往方式的变化也依赖于人们所处的社会。整个社会的意识和态度决定着科学技术应用的程度。封闭、愚昧、僵化的思想占据社会意识的主流时，科学技术应用于变革社会的阻力较大，人们的交往愿望往往受到压抑，交往方式的变化也

---

① 《马克思恩格斯全集》第3卷，人民出版社，1960，第24页。

非常缓慢。改革创新的社会意识倡导交往方式的多元化、交往内容的多样化和交往范围的扩大化，交往可以在各方面得到极大的发展，交往方式变迁也就更为迅速。

当然了，动力因素和制约因素也并不是截然二分的，二者在某些情况下会相互转化。当人们的交往需求过度超前于社会所允许的范围时，这种理想化的交往需求就成为一种没有实际意义的臆想，就变成了交往发展的制约因素。一般来说，人们往往能够在思想上适当超前于时代，提出具有新的观念形态的交往方式，此时社会所提供的现实基础主要表现为一种"制约"因素，大力发展科学技术的要求也因此提出。生产力不断发展是历史的客观规律，当人们不能够适时采用已经具备现实可行性的交往方式时，生产力就会成为一种推动力量，促使交往方式发生变革。在人类历史发展的特定时期，当人们已经具备了自动化办公和网络化传输条件的时候，某些时候手写书信和人工传递就成为"不合时宜"的交往行为。科学技术的迅速发展造成席卷的力量，迫使人们不得不接受新的交往手段和工具，采用新的交往方式。

总之，交往方式的变迁具有自身的动力机制，包括动力因素和制约因素两个方面。交往方式中存在的基本矛盾是人们不断扩大的交往需求与现实的社会条件的制约之间的矛盾，为了更好地实现交往的目的，就要尝试变革交往方式。生产方式变化所引起的社会发展，内在地包含交往方式的变革，正如哈贝马斯所言："生产方式是由某种生产力发展的特定状态与社会交往……所表征的。"[①] 交往方式的变迁也是历史发展的一种标尺，每一种交往方式的产生，都属于特定的历史时期，有具体的产生条件。

二 虚拟交往的产生

根据对人类交往发展历程的历史考察，总结交往方式变迁的一般规律，从实物交往到中介交往，从即时交往到间接交往，从单纯

---

① 〔德〕哈贝马斯：《交往与社会进化》，张博树译，重庆出版社，1989，第142页。

的物质交往到精神交往，从内部交往到外部交往，这是人类交往方式发展所走过的基本轨迹，虚拟化的趋势始终贯穿其中，从现实交往到虚拟交往的转化是一个客观的过程，具有一定的必然性。随着信息时代的到来，交往的虚拟化程度进一步加深，并呈现一种新的交往形式——虚拟交往。

（一）信息时代的交往方式

历史唯物主义认为，生产方式决定社会的性质、面貌和发展进程，"在生产方式中，生产力决定生产关系，对社会生活起着最终的决定作用"[①]。因此，生产力可以作为判断社会发展状况的一个标准。以生产力为依据所做出的判断，提供了考察人类社会发展的另一种角度。

作为人类改造自然的物质性力量，生产力包括科学技术的内容，马克思认为"生产力中也包括科学"[②]，邓小平进一步指出"科学技术是第一生产力"[③]。科学技术体现在生产工具和生产关系等各个方面，甚至超出了生产领域，影响到人们所生活的世界的整个面貌。马克思说："各种经济时代的区别，不在于生产什么，而在于怎样生产，用什么劳动资料生产。劳动资料不仅是人类劳动力发展的测量器，而且是劳动借以进行的社会关系的指示器。"[④] 科学技术对人类生存的影响是全面而深刻的，不仅改进了人们的生产工具，而且改变着人们生产和生活的方式，其中也包括人们相互之间进行交往的方式。

既然作为第一生产力的科学技术可以作为时代的重要标志，那么以科学技术的发展程度来看当今时代，信息技术的迅速发展和广泛应用俨然已经成为一个不可忽视的事实，也成为最为鲜明的时代

---

① 韩树英主编《马克思主义哲学纲要》，人民出版社，2004，第317页。
② 《马克思恩格斯全集》第46卷（下），人民出版社，1980，第211页。
③ 《邓小平文选》第3卷，人民出版社，1993，第274页。
④ 《马克思恩格斯全集》第23卷，人民出版社，1972，第204页。

特征。"人类正在迈入一个全新的时代——信息时代。"① 信息时代以数字化、虚拟化、信息化、全球化为主要特征，全面而深刻地改变着人们的生产生活方式。个人的生存和发展具备现实与虚拟两种环境，全面发展具备了新的可能，来自虚拟交往的新型异化也正在袭来；社会的结构也在发生着变化，由虚拟交往所构筑的网络社会已经成为人们活动的新场所，成为人们现实生活的重要组成部分。信息技术甚至还影响到历史的进程，加剧了世界的信息化、全球化。正如著名企业家比尔·盖茨所言："这是一个绝妙的生存时代。"②

进入信息时代，人们的交往方式也发生了巨大的变化，交往的需求空前提高，交往的虚拟化程度也在不断加深。信息时代的到来与虚拟交往的产生具有内在的一致性，二者是内在一致的过程。

一方面，虚拟交往是信息时代的必然结果。交往的虚拟化趋势在信息时代进一步显著，人们的交往需求不断扩大，随着航海和航空技术的发展，人们能够亲自到达的地域已经达到了全球化的范围，甚至能够做到与外太空实现天地对话。信息时代人们之间的联系更加紧密，世界成为一个地球村，交往的需求变得更加迫切。人们的交往需求不断扩大，全球化的交往成为信息时代的必然要求。完全意义上的交往的全球化，一方面要实现"一日千里"，另一方面要突破时间限制，保持全天候的实时在线状态，真正做到交往能够随时随地、全程进行。在信息化高度发展的今天，全球化交往已经成为世人共识，地球上的南北极都留下了人们的足迹，升空入地下海都不再是神话。可以说，在真实的物理世界内，人们的交往领域已经被充分挖掘殆尽，交往范围再进一步扩大，就达到了人们能够亲身到达的地理范围的极限，交往范围如果继续扩大，那就是突破现实的限制，在虚拟世界中开辟新的交往领域。

---

① 孙伟平：《信息时代的社会历史观》，江苏人民出版社，2010，第2页。
② 〔美〕比尔·盖茨等：《未来之路》，辜正坤主译，北京大学出版社，1996，第344页。

另一方面，信息时代提供了虚拟交往的产生条件。信息技术为虚拟交往提供了物质基础，作为虚拟交往中介的互联网、计算机、智能手机等各种设备的运行，都是在信息技术的驱动下进行的，虚拟交往在其中发生的虚拟时空也是信息技术营造的，甚至交往的主体也被信息技术在某种程度上实现了虚拟化。信息技术决定了虚拟交往的命运，贯穿于虚拟交往的全部构成因素和虚拟交往活动进行的整个过程，虚拟交往高度依赖于信息技术的支持。信息时代人们扩大了的交往需求具备高度的现实性，互联网将世界迅速连为一体，使全世界范围的交往具备高度的可能性。理想中的交往方式在信息技术的支持下可以变为现实，人们可以打破物理地域的限制在更加微观甚至虚拟的空间里活动，信息时代所产生的虚拟交往，使得这一切都成为现实。

从根本上来说，各种交往方式都离不开信息的支持，语言和文字以声音和文字符号为中介传递人们的思想观念，信息时代则是以数字化的符号作为交往的手段，这些作为交往手段的符号都可以被称为信息，交往方式变革包括作为交往手段的信息形式的变化。数字化的信息把人类交往的间接化推向一个新的高度，并转向高度虚拟化的方向。信息技术以网络化迅速扩大了交往的范围，以数字化大幅提升了交往的效率，以虚拟化极度丰富了人们的交往内容……信息技术把虚拟时空、虚拟环境、虚拟主体、虚拟对象、虚拟关系等一系列虚拟的新鲜事物呈现在人们面前，这一切都具有鲜明的虚拟性，交往已经变得高度虚拟化了。深处高度虚拟的环境中，我们正面临着无处不在的"虚拟交往"，信息技术是信息时代的主要标志，虚拟交往则是信息时代最为显著的交往方式。

每一种交往方式的产生，都具有特定的社会历史条件，也应当符合总的历史规律。虚拟交往是信息时代的产物，符合人类交往方式发展的一般规律。信息时代的到来，使人们的交往需求得到空前的扩大，创造了实现这种需求的物质条件，使交往的虚拟化程度得到极大的提升。虚拟交往的出现，成为人类交往方式变迁历程中的一个里程碑，它在诸多方面实现了突破，尤其是在虚拟化方面前进了一大步。

（二）虚拟交往的显著特征

作为一种特殊的实践类型，交往是不同主体之间的相互作用，交往中最重要的构成要素就是交往主体的状况、交往双方所处的时空环境及交往的内容。虚拟交往以高度的虚拟化为其显著标志，大致包含以下几个方面的特征：交往主体的虚拟，表现为主体不在场甚至是符号化；交往环境的虚拟，表现为时空不同步甚至数字化；交往内容的虚拟，表现为交往关系不确定甚至任意化。虚拟化在信息时代体现为符号化，尤其是数字符号化。虚拟交往，顾名思义就是虚拟化的交往。

严格来说，虚拟交往并不是一种全新的交往方式，人类历史上出现过的很多交往方式都带有一些虚拟的成分，虚拟性是包括交往在内的人类各种实践都具有的一种普遍性质。从历史的角度来看，虚拟性在人们的实践中分别表现为间接性、异时性、符号化等。虚拟化在信息时代得到了高度的发展，表现得更加显著，因此可以称之为"虚拟交往"。虚拟交往的虚拟性一方面体现在虚拟化的程度之深，另一方面体现在虚拟化的范围之广。

首先，虚拟化的程度之深。虽然人类历史上出现过很多种带有虚拟性质的交往方式，但是它们并不能被称为虚拟交往，信息时代才真正具备了虚拟交往的必要性和可能性。与历史上其他时代的交往方式相比，信息时代的虚拟交往具备更高的虚拟性，从主体的不在场变为主体的符号化，从交往的间接性变为交往的虚拟性，它所实现的跨越不是时间或者空间上的简单转变，而是从现实世界向虚拟世界的全面转移。虚拟交往中所使用的中介是高度数字化的符号，比声音、文字、图像等其他任何交往中介都更加虚拟，人们可以非常方便地在交往活动中运用，却无法凭感官真实接触到它。

其次，虚拟化的范围之广。历史上所有具备一定虚拟性质的交往方式，都只体现在交往的某一环节或某一方面，归根结底还不算是真正的虚拟交往。虚拟交往首先是交往环境的虚拟化。传统的人类活动都是在现实的环境中进行的，要么是在自然界中，要么是在人类社会中，这一切都是很容易观察到、体验到的。而虚拟交往的不同之处在于，它所发生的时空环境具备虚拟性。在虚拟的时空环境中，人们能够创设虚拟的角色并进行互动，模拟与真实社会十分相像的活动。虚拟交往关键是交往主体的虚拟化。在所有历史上存在的交往方式中，人们所面对的交往对象都是现实的具体的人，只不过有时候是直接面对，有时候是通过中介间接面对。而在信息时代的虚拟交往中，呈现在交往对象面前的不一定是现实的人，也可能是一台智能机器人，甚至是计算机屏幕上的一个图像或文字。虽然这些虚拟的主体是按照人们预先设定的程序运行的，但是在某些具体的交往过程中，这些虚拟主体是可以具有独立性的。比如，聊天机器人可以与人开展对话甚至表情交流，能够回答人的多种提问。

信息时代产生了高度虚拟化的交往方式，虚拟性在广度和深度上较以前时代都有很大的不同，成为名副其实的虚拟交往。以上几点就是虚拟交往的基本特点，本书倾向于采用比较宽泛的定义，把凡是具备以上某些方面的交往方式统称为"虚拟交往"。

综上所述，虚拟交往是人类交往方式不断演变的产物，在交往过程中某一要素或环节具备显著的虚拟性，因此能够明显区别于传统的直接交往、物质交往等现实物理环境中的交往。这一交往方式伴随着互联网等通信工具、数字化智能技术及计算机、手机等智能终端的发展而形成，因其便捷性、娱乐性等新特点而备受人们的欢迎。在本书中，虚拟交往特指在当前信息时代得到凸显的具有显著的虚拟性的交往行为，基于此，本书首先探讨虚拟交往对信息时代个人生活的影响，其次关注人们通过虚拟交往而结成的虚拟组织。

第二章
虚拟交往的特征和类型

前文已述,交往活动的虚拟性是普遍存在的,信息时代的到来为交往的虚拟化提供了充分的条件,虚拟交往由于在交往过程中具有显著的虚拟成分而区别于其他的交往方式。虚拟交往是一种具体的交往方式,虚拟技术和虚拟手段是人们为了实现交往目的而使用的工具,表现为虚拟化的交往活动不是彻底的虚假、虚无,其背后必然有客观的物质基础和现实的人作为支撑。从哲学上来看,虚拟交往是一种新的交往方式,它的本质是人与人之间所产生的交互性活动,只是在某些方面以虚拟化的形式展现出来。虚拟交往的虚拟性主要体现在交往行为主体的状态和交往活动所发生的时空的形态上,也就是交往主体的符号化和交往时空的数字化。

第一节 虚拟交往的现实基础

作为不同主体之间的交互性活动,交往活动的发生必然以不同主体的存在为前提。与传统的交往方式一样,虚拟交往也是由交往主体、交往对象和交往中介等构成的整体系统。不同的是,虚拟交往活动是在虚拟的时空环境中发生的,交往的主体可能以虚拟化的形式出现,交往过程中高度依赖数字化的手段,这一切都与传统的交往方式有很大的差别。但是虚拟交往最终仍需要回到具体的现实的人身上，要在客观的实体的技术手段支持下才能成立。

一 现实的人

虚拟与现实是一组相对的范畴，虚拟是相对于现实而言的。虚拟性是虚拟交往的首要特征，也成为它与传统交往方式的最大差别。随着信息技术的发展，人们进行交往的手段日益先进，虚拟交往的兴起是人类交往方式的一次重大变革，它迫使人们重新思考人的现实性和虚拟性。人的活动和人本身是一致的，"个人怎样表现自己的生活，他们自己就是怎样"[1]，人们普遍使用的虚拟交往这种交往方式，正体现了人的行为的虚拟性。"正如现实性、超越性是人的普遍特性一样，虚拟性也是人的一种普遍特性。"[2]

历史唯物主义是关于现实的人及其历史的科学，认为人类历史的第一个前提就是现实的人的存在，而现实的人就是以物质生产活动为存在基础的人。马克思批判了黑格尔把人和"自我意识"相等同的错误做法，指出"主体也始终是意识或自我意识"[3]，黑格尔所谓的主体是想象出来的而非真正的主体，因此主体的活动也就是"想象的主体的想象活动"[4]，根本不具有现实性。黑格尔强调了主体性，却忽视了主体的现实性。费尔巴哈对人的理解也仍然是抽象的，他同样忽视了人的现实性。费尔巴哈虽然提到人的现实性，也只是在感性的范围之内，所指的并不是现实存在着的人。只有马克思从实践的角度真正揭示了人的现实性，并在此基础上揭示了"人的本质是一切社会关系的总和""社会生活在本质上是实践的"两大真理。

马克思认为，"现实的人即生活在现实的实物世界中并受这一世界制约的人"[5]。"实物是为人的存在，是人的实物存在，同时也就是

---

[1] 《马克思恩格斯选集》第1卷，人民出版社，1995，第67~68页。
[2] 张明仓：《虚拟实践论》，云南人民出版社，2005，第89页。
[3] 《马克思恩格斯全集》第42卷，人民出版社，1979，第162页。
[4] 《马克思恩格斯选集》第1卷，人民出版社，1995，第73页。
[5] 《马克思恩格斯全集》第2卷，人民出版社，1957，第245页。

人为他人的定在,是他对他人的人的关系,是人对人的社会关系。"①在这里,马克思所讲的"现实的实物世界"是指"人们的物质生产、物质生产制约条件、物质生产方式,这里当然包括物质的生产关系"②,而"现实的人"是指"生活在现实的实物世界中,生活在人与人的社会关系中的人"③。"人们的物质生产、物质生产制约条件、物质生产方式是社会的物质基础,是现实的实物世界。"④ 现实的人始终受到现实的实物世界的制约,不论是以何种形态出现,或者以何种方式进行活动,都不能以纯粹想象的办法解决问题,更不能永久地生活在虚构的世界里。人们可能在短时间内脱离现实社会的束缚,但最终仍然要回到现实之中。

在强调了自然和社会对人的规定性的同时,马克思也重视人的自觉能动性,认为人们有超越现实的愿望和可能。马克思主义哲学以变革世界为使命,与以"认识世界"为目标的旧哲学不同,它认为"问题在于改变世界"⑤,"全部问题都在于使现存世界革命化,实际地反对并改变现存的事物"⑥。变革现存世界的途径有很多,大力发展生产力,创造更加丰富的物质产品和精神产品;变革社会制度,改变人们的生活方式,重塑人们的价值观;等等。所有的变革实质上都是破旧立新的过程,是通过突破自然物和现存世界的种种限制来实现的。人们不能够违背自然规律,但是可以认识规律、把握规律、运用规律,通过人为的干预改变规律发生作用的时间和程度。人们不能否认客观物质世界的存在,但是可以改变物质的具体形态,把物质运用于人们所期望的用途。

人的现实性并不是固定不变的,它随着历史的发展而进步。唯

---

① 《马克思恩格斯全集》第 2 卷,人民出版社,1957,第 52 页。
② 王伟光:《王伟光自选集》,学习出版社,2007,第 35 页。
③ 王伟光:《哲林漫步》,中国社会科学出版社,2013,第 252 页。
④ 王伟光:《哲林漫步》,中国社会科学出版社,2013,第 47 页。
⑤ 《马克思恩格斯选集》第 1 卷,人民出版社,1995,第 61 页。
⑥ 《马克思恩格斯文集》第 1 卷,人民出版社,2009,第 527 页。

心主义哲学家黑格尔为现实性确定的判断标准是："凡是合乎理性的东西都是现实的，凡是现实的东西都是合乎理性的。"① 这是以固定的客观精神作为标准来衡量变化的历史，把人看成理性精神实现自己目的的工具，认为只有按照理性的目的和逻辑行动的人才是现实的人。与黑格尔以理性作为现实性的标准不同，马克思认为现实性是处于变化之中的，趋于消亡的不合时宜的生产关系、社会制度都不具备现实性。人的现实性要随着社会发展而不断变化，人在顺应客观规律的同时还要通过发挥主观能动性来改造世界。如果仅仅停留于现状，被动地接受自然的馈赠和历史所造成的结果，人类历史将会止步不前，人的主体性和能动性也就丧失殆尽了。正是人们不甘于现状的努力超越了现实，推动着社会的进步。因此，人的现实性也就意味着人的历史性、变化性和超越性。对现实的否定和超越也包含着对现实的确证和肯定，人的现实性在积极的超越中得到增强。

不断地超越现实是人的一种能力和目标，是人之为人的一种本性。人的超越性不仅体现在对现实世界的超越，还体现在对人自身的超越。人类实践本来就是具有超越性、创造性的活动，人类通过有目的的实践活动使自己与动物界区别开来，创立了属人的世界。但是人的实践活动一直处于一种未完成的状态，人们总是在意识上提出更高的实践目标，提出超越现实的要求。随着生产力的发展和人类实践方式的丰富，人们超越现实的可能性逐渐得到满足。在创造性地超越外部世界的同时，人们也在自我超越。"人不是在某一种规定性上再生产自己，而是生产出他的全面性；不是力求停留在某种已经变成的东西上，而是处在变易的绝对运动之中。"②

在具体的交往活动中，人们可以在某种程度上转变自己的角色和身份，可以随意选择交往活动要使用的中介，用各种办法来尝试摆脱所受到的时空限制。这些尝试有很多具体的方式和途径，比如，

---

① 〔德〕黑格尔：《小逻辑》，贺麟译，商务印书馆，1980，第43页。
② 《马克思恩格斯全集》第46卷（上），人民出版社，1979，第486页。

以具有特定象征意义可以表明自身身份的某种有形物体代替真正的"我",或以象征物来代表自己,或以高度虚拟的符号来代替人类自身的出场,甚或以智能化、自动化的方式模拟人的交往活动。但是,所有的模拟和虚拟都是人们之间交往的手段,无论交往手段多么先进,人们所扮演的角色多么丰富多变,交往过程中所建立的关系多么纷繁复杂,这些最终还是要指向具体的现实的人。所有的交往活动,归根结底还是人与人之间的活动,某些环节中出现的虚拟并不能掩盖其背后的现实的人。总之,虚拟交往是人类实践活动的产物,其中所使用的各种物质形态的工具、设备等是人们的劳动产品,贯穿其中的交往动机等都源于现实生活中的现实的人。

二 客观的物质基础

交往是人与人之间的交互性活动,这种交互活动并非全部在人与人之间直接发生,而是需要一定的中介系统。构成交往中介系统的是各种设备、技术和工具,这些都依赖一定的物质基础。人是会制造和使用工具的动物,包括交往在内的任何一种实践活动,都依赖一定的物质工具,恩格斯曾经指出工具对人的活动的重要意义:"正如现代工具制约着资本主义社会一样,蒙昧人的工具也制约着他们的社会。"[①]

在人类历史上,曾经有许多种物质被用来作为交往的手段,就像劳动工具的改进一样,人们的交往手段也在不断变革。前面章节中提到的各种信息传播工具、交通运输工具都是有形的物质实体,是客观存在且容易被感知的。没有文字的出现,就不会有互通书信的交往方式;没有电脑和因特网的发明,自然也不会有网络中的虚拟交往。人类的交往手段一直在朝着便捷化、轻量化甚至无形化的方向发展,交往的效率在成倍提高。一部电话所起到的作用可能比若干家邮局还要大,而一台电子计算机的信息传输能力又是电话的

[①] 《马克思恩格斯全集》第36卷,人民出版社,1975,第170页。

几千乃至几万倍。电子计算机和无线电通信是当今最为先进的交往介质,极大地缩短了人们之间的距离。在人们享用新式交往手段的时候,这种交往手段却越来越隐形,不容易被人们真实地感知到。无线电信号是看不见摸不到的,网络设备的工作原理和互联网的布线情况对于使用者来说也是不必要了解的。这就给人造成了一种错觉,似乎这些对人们的交往起到支持作用的东西都是虚无的。

交往是人与人之间的物质、信息和能量的交互活动,这一过程是感性的、客观的。感性是整个现实世界的特性,正如马克思在批判费尔巴哈时所指出的,"这种活动、这种连续不断的感性劳动和创造、这种生产,正是整个现存的感性世界的基础"[1]。无论是交往活动的主体和所指向的对象,还是交往中所使用的工具,都是感性的客观存在。在虚拟交往中,人们面对的不再是直接的交往对象,而是计算机等各种形式的机器终端。交往主体首先把行为施加于人机界面,然后由人机界面作为主体的代理者和中介向交往的对象发生作用,人机界面在整个交往过程中是信息的交汇处。作为人与人之间交往的一个中介,人机界面连接的是处在交往两端的人及其活动。海姆认为"在一种意义上,界面指计算机的外围设备和显示屏;在另一种意义上,它指通过显示屏与数据相连的人的活动"[2]。人机界面是客观的物质,是人类利用科学技术延长了的人的感觉器官。不论交往中使用的工具以何种面貌出现,都一定是客观存在的,而不是纯粹精神的产物。

交往手段的虚拟化,表现在交往手段与人的距离越来越远,这些工具不直接掌握在人们的手里,人们只需要使用而不必直观地看到或者知道其中的工作原理。交往手段所传输的信息高度地压缩,甚至没有了可以被人类感官感知的外观特征,这一切都在人们不知不觉的时候高效地工作着。虽然交往手段与人的距离拉大,交往工

---

[1] 《马克思恩格斯选集》第1卷,人民出版社,1995,第77页。
[2] 〔美〕迈克尔·海姆:《从界面到网络空间——虚拟实在的形而上学》,金吾伦、刘钢译,上海科技教育出版社,2000,第80页。

具本身变得更加隐蔽甚至虚拟化，但是交往手段所起的作用却是越来越大的，其对科学技术的依赖也更多。作为交往工具的硬件和软件都是人们运用科学技术创造出来的，交往中虚拟的成分越多，其对科学技术的依赖就越严重。在虚拟交往已经普遍深入我们生活的今天，很难想象没有了网络的世界会是什么样子。虚拟交往已经成为一种高度技术化的交往方式。

虚拟交往中所使用的工具乃至虚拟交往本身，都高度依赖科学技术的支持，这些科学技术也是客观存在的，是人们对客观世界中规律的正确把握和运用。正是当代计算机技术、通信技术、网络技术及虚拟现实技术的发展和应用，为人们提供了数字化的手段，创造出了虚拟的交往环境，把人类的交往领域从现实的物理空间扩展到了虚拟空间。虚拟交往是科学技术发展到一定程度的产物，是人们在实践中对自然规律正确把握的结果。

三 社会性的交往关系

虚拟交往活动主要发生在虚拟空间里，基本不会直接作用于自然界，也很少对自然物质起到变革作用，但是它确实可以作用于人与人之间的社会关系。人与人之间的关系是一种客观的存在，是人们在实际的生产生活中所构建起来的联系。虚拟交往中人们之间的交往情况比较复杂，但是归根结底还是现实社会关系的反映，虚拟交往中所建立的人与人之间的关系终究是一种社会的关系。

交往关系具有社会性，主要是因为它是以现实社会为原型基础的。虚拟空间里的各种关系，并不是完全臆想的结果，而是人们以现实社会中纷繁复杂的人际关系为原型创造出来的。虚拟交往中的人际关系，大多是现实社会的翻版，人们可以扮演某种角色，但是这种角色需要在现实社会中确实是可以找得到的。不可否认，虚拟交往中人们所建立的关系有时是和现实生活相去甚远甚至背道而驰的。这种差异其实是虚拟交往对现实交往的一种消极反映，对虚拟的需要反映了现实交往中存在的不足。人们要在虚拟的角色和关系中获得非凡的体验。这也正是人们不满足于现实社会而要另外开辟新的交往空间的重要原因。人们不断增长的交往需求与现实社会条件的限制，是一对突出的矛盾，现实社会的关系难以满足人们的交往需要，虚拟交往恰好能够实现人们的愿望。此外，虚拟交往不过是现实交往的反映，其中的一切都是以现实生活为模板，并且在某些方面实现了一些改进，以满足人们的某些新奇的交往需求罢了。

虚拟的交往关系要受到现实社会关系的检验。人在特定的时间内是在虚拟的时空进行交往活动，必要时仍然要回到现实社会中。无论人们在网络社会中如何自由自在地"活动"，其所有的行为最终还要间接地反映到现实生活中。居于虚拟交往整个过程两个末端的，是现实社会中的人。既然有现实的人，其行为就必然受到现实社会的制约。在现实之外以虚拟的角色和关系进行交往，这些角色和关系也会反馈到现实社会中，受到现实社会的制约，比如，网络交往中的违法犯罪等不当行为都应当在现实之中被追究责任。

在虚拟交往中人们的角色和相互关系可以是虚拟的，这种虚拟可能带来新的问题。人们处于虚拟的交往关系中的时候，由于社会法律、道德、伦理等方面的约束力量减少，在某种程度上可以"随心所欲"地表达自己内心的真实想法。但事实上，虚拟社会不是一个与现实无涉的世外桃源，人还是要接受现实社会的制约，虚拟交往中的具体行为不能违背基本的社会法律和伦理规范。但是作为一个减压阀，虚拟交往为人们提供了某种程度上畅所欲言以缓解压力的渠道，对现实社会的和谐稳定具有一定的积极作用，这也是不容否认的。

总之，不论是符号化的人，还是现实的人，都是人的表现形态，它们最终都指向现实生活中具体的现实的人。虚拟交往是以现实的人为前提的，人们借助科学技术实现某些方面的超越，在交往的某些环节中以符号化的形式出现，以满足多样的交往需求。虚拟化是人的活动的一种普遍性质，人具有主观能动性，总是要在现实世界之外创造出一个理想世界来，与主观想象的世界不同，虚拟世界是有着客观的现实基础作为依托的，它是"效应上而不是在事实上真实的事件或实体"①。虚拟交往是以现实交往为原型的，是对现实生活的反映，它虽然具有很大的虚拟成分，但是产生了真实的结果，对现实世界产生不可否认的实际影响。

第二节　虚拟交往对现实的超越

"现代信息技术、虚拟技术极大地延展了人们的交往领域，特别是改变了传统的交往方式，导致了以间接交往的形式为主、以符号化为特征、超越物理时空限制的虚拟交往的日渐普及。"② 虚拟就是一种超越，虚拟交往以虚拟的方式超越了现实，这些超越体现在虚拟交往的一系列虚拟性上：交往主体的虚拟、交往环境的虚拟、交往关系的虚拟、交往手段的虚拟等。

一　交往主体的虚拟

虚拟交往最根本的特征就是作为交往主体的人的虚拟，虚拟交往中人表现为一种虚拟的存在形式，却发挥着现实的人的某些作用。人的虚拟性源于人的超越本性，以不在场、间接化、符号化的形式呈现出来。

（一）人的虚拟性

虚拟性源于人的超越本性，所谓超越性就是超越现实的限制，创造出新的实践方式。人总是拒绝承认现存状态的终极性和合理性，将其视为一个运动的过程并进行批判和改造，通过人的主体性和能

---

① 刘吉、金吾伦等：《千年警醒：信息化与知识经济》，社会科学文献出版社，1998，第148页。
② 孙伟平：《信息时代唯物史观出现新变化》，《社会科学报》2011年2月10日，第5版。

动性来构建和创造新的生活方式。正是在不断超越现实、超越自我的过程中,人们为自身的存在赢得了新的现实性和合理性。

人的虚拟性是以现实性为前提和基础的。虚拟并不是对现实的彻底否定,而是对现实的批判改造。现实规范、限制着虚拟,为虚拟提供了原型,如果没有现实的需要或者脱离了现实的制约,人的虚拟活动也就失去了动力和基础;虚拟引导现实的发展,为现实提供新的可能,没有虚拟的生活是单调乏味的,没有虚拟性的人也是缺少创造力的。

虚拟性是人的特性,人的存在可以是"符号的存在""文化的存在",而不仅仅是生理的存在。文化哲学家卡西尔"把人定义为符号的动物"[1],认为人可以运用符号创造文化,形成一个新的世界。人的生活世界之根本特征就在于,他总是生活在"理想的世界",总是向着可能性行进,而不是像动物那样只是被动地接受直接给予的"事实",从而永远不能超越"现实性"的规定。卡西尔认为,人区别于动物的秘密正是在于:人能发明并运用各种"符号",所以能创造出他自己需要的"理想世界";而动物只能按照物理世界给予它的各种"信号"行事,所以始终不知何为"理想"、何为"可能"。

虚拟性是人的能动性的更高形式,是把能动性施加于自身的结果。人除了能够改造外部世界,改变客观物质的存在形式和相互之间的关系,还能够改造人自身的存在形式,以间接化、虚拟化的形式展示自身并起到与亲身参与类似的作用。人的虚拟性作用于自身可以改变自身的存在形式,改变自己在交往中所扮演的角色,甚至可以通过交往活动将虚拟性传递给与之进行交往的对象。

(二)人的虚拟形态

虚拟形态的人,就是以某种间接的方式呈现出来的人,虚拟的人是人的一种呈现形式,但是并不意味着与现实的人的脱离。在交

---

[1] 〔德〕恩斯特·卡西尔:《人论》,甘阳译,上海译文出版社,2013,第45页。

往活动中，主体可以通过不在场、符号化的形态出现，它虽然行使着主体的作用，却不是主体本身。人的虚拟是以多种方式实现的，根据虚拟程度的高低可以分为以下几种。

第一，虚拟的人指的是不在场的人，也就是说交往不再是两个人面对面出现，而是在某一方缺位的情况下进行的。前文中所提到的间接交往就是这种情况，主体缺位的交往是不能成立的，这时候就需要有代表主体的中介来代为履行职能。据此，有学者认为："按照交往过程中交往对象是否直接展现在交往主体面前，即它是否被主体所直观，可以把交往分为两类：现实交往和虚拟交往。"① 虚拟交往具有非直观性，交往主体不是直接呈现在交往对象面前，交往双方形成了物理距离的分割。"不在场"是一种很简单的虚拟形式，它不过是在交往过程中加入了中介环节，延长了交往主体和交往对象之间的距离。主体不在场不等于主体不存在，它不过是处于不可见的位置罢了，而交往过程中主体却间接地处于真实主体即现实的人的操控下。

第二，虚拟的人可以是符号化的人。"符号化的思维和符号化的行为是人类生活中最富于代表性的特征。"② 在物理世界之外创造出一个符号的世界，这是人改造世界的内在要求，也彰显了人改造世界的强大力量。人们不仅可以创造出符号化的世界，而且可以将自身符号化，以符号的形式出现在交往活动中。符号化的人，就是以符号作为人的替代者，暂时充当交往的主体。符号化的人只是具有了交往主体的部分职能，并不是完全独立的主体。这些代表现实的人的符号可以是与真实的人有高度相关性的姓名的发音或文字、相貌外观的图片等，人们积累了这些符号与某些人之间的特殊对应关系，当在交往中遇到的不是真实的人而是这些符号的时候，就会通

---

① 刘永谋：《论虚拟交往的结构与功能》，《长春工业大学学报》（社会科学版）2006年第3期。
② 〔德〕恩斯特·卡西尔：《人论》，甘阳译，上海译文出版社，2013，第46页。

过联想把这些符号与它所代表的人对应起来。符号化的人在交往中所发挥的是交往中介的作用，也可以认为它具备了交往主体的一部分职能。

第三，虚拟的人可以是数字化的符号。数字化的人其实是一段智能代码，人们事先设计好交往中可能遇到的情形，以及主体在这些情形中可能说的言语和做出的行为反应，并将这些情景以程序的形式储存起来。当这些虚拟的人遇到相同的情况时，相应的输出条件就被激发并做出反应。数字化的符号是具备一定的智能化特征的符号，拥有一定程度的独立性。它可以高度模拟真实主体的交往行为和交往意图，甚至能够应对比较复杂的交往情形并做出恰当的反应。数字化符号在智能化机器人中已经有广泛的应用，在下棋等人机互动游戏中，与人对弈的就是计算机程序，机器在程序确定之后可以独立完成多次下棋活动，这些活动已经高度独立于现实的人了。在互联网中交往的人不需要展露自己的外貌特征，他们是作为一个个的符号而进行交往的，符号已经很大程度上取代了真实的人。

虚拟主体是由现实主体衍生出来的，它以虚拟的形式展示出来，却拥有一定程度的主体性。信息时代的人兼有现实性与虚拟性两种属性，在现实和虚拟两种交往环境中频繁转换，存在于网络等虚拟环境之外的人是现实的人，在虚拟环境中充当主体的角色进行交往的是虚拟的人。虚拟交往主体以数字化、符号化的方式存在，很难被人的感官直接感受到，从形式上来讲是虚拟的。虚拟主体所发挥的作用是实际存在的，由现实的人所赋予的主体性也是真实存在的。因此，虚拟的人从根本上来说也是有现实性的。

二 交往环境的虚拟

虚拟交往的另一个重要特征是它主要发生于虚拟的时空环境之中，与传统的现实交往发生在现实的物理世界不同。因此，有人侧重于从交往活动所发生的环境出发来定义虚拟交往这种交往方式，认为"依托于网络形成的虚拟环境所进行的交往就是虚拟交往"①。这种定义根据交往所发生的环境而将其分为现实交往与虚拟交往两类，同时提出了虚拟交往的最大特征就是交往环境的虚拟。交往的环境就是交往主体所处的时空，也就是交往关系所建立的地方。

辩证唯物主义认为，空间和时间是物质存在的基本形式，"一切存在的基本形式是空间和时间，时间以外的存在像空间以外的存在一样，是非常荒诞的事情"②。在现实的物理世界中，物质必须占据一定的空间，人们的交往活动也需要有具体的场所。虚拟交往则与此大不相同：交往主体可以符号化、虚拟化从而脱离对物理空间的依赖；交往的内容主要是可以在网络中传输的信息，也不需要真正的地理位置的移动。所谓虚拟空间，就是由数字信息所构成的类似于真实空间的人类活动场所，人们在其中可以进行信息的交流，完成现实交往的某些环节。

社会空间是人类活动创造出来的人化的空间。它可以分为两类：一类是以实体形式存在的地理空间，它是人们从事各种活动的重要场所；另一类是以关系形式存在的交往空间，它是人们的交往关系构建起来的活动空间，它的本质是人与人之间的相互联系。虚拟空间就是人们交往的结果，它的本质是人与人相互联系，这种联系不表现在实际的物理空间中，而表现在虚拟化的交往中。

与现实的物理空间不同，虚拟空间具有新的特点，对传统的时空观也形成了挑战。有学者从不同角度对虚拟空间的特点给予了描述和说明。一是虚拟性。虚拟空间是通过信息、网络、传感、人机界面等一系列技术综合形成的数字化空间，它虽然不同于现实的空间，却能给人以身临其境的真实感受。二是流动性。虚拟空间打破了物理空间的稳定性和固定性，使人们的活动不受地理空间的限制。三是缩微性。互联网使人们从事各种交往活动的时间大为缩短，从

---

① 李辉：《网络虚拟交往中的自我认同危机》，《社会科学》2004 年第 6 期。
② 《马克思恩格斯选集》第 3 卷，人民出版社，1995，第 392 页。

而拉近了交往距离，增加了单位时间的交往强度。四是去中心化。虚拟空间解构了传统社会自上而下的集权结构，虚拟社会成为一个没有等级差别的社会，个人的自由意志和独立人格可以获得充分的张扬。五是非独占性。现实实践中人的活动空间是固定的、独占的，而虚拟空间是非独占性的，一个人可以既在此处又在他处，同时占据多个空间。

虚拟环境不仅改变了人们交往的空间，而且影响着人们的时间观念，时间也在很大程度上变得虚拟化了。时间的虚拟化有以下新的特点。一是弹性化。虚拟空间没有明确的边界，人们的交往活动打破了自然时间的束缚，全天候不间断的交往在理论上成为可能。二是即时化。信息网络能够高速地传输信息，人们的交往意图可以在瞬间传递至地球的任意角落，即时聊天等交往方式让"天涯若比邻"成为现实。虚拟化的时间让传统的生活节奏失效，只要双方有交往的意愿，黑夜和白昼变得没有什么差别，轻轻敲击键盘就可以实现即时交往。三是可逆化。在虚拟社会中，时间不再是线性的、不可逆的，而是呈现可逆化的特征，人们能够在虚拟的空间中穿越到古代，甚至可以很逼真地重演已经发生的事情，时间倒流似乎不再是梦想。四是个性化。数字化时代是"真正的个人化时代"，虚拟环境中的交往是高度自由的，人们可以任意决定交往发生和结束的时间点以及持续的时间跨度，不需要按照传统社会统一的作息规律和节奏行动。

时间和空间是人们活动的舞台，时间和空间的虚拟给人一种生存环境虚拟化的感觉，"当我们用手指来操作键盘和鼠标时，我们实际上是在用数字来虚构一个世界"[1]。虚拟世界有着与现实世界类似的特征，是人的虚拟交往活动的存在形式。虚拟时空也是人本身的存在形式，前面提到的人的虚拟形态就是存在于虚拟时空之中的，

---

[1] 吴伯凡：《孤独的狂欢——数字时代的交往》，中国人民大学出版社，1998，第287页。

虚拟时空是人的虚拟化存在状态。

虚拟时空就是符号化的时空，当人与动物区别开来之后，"人不再生活在一个单纯的物理宇宙之中，而是生活在一个符号宇宙之中"[①]。虚拟时空构成了人类活动的另一种时空，在虚拟时空中也存在类似于现实社会的人际关系，甚至形成了另一种人类社会——虚拟社会。虚拟世界是虚拟的，但是能够给人以真实的感觉，"虚拟实在系统可利用网络空间来表现物理空间，甚至能达到这样的地步，在传送实况过程中，我们能体验到遥在（telepresent），也就是说，我们自己虽然不能在场或出场，却有一种亲临其境的感觉，无论是去火星还是下深海"[②]。凯尔奇描述了互联网上虚拟世界的美妙："互联网通向千家万户，人们将在虚拟的现实世界中攀登珠峰、跨越冰川，甚至漫游侏罗纪的恐龙世界，一切可感的世界在网络上都可以模拟，网络世界亦是真实的世界。"[③]

三 交往关系的虚拟

虚拟的时空是由人与人的交往关系所建立起来的，既然整个交往环境都带有强烈的虚拟性质，人们的交往关系也不可能是完全真实的。在虚拟的时空中，人们并不是按照现实社会中固定的身份来进行虚拟交往，人与人通过交往所建立的关系也是虚拟的，这种虚拟首先是自身角色的虚拟，然后是由虚拟的角色引起的相互之间关系的虚拟。

（一）虚拟的角色

所谓虚拟的角色，就是在交往过程中，人们改变了传统社会中

[①] 〔德〕恩斯特·卡西尔：《人论》，甘阳译，上海译文出版社，2013，第43页。
[②] 〔美〕迈克尔·海姆：《从界面到网络空间——虚拟实在的形而上学》，金吾伦、刘钢译，上海科技教育出版社，2000，第81页。
[③] 〔加〕弗兰克·凯尔奇：《信息媒体革命——它如何改变着我们的世界》，沈泽华、顾春玲、张驰、张继明译，上海译文出版社，1998，第2页。

比较固定的角色定位，扮演起一个个不为他人所熟知的角色，这种角色是根据虚拟交往的实际需要创制的，而不是在社会联系中被社会和他人设定的。角色的虚拟，也是主体虚拟的一个方面，前面提到的主体的虚拟是主体的表现形式的虚拟，而角色的虚拟指主体在具体的交往活动中所承担的角色是根据需要创设的。虚拟的角色也是以符号来表示的，戴森把代表交往主体的符号称作"化名"："个人给自己取一个法定姓名以外的名字，凭此在网上建立一个虚假的、但经久不变的身份。"[①] 但是戴森的观点仍然是有些保守的，人们在网络上的身份并非经久不变的，而是频繁变换的。

人们从现实进入虚拟的一个很重要的原因就是摆脱社会身份和角色的限制，在虚拟的情景中获得不同的交往体验。化名的取得和变更在虚拟交往中变得极其简单，时空的虚拟和主体的虚拟已经为此做了充分的准备。身处一个虚拟的时空，一切都是匿名的，人们可以利用虚拟的手段任意选择角色，可以同时拥有多个角色，也可以随时变更或放弃某一角色。角色就像是一个道具，当人们想要充当某一角色时就临时拿到手上，这甚至比现实生活中的演戏还要简单，因为虚拟交往中每一个人都既是演员又是导演，可以任意决定自己如何表演。

随着虚拟的交往场景和交往主体表现形式的不断变化，角色的转换成为一件既简单又频繁发生的事情。虚拟交往具有虚拟性、匿名性的特点，位于交往活动另一端的人只需要知道与之交往的是一个"人"，而不必考虑也无法得知这一身份的真实性，或者说这一身份本来就没有真实性可言。"化名"在虚拟的交往情形中具有意义，只要双方共同遵守虚拟交往中的一些规则或要求即可。

角色的虚拟进一步解放了交往的主体，真实主体不在场而代之

---

① 〔美〕埃瑟·戴森：《2.0版：数字化时代的生活设计》，胡泳、范海燕译，海南出版社，1998，第315~316页。

以虚拟的主体，而虚拟的主体摆脱了人自身的生理限制，可以在不同的场合并存。传统的交往是人与人之间的一一对应关系，而虚拟角色的出现打破了这种情况。虚拟主体在不同的虚拟交往过程中可以同时拥有多个身份，在同一时刻，他可以以农夫的身份在某一虚拟的农场中种菜，也可以在牧场放牧，还可以在海上捕鱼……计算机的多任务处理功能让虚拟的人能够同时身兼多职，而现实的人只是在城市的现代建筑物内体会丰收的喜悦。虚拟空间具有无限的广延性，交往对象的选择余地非常大，自身角色的变化同时就意味着交往对象的变化，交往活动的参与者都处于多对多的关系之中，交往关系变得灵活而多样。

（二）虚拟的关系

人们可以随心所欲地给自己一个虚拟的角色，但是这一角色只有在与人交往时才具有实际意义，否则就只是纯粹的臆想，大战风车的堂吉诃德尚且需要一个真实的风车来证明自己的战士身份。所以说，一个人所扮演的角色取决于他的交往对象的角色。角色的虚拟使得关系也带上了虚拟的性质，由虚拟的角色参与而建立起来的关系就是虚拟的关系。

交往关系是人与人之间的对象性关系，交往关系的虚拟首先指的是进行交往的主体自身是虚拟的。前面已经谈到，交往主体在自身的表现形态上可以虚拟化，在交往活动中人们的角色和身份也可以虚拟化，这些都是交往关系虚拟化的前提和基础。人们首先是以虚拟的形态进入虚拟的交往环境之中，然后在虚拟的情境中被赋予虚拟的角色，在此基础上建立的交往关系便是虚拟的。应当说，交往关系的虚拟是必然的结果，它是主体的虚拟和环境的虚拟促成的。虚拟关系在现实生活中根本不可能发生，有些还是违背法律和伦理的。

交往关系的虚拟还意味着交往双方行为所指向的客体是虚拟的，虚拟交往过程中的客体不是现实的物质实体，而是精神方面的体验。

虚拟交往关系的建立不是为了完成实物的交换，而是人们通过符号化的交互活动获得新的体验，在交往过程中获得新的审美和求真体验就是交往的目的，这与传统的交往存在很大的不同。在传统的交往关系中，我们通常认为进行交往的人都是主体，他们的活动指向一个共同的客体，那就是交往过程中的中介物、标的物。现实生活中的人们可能会因为观点的不同发生争吵，但是这些观点仍然对应着他们的实际利益。虚拟交往中人们所扮演的角色乃至结成的关系都是虚拟的，较少直接涉及人们的物质利益的得失。交往的动机可能仅仅是获得某个虚拟场景中代表"胜利"或"晋级"的图形，这在虚拟情景之外的人看来不过就是以图像的形式显示在屏幕上的符号，与人们的现实生活似乎没有任何关系。这就造成了当局者迷、旁观者清的情形，局外人会觉得这种交往关系不过是水中月镜中花，似乎没有什么实际意义，而置身其中的人却孜孜以求乐此不疲。

关系的虚拟还包括交往双方没有实物交换的意思，作为一种交往方式，虚拟交往也是人与人之间的交互活动，这种交互作用并非直接施加到对方，而是通过中介物来传递的。虚拟交往往往没有实物的交换，不依靠物质的让渡来建立关系。在虚拟空间中传输的是数字化的信息，人们之间的交往主要是进行思想的交流或者虚拟物品的交换，通过信息的流动建立起双向互动的关系。信息的传输并不是让渡，而是双方同时获得了对信息的持有，信息的提供者并没有丧失对信息的占有，只是从独占状态变成与交往对象的共享状态。在这一过程中，交往双方没有物质的转换，却确确实实地形成了交往关系，共同占有了对这一交往过程来说具有一定价值的某些信息。因此，虚拟交往关系是一种共享的关系，这恰好与互联网的网状结构相契合，许多交往主体之间通过信息共享行为形成了网状的交往关系。

虚拟关系是网状的，也是非独占的，甚至是多重关系并存的，当人们可以同时扮演不同的角色出现于不同的交往活动之中的时候，也会使交往关系由点对点的线性关系变成网状关系，而且人与人之间总是处于纷繁复杂的虚拟关系之中，难以区分点与点之间的单一关系。交往关系的虚拟化必然会引起多重化，一个人可以具有多种身份并处于不同的虚拟关系之中，既然一个现实的主体可以不必亲自在场，甚至可以同时有若干个对应的虚拟主体，那么多种交往关系的并存就是可能的了。关系的虚拟同时意味着关系的易变性和暂时性，虚拟的关系如此纷繁复杂，人与人之间的相互制约关系又变得不太严格，那么任何一种虚拟关系的建立和终止都是极其简单的事情，只要交往双方具有共同的意愿，交往关系的建立就是水到渠成的事情。而交往关系的终止也不必考虑后果，毕竟这一切都没有使交往主体产生任何实在的损失，同时，在五彩缤纷的虚拟世界中还有更加美好的虚拟关系值得期待，人们没有必要因为某一段虚拟关系的终结而嗟叹。

虚拟关系有两种类型，分别为单独一方的虚拟（半虚拟）和双方的虚拟（完全虚拟）。现实主体与虚拟主体之间的交往就属于半虚拟的关系，两个虚拟主体之间的交往则属于完全虚拟的关系。由于人具有现实和虚拟两种性质，可以在两种环境中活动，那么他直接与虚拟的主体交往也是可能的，这就是现实主体与虚拟主体的对话。比如，单机游戏就是现实的人与计算机程序之间的互动。计算机程序能够对人的操作做出反馈，形成一种类似人与人之间的交互。当交往双方都沉浸于虚拟的场景的时候，交往就是完全虚拟的，是两个虚拟的数字化符号之间的交往。比如，在一些智能化的游戏中，两个角色之间可以自动地建立类似于现实生活中的各种关系，它们之间的交往的具体情形是不能够被现实的人完全预料到的。

虚拟角色和虚拟关系甚至还有其更加真实的一面，其真实性比在现实生活中更加突出。在现实生活中，人们总是要顾及社会中的各种约束规范，自觉地克制自己的欲望和需求。虚拟关系减轻了这种束缚，人们的行为更加自由，可以畅所欲言，这时候人们内心的真实想法更容易表达出来。在日常生活中总是以谦谦君子的形象示人的，在虚拟的关系中却完全可能是另一副模样，甚至做出令人目瞪口呆的行为来。这种虚拟的关系带有很大的随意性，关系的虚拟导致人们之间的权利义务关系变得松散，双方没有了直接的感官接触和真实的物质利益交换的时候，容易形成以自我为中心的交往观，忽视对同处于交往关系之中的其他人的切身利益的关注。这种松散性造成了交往关系的不对等，难以长久维持，于是交往关系就需要不断地中断并重新建立，这反过来又加重了交往关系的不稳定性，这一切都会对人们之间交往关系的保持和维系造成严重的破坏。

关系的虚拟是虚拟交往的一个重要特征，它是通过个人角色的虚拟和人与人之间关系的虚拟来实现的。虚拟交往中人与人之间的交往关系在表现形式上具有虚拟的性质，但是并非完全不需要物质基础，也不能脱离现实社会的束缚，它是以现实社会中人与人之间的关系为原型，用虚拟的方式来实现的。虚拟关系的一系列新特点给人们的交往活动带来了更大的自由发挥的空间，也引起了新的负面后果，交往关系的稳定性受到新的挑战。

四 交往手段的虚拟

虚拟交往首先是间接性的交往，需要有一定的辅助手段的支持，因此交往手段的虚拟也是虚拟交往的一个重要特征。信息时代的交往手段得到了极大的改进，交往手段的虚拟主要体现为交往工具和交往媒介的信息化等。

首先，交往工具是虚拟的。虚拟交往所需要的计算机和互联网等工具都是高度信息化的，这些工具既不需要直接拿在交往主体的手中，也不需要真实地触碰到虚拟交往活动所指向的另一方，声光控制技术将工具与使用者的距离拉开，甚至可以实现自动化操作。虚拟化的工具使用起来更加简单便捷，人们不必研究它的工作原理和工作过程，只需要体会到它的真实作用即可。工具对人的感官的影响越来越小，人们越来越难以从外观上判断它们的功能和使用方法，这些工具在人们看来变得有些陌生甚至不真实了。

其次，交往媒介是虚拟的。作为虚拟交往媒介的，不是可以直接感知的物质实体，而是由信息所构成的一系列数字化的符号。因此，国内较早关注虚拟交往问题并展开深入研究的孙伟平认为"虚拟交往主要是以符号为媒介的，是人们以符号方式、进入电子时空所进行的交往，交往双方常常只能通过对方提供的符号信息加以想象和模拟"[①]。这一观点明确指出虚拟交往的一个重要特征就是以符号为媒介。相对于传统的交往方式来说，符号化的媒介就是虚拟化了的媒介。虚拟交往的媒介不是普通的声音和图像等符号，而是高度抽象的数字化符号，它具备高速、高效、海量等特点。

最后，虚拟交往活动中人们之间的互动过程是虚拟的。交往必然有人与人的互动，而人与人互动就必须施加作用于对方。现实交往是通过物质的让渡、声音或文字符号的传播来达成的，而虚拟交往中存在的更多的是数字化信息的传输，因此虚拟交往的信息传输和接收是数字化的。在虚拟交往中，人们的交往意愿的传达和交往活动的传递，靠的是数字化的信息在网络中的传输。人们在进行虚拟交往时所发送和接收的是信息而非实物，计算机的数字化处理将人们的交往意愿转换为二进制代码，这些代码能够通过光电原理在网络中传输，交往活动中的另一方再使用计算机将这些符号读取出来，从而领会其中所包含的交往意图。应当说，虚拟交往中信息的传输过程也就是交往进行的过程，电子信号在传输过程中传递了人们的交往意愿，同时也把交往活动带动起来，它连接了交往双方并促成了交往的完成。

前面在讲人类交往方式的历史变迁时已经指出，人类交往方式变迁的一个重要标志就是交往手段的改进，正是在交往手段不断革新的过程中，人类的交往方式才具备了不断变迁的可能性和现实性。交往手段是人类进行各种交往活动的物质基础，虚拟交往作为信息

---

① 孙伟平：《人类交往实践的革命性变迁——虚拟交往及其哲学批判》，《吉林大学社会科学学报》2012年第3期。

时代新的交往方式，较多地采用了具有虚拟色彩的交往手段，但是它同样需要具备一定的物质基础，没有了具体的现实的交往条件的支持，虚拟的手段就不能在人类交往中起到真实的作用。

"虚拟是数字化表达方式和构成方式的总称，它构成了人类新的中介革命"[1]，信息技术革命带来了人类交往手段的变革，交往工具、交往媒介和交往过程都具有虚拟性质，人们在表达交往意愿、建构交往关系乃至完成交往过程的各个环节中，都高度依赖着虚拟化的交往手段。有专家指出："虚拟之所以叫虚拟，是因为在形式上虚拟构成了这一事物，它对于我们是一种感性的真实的存在，但实质上这一事物不是原本的事物，而是一种数字化方式的存在。"[2] 综上所述，虚拟交往具有以下几种意义：在虚拟时空中进行的交往、以虚拟主体的形式开展的交往、依靠虚拟技术实现的交往。狭义的虚拟交往应当同时具备以上三个方面的特征，广义的虚拟交往可以定义为满足以上某一方面特征的交往方式。虚拟交往的虚拟并不是虚假或者虚无，而是在以上几个方面有着显著的虚拟性。不论是哪种意义上的虚拟，都只是交往的部分构成因素或某些环节出现虚拟化，并不是彻底的虚拟化，彻底脱离了现实社会和现实的人的交往方式是不存在的，也是不可能的。

综合以上论述，可以给虚拟交往一个大致的界定：虚拟交往是人类在实践中所采用的一种新的交往方式，它依赖生产力发展所提供的技术手段和物质基础，具有一定的现实性。虚拟交往又具有超越现实的特性，它在交往主体、交往环境、交往关系和交往手段等方面具有明显的虚拟性，这些特性在信息技术的支持下得到凸显。这一交往方式在信息时代得到不断发展和广泛普及，对人们的生活产生了深远的影响。从严格的定义上来讲，可以把虚拟交往界定为交往主体、交往环境等各方面的同时虚拟化。从广义上来讲，只要

---

[1] 陈志良：《虚拟：人类中介系统的革命》，《中国人民大学学报》2000年第4期。
[2] 陈志良：《虚拟：人类中介系统的革命》，《中国人民大学学报》2000年第4期。

上述某一个方面具备了虚拟性特征，便可视此类交往为虚拟交往。当然，如果从更加宽泛的意义上来说，所有不在同一物理时空下完成的面对面交往都具有一定的虚拟性，但由于这些交往方式的虚拟性并不鲜明，这里没有必要将它们归入虚拟交往的范围之内。

第三节　虚拟交往的类型和本质

立足现实而又超越现实，坚守理想而又实事求是，这是人们在实践中应持有的正确态度，人们正是在超越现实的道路上趋近理想的。虚拟既是对现实的否定，在一定意义上又是对现实的确证，二者之间的矛盾存在于人类实践之中。虚拟交往在很多方面实现了对现实的超越，却又在很多方面有着现实交往的影子，受到现实条件的诸多限制。对虚拟交往的全面认识，离不开对其本质的揭示，虚拟交往衍生了虚拟与现实之间的矛盾，揭示虚拟交往的本质，关键是要弄清楚虚拟与现实之间的矛盾并寻求合理的解决。虚拟交往的具体形式是多样化的，可以从不同的角度进行划分。深入认识虚拟交往需要对其基本类型做出大致的分类。

一　虚拟交往的基本矛盾

本章前面两节探讨了虚拟交往对现实的超越和虚拟交往的现实基础，已经揭露了虚拟交往的一个突出问题：它既要超越现实，又在某种程度上依赖现实。这就必然造成虚拟与现实之间矛盾的凸显，笔者认为，虚拟与现实的矛盾是信息时代人类交往方式的基本矛盾。

虚拟与现实的矛盾源于人在实践中的能动性和超越性，虚拟是人们以现实为基础而产生的理想。求真与向善是人类实践的两大主题，尝试突破现实生活中的种种限制，在观念中创造出一个理想世界，一直是人类孜孜不倦的追求。人们不仅在观念中设计着没有面世的新产品、新技术，也在观念中描绘未来社会的新形态和新的交往方式。虚拟是人们超越现实的一种具体途径,人们通过虚拟化的手段,创造出和现实类似的情景,取得现实世界中的实践难以实现的结果。人们的多种实践活动具有一些虚拟的性质,人类一直在用虚拟的手段超越现实中的种种限制,人类实践的虚拟性随着人类改造自然能力的增强而增强。也正因为此,在信息化、全球化趋势加快的今天,虚拟交往引起世人空前的关注。虚拟性是人的主体性、能动性扩展的必然结果。在当前条件下包括交往在内的人类实践活动的虚拟程度是空前的。

交往需求与交往条件的矛盾是交往方式的内在矛盾,也是推动交往方式变迁的内在动力。现实的交往方式不能满足人们增长了的交往需求,且观念形态的交往方式已经产生时,人们就要努力将理想中的交往方式变为现实。在虚拟不断变为现实的同时,人们又不断产生新的交往需求,提出新的虚拟化的交往方式。交往方式的虚拟,指的是人们采用虚拟的方式来开展交往活动,实现交往的目的。在人类交往方式变迁的历史中,人的交往需求是趋于扩大的,这种需求受到客观条件的限制而不能自由发展,这就造成了有限的交往条件和扩大的交往需求之间的矛盾,交往的虚拟化正是交往需求在现实中不能得到充分满足的结果。虚拟交往正是突破现实条件限制而产生的,通过交往环境、交往手段甚至交往主体的虚拟,曲折地实现理想的交往目的。

虚拟还是人们对未来可能出现的状况的一种预演,虚拟是处于可能性之中尚未转变为现实的状态,过去的虚拟不断地转化为现在的现实,新的虚拟又不断产生。随着生产力的发展和条件的逐渐满足,原本处于理想状态、观念形态的东西也逐渐进入人们的现实生活。可以说,虚拟是相对于人们实践水平的发展而言的,原始时代跨越江河的异地交往只能是空想,而信息时代超越物理时空的网络通信却成为不争的事实。随着历史的发展,今天的虚拟交往也会成为未来人们现实生活的一部分,它将与现实交往紧密联系起来,甚至不再被看作虚拟的交往。

虚拟是对现实的超越，同时也就意味着对现实的否定，虚拟交往也就引起了虚拟与现实之间的尖锐矛盾。虚拟交往满足了人们在现实世界不能实现的交往需求，用虚拟化的方式取得了当前条件下现实社会中难以达到的交往效果。虚拟交往之所以产生，很大程度上就是由于现实交往的不足，人们的交往需求不断增长，而现实条件又十分有限，虚拟是人们不得已而采取的办法。"对于虚拟来说，它的真正含义是在虚拟空间中形成对于现实性来说那种不可能的可能性，进一步形成荒诞的悖论的梦幻的虚拟。这种虚拟是与现实相对立的，是在现实性范畴框架之外的。传统总是对那种不可能的可能性报以嘲笑，以为是痴人说梦。虚拟正是变痴人说梦为正常性的方式，把痴人说梦中的梦幻变为真实。"[1]

交往方式的内在矛盾是交往需求的不断发展与有限的条件限制之间的矛盾，这一矛盾在信息时代得到一定程度的缓解，在不变更客观条件的基础上，通过虚拟手段可以进一步满足人们的交往需求。但是这种缓解是以新的矛盾的产生为代价的，虚拟交往激发了虚拟与现实之间的矛盾。现实环境中诸多因素制约着人们交往的广度、深度和自由度，虚拟交往的出现极大地满足了人们的交往需求，同时也进一步凸显了现实与虚拟之间的矛盾。虚拟交往所引发的虚拟与现实之间的矛盾，主要体现为以下几个方面。

首先，虚拟交往的出现造就了虚拟与现实两种活动空间。虚拟交往活动大量地发生在互联网等虚拟的时空环境中，虚拟时空与现实的物理时空有很大的差别，人们很难短时间内适应。虚拟的时空颠覆了人们传统的时空观念，时间的一维性、空间的直观性失去了原来的意义。要在数字化的虚拟时空中生活，就必须全面转变原有的世界观，接受虚拟时空中的游戏规则，这需要人们在观念上进行一场革命。只有高度认同并遵守互联网中的游戏规则，才能够在其中赢得一席之地，进而才能谈得上在其中开展虚拟的交往活动。虚

---

[1] 陈志良：《虚拟：哲学必须面对的课题》，《光明日报》2000年1月18日。

拟与现实的界限变得模糊，两种环境中的规则差别很大甚至完全相反，在两种环境中游刃有余成为一件很困难的事情。

其次，虚拟交往要求交往主体能够以虚拟化的形式存在。现实的人当然是无法亲自进入虚拟时空之中的，这就必须以适合虚拟时空这一生存环境的符号来代替，这些数字化符号可以代为履行交往主体的职责。但是交往的意愿却是现实的人所赋予的，这样一来，以虚拟形式展现的"代理人"能够在多大程度上代表现实的人，就成为一个值得思考的问题。交往的虚拟化会造成交往意图的丧失，交往在某种程度上被篡改了。

最后，虚拟交往依赖现实交往。严格来说，纯粹的虚拟交往是不存在的，"虚拟交往只能无限地模拟、接近直接交往对象的现实交往，永远不能和它等同"[1]。虚拟交往具有脱离现实交往的内在冲动，但是又不得不依赖现实中的交往。不仅位于整个交往环节两个端点的是现实的人，即便是其中的具体的交往环节也需要借鉴甚至模仿现实社会中存在的交往。虚拟交往虽然绚烂多彩，但是大多数的虚拟交往活动仍然是要回到现实社会中去的，要接受现实社会中各种传统标准的检验，这对于习惯了虚拟交往中的游戏规则的人来说，是又一个难以接受的转换。从虚拟到现实，再从现实到虚拟，两种环境、两种游戏规则、两种表达方式的频繁转换，难免让人感到疲倦。

虚拟交往中所存在的基本矛盾是现实与虚拟的矛盾，这一矛盾集中反映在穿越于两种环境之中的人身上，虚拟交往所引起的各种消极后果，主要地发源于这一对基本矛盾。虚拟使人类第一次真正拥有了两个世界，一个是现实的世界，一个是虚拟的世界；拥有了两个平台，一个是现实的自然平台，一个是虚拟的数字平台。[2] 当人

---

[1] 刘永谋：《论虚拟交往的结构与功能》，《长春工业大学学报》（社会科学版）2006年第3期。

[2] 参见曾国屏等《赛博空间的哲学探讨》，清华大学出版社，2002，第83页。

们在两个世界和两种平台之间频繁转换的时候，要受到两种游戏规则的限制，适应虚拟和现实两种生存方式。虚拟一方面是对现实的模拟，虚拟交往是对现实交往的延伸和拓展；虚拟更重要的一方面则是对现实的背离，虚拟交往是对现实交往的颠覆。如果一个人不能够很顺畅地在现实与虚拟之间切换，就会引发一系列的问题。如何处理现实与虚拟之间的矛盾，关系到人自身的生存，也决定着虚拟交往的发展方向，虚拟交往的矛盾是与生俱来的，依靠自身无法获得解决，只有以人为本才是解决问题的唯一出路。

二　虚拟交往与现实交往的融通

虚拟和现实已经成为人们生活中的两个重要组成部分，随着虚拟交往的深入发展，虚拟在人类活动中的分量还会越来越大。既然虚拟交往是信息时代最为典型的交往方式，而虚拟与现实又是其中的基本矛盾，那么处理好虚拟与现实的关系成为促进虚拟交往健康发展的关键。通过简单思考不难发现，虚拟与现实并非水火不容的两个区域，虚拟交往要有现实的依托，现实交往也可以从虚拟交往那里获得启示，两种交往相得益彰才是人类交往的理想情形。

虚拟交往与现实交往并非完全对立，二者是对立统一、相互促进的关系。我们已经论述过，虚拟交往并非虚假、虚无的交往方式，而是有着坚实的现实基础。虚拟交往不仅需要坚实的现实基础，而且要在很大程度上模拟现实交往的情况，虚无缥缈没有现实根据的交往是不存在的。虚拟交往把现实交往中的某些因素或者环节加以改造，以虚拟化的方式表现出来，但是这种交往方式处处留有现实的痕迹。虚拟交往是现实交往一定程度上的变身，它虽然有多样化的表现形式，却始终是以现实交往为原型的。

虚拟与现实相互作为参照，二者是相对而言的。虚拟正是对应于现实才存在的，所谓的虚拟正是由于其所具备区别于现实的一些新特点。今日的虚拟也会逐渐成为未来人们生活中的常态，到那个时候这种虚拟就会成为新的现实，而新的高度虚拟化的生活方式也会成为那一时代真正的"虚拟"。可以说，人们在实践中不断地将自然世界变成属人世界，同时也在把虚拟世界变成人们的生活世界，也就是变成人们可以生活于其中的现实世界。我们可以预料到，随着虚拟交往的普及，虚拟世界给人们的感觉会变得越来越真实，直到人们将其视为现实生活的一部分。

以现实交往为基础和原型而产生的虚拟交往，具有一定的独立性，可以实现现实交往难以企及的目标，甚至在某些方面还会对现实交往产生深刻影响。虚拟交往作为人们对现实条件的超越，是对理想的一种模拟、预演，它表达了人们寄予交往方式变革的期待，并且指出了这一变革所应当坚持的方向。交往活动中虚拟性的每一点加强，乃至信息时代以虚拟性为典型特征的交往方式的出现，都越来越好地满足了人们的交往需求。虚拟交往所带来的优势，正是现实交往所不具备的，这就为现实交往的改进提供了方向。

现实的东西已经为人们所熟练掌握，虚拟代表着人们对可能性的正确把握，虚拟可以帮助人们在现实中模拟、试验可能性，因此虚拟对现实有着积极的借鉴意义，虚拟交往以其创新性引导着现实交往的发展，引导着人们更加广泛地应用虚拟交往，在这一过程中，虚拟性也逐步变成了现实性，成为人们现实生活中的重要组成部分。在因特网诞生之初，人们觉得虚拟交往是多么荒诞不经，在信息化趋势深入人心的今天，我们正在不断更新观念，逐渐意识到虚拟交往的"虚拟性"似乎并没有那么强烈，它就是我们现实生活的一部分。

既然虚拟与现实具有千丝万缕的联系，二者甚至可以相互补充，那么虚拟交往与现实交往的融通也是可能的。这种融通依靠的是从事交往活动的人，不论是虚拟交往还是现实交往，从根本上来说都是人的交往。现实与虚拟的有效融通是化解虚拟交往基本矛盾的根本出路，这就需要把虚拟交往作为人类的一种实践行为来看，把它牢牢地把握在人的手中。

现实与虚拟原本是相互矛盾的，要实现二者的融通，就必须找到起连接作用的"桥梁"。前文已经述及,为了进行虚拟交往,交往主体有时候会以虚拟的形式出现,可以将其称为主体的虚拟。虚拟的主体是现实的人的某种变身,二者在根本上是一致的。因此,人就是现实与虚拟之间的那座桥梁,可以有效地起到沟通作用,一方面把现实虚拟化,另一方面又把虚拟现实化,使两种交往互为补充相互促进。虚拟交往使得现实与虚拟都成为人们生活中的事实:虚拟交往和现实交往都成为人们交往的方式,而人则是真正的主导者。人之所以能够成为联系现实与虚拟的桥梁,是由人的能动本性决定的。

人有虚拟与现实两种存在方式,主体的虚拟化产生了虚拟的主体,虚拟的主体可以在虚拟环境中活动,因此,人可以穿梭于现实与虚拟两种环境之中。虚拟时空与现实的物理时空,都是人的生活世界。顾名思义,虚拟交往主要发生在虚拟的数字化时空内,但是其中以主体的角色出现的中介不过是虚拟形态的人,交往的真正主体还是现实的人,整个交往活动都要受到现实社会的各种制约。游走于现实与虚拟两种时空之间的人,是两种生存方式的汇合点,可以成为沟通二者的桥梁,做到现实与虚拟融通的关键在于人。人的能动性、超越性提供了从现实到虚拟之间转换的可能。

交往活动的达成,一个关键因素是交往意愿的正确表达和有效反馈,而人恰好有现实与虚拟两种表达方式。作为一种特殊的实践形式,交往需要有主体之间的互动,将彼此的交往意愿表达出来并得到对方的反馈。应当说,人们在交往中所表达的东西主要是含有特定意义的符号或者信息。信息具有不同于物质的可复制、可压缩、可还原等特点,这就使得信息的传达不再高度依赖人体自身的器官,而是可以通过人的延长器官如书信、网络等来进行。人们借助这些外在的技术手段实现交往意愿的表达,这是一种虚拟化的表达方式。虚拟和现实一道成为人在交往活动中经常使用的两种表达方式,共同促成交往活动。

三　虚拟交往的实践本质

所有的交往活动都是人的实践活动，作为一种新型交往方式的虚拟交往也不例外。要真正揭示虚拟交往的本质，应该把它定义为一种实践行为，在实践中深刻剖析其来龙去脉。虚拟交往的产生不仅依赖前面提到的物质基础，还依赖人的积极主动的实践。

虚拟环境是在人类实践中开辟出来的属人世界。从自然世界到属人世界，从现实世界到虚拟世界，人们从未停止开疆辟土的征程，不断地扩张人类的活动空间。虚拟世界是人们在实践中主动创造出来的，可以施加自身意志于其中，它是人的实践的结果。虚拟世界只是对于属人世界的一种拓展，仍然属于属人世界的范围，虚拟并不能掩盖其属人性、实践性。

虚拟交往是人的实践的产物。本书第一章已经将虚拟交往定义为人类多种交往方式中的一种，它所具有的虚拟性将其与以往各种交往方式（包括一定程度上具有虚拟性的）明显地区别开来。虚拟手段、虚拟环境甚至人自身的虚拟都是通过人的实践"美梦成真"的，这些最初只是以主观意识的形式出现在人的头脑中，在经过了实践的改造之后才真正能够被人们应用到生活中，形成今天我们正置身其中的虚拟交往的生动场景。虚拟交往的产生是历史的必然趋势，却不是自发地呈现在人类历史上的。从根本上来说，虚拟交往是人的实践发展的结果。交往手段的变革、交往技术的发展、交往范围的扩大，这一切都是在实践中实现的。每一种交往方式都是人们在尊重规律的前提下有意识地创造出来的，它是人们积极实践的产物。虚拟交往的最初动力是人们对现实交往的不足感到厌倦，通过虚拟的方式实现交往成为一种可行的办法。在提出关于虚拟交往的设想并将其变成事实的过程中，一方面是人们对客观规律和现实条件的遵守，另一方面则是人们自身交往需求的进一步满足，整个过程彰显了人的实践的积极作用。

交往的开展始终是以人的存在为前提的，必须在人的参与下才能进行，虚拟交往虽然以人的存在和表达的虚拟化为显著特征，却依然受到人的控制。虚拟交往中人似乎并不存在，其实人只是采用了虚拟的存在和表达方式罢了，其中处处带有人的意志的烙印。如果脱离了人的干预，虚拟的交往关系将变得虚无甚至虚假，人们各自按照自己的意愿言行，交往关系的建立和交往活动的达成也将变得异常困难。现实社会中，人与人之间的交往主要是基于一定的利益要求的物质交换。而虚拟世界里的交往主要是以信息交流的方式来进行，在交流信息的过程中，人们赋予这些信息以社会意义和主观动机，信息交流过程同时也是人们进行交往活动的过程。虚拟交往在诸多方面体现为虚拟化，但是其中最为实在的是人与人之间的关系，虚拟交往虽然没有改造具体的物质实体，却通过对人与人之间虚拟关系的调节，间接地影响到人们在现实社会中的关系。

任何事物都存在对立统一的两面，虚拟交往对人的生活造成多重影响，有积极作用，也有消极效果。虚拟交往与现实交往存在巨大的差异，这一新的交往方式尚处于迅速发展的时期，一些人习惯于传统的现实交往，对虚拟交往的认识和应用还不够，一时还难以做到得心应手地掌控这一交往方式。但是我们相信，虚拟交往毕竟是人的实践，它的发展方向可以被牢牢地控制在人们手中。人们不仅决定着其产生，而且可以有效调节它起作用的范围和程度。随着人们交往水平的提高，对虚拟交往的认识和应用也会趋于合理，人们完全有能力做到克服虚拟交往的负面效应，充分发挥它的积极作用，使之朝着有利于人的发展和社会进步的方向发展。

要做到正确引导虚拟交往发展，前提是要找到正确的评价标准。实践是检验真理的唯一标准，也可以成为评价虚拟交往效果的标准。既然虚拟交往需要从现实世界中获得依靠，而且这种交往是处于人们的掌控之下的，那么人们的现实生活就应该成为评价其好坏优劣的标准。虚拟交往应当成为对现实交往的一种有益补充，通过延伸人类实践的场所，实现人们更加广泛、更加自由的交往，以弥补现实交往的不足。评价虚拟交往应当以人们的现实需要为导向，以人的发展为归宿，使之能够服务于人的现实生活，在促进人的自由全面发展的同时推动社会进步。

虚拟交往是人的实践的需要，也是人的实践的结果。一方面，现实交往中的不足促使人们产生了虚拟交往的需求；另一方面，人们在实践中创造了虚拟交往得以成立所依靠的条件。不论在何种程度、哪些方面达到了虚拟，它的本质都仍然是人的一种实践。充分认识虚拟交往的实践本质，把它视为人的实践的一种具体形式，就能够避免对这一新鲜事物的盲目崇拜和极力抵制两种极端态度。虚拟交往的发展依靠人在实践中的努力，我们应当积极支持新生事物的发展，同时要保持一定的警惕性，始终保持人的主体地位、发挥人的主导作用，在实践中不断调节它起作用的范围和程度并总结其规律。

四 虚拟交往的主要类型

由于交往主体的高度自由、交往空间的无限广大和交往关系的无限可能，虚拟交往的内容也是多样化的。在无限广阔的虚拟时空中，人们以不断变换的角色进行着各种交往活动，这些交往行为可以划分为不同的类型。从交往主体的规模来看，有个体的虚拟交往、群体的虚拟交往及个体和群体之间的虚拟交往；从交往活动的发生领域来看，有经济的虚拟交往、文化的虚拟交往等。鉴于前文已经从交往主体、交往环境、交往关系、交往手段等几个方面简要论述了虚拟交往的虚拟特性，此处侧重于从交往活动的虚拟化程度和参与虚拟交往的主体方面做大致的分类。

（一）从交往活动的虚拟化程度来划分

正如本书第一章所述，虚拟性是人类交往乃至各种实践活动的本性，它具有一定的相对性，并且随着历史条件的变化而变化。信息时代的交往方式具有强烈的虚拟色彩，比历史上其他时期更加突出。但是不能因此就把信息时代的交往视为完全虚拟的交往，而把历史上具有一定虚拟性的交往方式排除在外。应当明确，即使是信息时代我们称之为虚拟交往的这一交往方式，在虚拟性上也是有程度深浅的区别的，虚拟就意味着对现实的疏远，也就意味着其现实性的降低。因此，根据交往过程中需要向现实交往转化的程度，可以把虚拟交往大致划分为完全的虚拟交往和不完全的虚拟交往。

所谓完全的虚拟交往，就是交往主要是以虚拟的形式发生于虚拟的空间，在整个过程中，人的状态和交往的环境不需要向现实转化。比如，在网络交往中，有些活动的具体过程不需要切换到现实之中，每一个环节都可以在网络中完成，我们也可以称之为完全线上的交往活动。这里所讲的完全是相对意义上的，它指的是交往活动可以相对独立地在虚拟状态下进行，不需要人的意志加入其中，也不需要虚拟向现实的切换。所谓不完全的虚拟交往，或者称其为不彻底的虚拟交往，就是交往活动无法在虚拟状态下独立完成，在某些环节仍需要转换到现实中来，整个交往带有明显的现实依赖性。比如，网上购买实物需要有现实的物流配送过程把现实的东西送到购买者手中。在某些网络游戏中以虚拟的货币购买游戏道具的过程则不需要向现实社会切换。这些被当作商品购买的道具在现实社会中没有任何意义，虚拟的货币也只有在具体的电子游戏场景中才适用，交易过程不过是双方终端屏幕上的某些符号发生了一些转变。

我们前面提到虚拟交往的几个虚拟之处，也就是虚拟交往的几种不同含义，即以虚拟技术为支持的交往、发生在虚拟时空中的交往、有虚拟化的主体参与的交往。同时满足以上几个方面的交往，就是此处所指的完全的虚拟交往，否则我们就可称之为不完全的虚拟交往。不完全的虚拟，也就意味着没有在每个交往环节中彻底做到虚拟化，就是带有明显的虚拟性却又保留着明显的对现实的依赖性。我们对虚拟交往的定义持有比较宽容的态度，不论是否做到了对现实社会和现实交往的较大程度的脱离，或者说不论是否同时实现了几个方面的虚拟化，都可以称其为虚拟交往。有的人把虚拟交往称为网络交往，这种看法也是值得商榷的，网络确实为虚拟交往创造了条件，虚拟交往往往是在网络环境下发生的，但是不能因此就把网络交往与虚拟交往完全等同起来。借助网络进行的交往，也可能不属于虚拟交往的范围，如果只是在交往过程中使用互联网，大部分环节仍然发生在现实环境之中，它的虚拟性就是很不突出的。只有高度依赖网络，并充分利用了网络的虚拟性的那一部分交往，才可以被称为虚拟交往。虚拟交往这一概念较好地指出了交往活动中构成要素的状态，把它与传统的交往方式区分开来，能够更好地揭示其本质和特点。

（二）从参与虚拟交往的主体来划分

不论交往活动是哪种程度上的虚拟，都是有主体参与其中的，交往主体的情况是判定一种交往所属类型的另一个重要标准。和现实社会中的交往相类似，虚拟交往可以发生于个体之间，也可以发生于个人所组成的群体之间，据此可以把虚拟交往分为个体的虚拟交往和群体的虚拟交往两类。

个体的虚拟交往是最为普遍的一种类型，当人们处于虚拟化的环境中的时候，首先想到的是自身的利益，以个人作为主体进行交往。个体的虚拟交往主要围绕个体需求展开，个体需求的多样化也就决定了个体之间交往的多样化。在虚拟交往中，人们容易由于共同的兴趣爱好形成集群，比如互联网中常见的各种兴趣小组、社区、讨论群、话题吧、朋友圈等，出于兴趣集合而成的群体就是虚拟的群体。与现实社会中大多以血缘、业缘为纽带不同，虚拟交往中的群体是由共同的价值认同、理想信念连接起来的，虚拟群体是一种基于"趣缘"的集合。虚拟群体具有一定的组合力量，能够实现个人难以达到的交往目的，比如，网络发起的环保组织可以制造出较大的舆论影响，给政府造成一定的压力。而个人的三言两语则很容易被互联网上庞大的信息流淹没。个体之间和群体之间都是同一层级主体之间的交往，有时候还会发生个人与群体之间的交往。当个人遭遇群体的时候，很容易造成交往关系的不对等，个体一方处于劣势地位。网络声讨事件就是这种情况，个体难以抵挡群体的力量，为了能够在虚拟空间中更好地生存和发展，个人很有必要加入某些虚拟群体，以群体的力量对外开展交往。

虚拟群体的形成及交往主体规模的不断扩大，导致虚拟交往的情形十分复杂，复杂多样的关系把人们联系在一起，产生了一个和现实社会类似的新的社会，我们可以称之为"虚拟社会"。虚拟社会类似于我们现实生活的社会，这里没有真实的物质生产环节，主要是关于信息的交往，但是它在很多方面确实像是一个真实的社会。

虚拟交往的本质是人的实践，它以现实世界为基础，又在很大程度上超越了现实；它以现实生活为原型，却比现实生活更加丰富多彩。虚拟交往虽然是人的实践的产物，却在很多方面具有虚拟特性，充分认识和准确把握虚拟交往就要重视虚拟与现实这一对基本矛盾，深入研究虚拟交往的社会历史意义。我们认为，作为人类交往方式的一次空前大变革，虚拟交往不仅塑造了人类生活的世界，给人的发展带来了双重境遇，而且引起了社会结构的深刻调整，甚至也在影响着历史的进程。

第三章
虚拟交往的发展与虚拟社会的形成

马克思说:"社会——不管其形式如何——是什么呢?是人们交互活动的产物。"① 这就肯定了社会可以具有多种形式,并且认为不论社会以何种形式展示在人们面前,都是人们交互作用的产物,交互作用与社会形式具有对应关系。人与人之间的交互作用是通过交往活动发生的,因此,人与人之间的交往是社会形成的条件,而交往方式的变化也会引起社会的变化。交往活动具有能动性,具有变革社会形态和社会结构的功能。虚拟交往是人类交往方式的大变革,带来了人与人之间关系的深刻调整,这一切都引起了社会结构的变化,甚至产生了一种新型的社会——虚拟社会。虚拟社会是虚拟交往扩大的结果,也是其必然产物。虚拟社会虽然不能被称为一种独立的社会形态,却有着迥异于其他社会的特点和结构。

第一节 虚拟交往的发展

与现实的物理世界中人们的交往情形类似,虚拟交往也是多种多样的。它可以发生于不同的主体之间,内容可以涵盖政治、经济、文化、休闲娱乐等各个方面。交往主体规模各异、交往内容丰富多

---

① 《马克思恩格斯选集》第4卷,人民出版社,1995,第532页。

第三章　虚拟交往的发展与虚拟社会的形成

样的虚拟交往在广度和深度上不断拓展，扩大了人们活动的另一领域。在虚拟交往中，人们由于共同的兴趣爱好集合在一起，甚至形成了各种虚拟群组、虚拟社区，虚拟交往的继续扩大将最终促进"虚拟社会"的形成。

一　虚拟交往规模的扩大

前面一章在对虚拟交往的类型做大致划分的时候，我们提出了虚拟交往有个体的虚拟交往和群体的虚拟交往两种基本类型，后者是前者扩大的结果。交往规模是不断扩大的，这是由交往活动的扩张本性决定的，交往的进行和交往活动的扩大是交织在一起的。个人之间出于共同的目的结成群体，这一行为本身就是一种交往，是以建立另一新的交往活动为目的的交往。群体的虚拟交往还会继续扩大，形成更大规模的虚拟群组，这是必然的。

（一）虚拟群组的形成：基于"趣缘"的集合

虚拟群组是在虚拟交往的推动下形成的，那么虚拟交往的动力就是虚拟群组形成的重要原因。人类为什么要进行交往，这在不同的时期有不同的原因。在原始社会，人们为了生存而进行交往，交往不过是维持生存的一种手段；在农业社会，人们的交往被限制在狭窄的地域范围内，以产品的交换为目的的交往成为主流，血缘和地缘是进行交往的界限；在工业社会，人们为了获取经济利益而开展交往，商品贸易成为一种重要的交往，此时的交往大都以获取物质利益为主要导向。这些交往在某种程度上都是被动的，交往不过是满足某种欲求的工具，而不是实现自身发展的途径。

当历史发展到今天，社会生产力得到了极大的发展，物质产品也较为丰富，人们在很大程度上摆脱了自然限制，生存的需要得到了基本满足，经济利益也不再是人们进行交往的唯一目的。于是精神需求成为人们进行交往的新的动力，人们之所以要进行虚拟交往并在交往中建立起虚拟群组，就是为了在交往中满足更加丰富的精神需求。信息时代人们的交往动力发生了转变,更多的是基于"趣缘"的集合,虚拟交往围绕共同感兴趣的话题而展开。

虚拟交往距离现实的物质生产活动较远,其中没有具体的物质生产环节,但是这并不影响人们因为"趣缘"而集合在一起。在兴趣的驱动下,人们聚集在一起并相互开展交往活动。虚拟交往的高度自由化、虚拟化为"趣缘"集合提供了可能:人们在选择交往对象的时候,首要的考虑因素不再是能否获得实际的物质利益,而是这一交往活动本身是否符合双方共同的兴趣;虚拟交往消除了时空的严格限制,交往的建立和虚拟群组的成立可以在虚拟的交往环境中随时随地完成;虚拟环境造就了一个无限庞大的关系网络,其间存在大量潜在的交往对象,只要趣味相投就可以随时开始一场自由的交往。

由"趣缘"所推动的虚拟交往,会引起虚拟群组的快速集聚效应。我们知道,在以物质利益为目的的现实交往活动中,人们存在较多的顾虑,要考虑自己在交往中能够获得的物质利益的多少、交往双方的身份地位等。而虚拟交往不同,只要能够在某些话题上达成一致,交往关系的建立就是可能的。以趣味为纽带联系在一起的人们,能够比较稳定地聚集在一起,建立起经常性的、稳定的交往关系,定期地开展各种活动,这与个人之间比较随意的偶然的交往不同。这种群体性的交往有一定的中心,能够形成一定的凝聚力。

当趣味相投成为人们交往的主要衡量标准,交往的扩大就变得十分自由,人们在选择交往对象和交往时间上都是自由的,可以随时建立起新的交往关系,并且可以通过即时化、网络化的信息传播工具将一对一的线性交往扩展为多对多的网状关系,交往关系的扩大变得十分容易。与之相适应,由交往关系所构筑起来的虚拟群组也得到快速扩张。虚拟群组的形成原因是趣味推动下的虚拟交往的扩大,虚拟交往的扩大会引起虚拟群组的建立,使虚拟群组呈现扩大化的趋势。随着虚拟交往的不断发展,虚拟群组的数量变得越来越多，规模也越来越大，人们以各种主题、各种形式开展虚拟交往，虚拟群组的类型变得多种多样。

（二）虚拟群组的类型

虚拟交往是高度自由的交往方式，人们进行虚拟交往的方式是灵活多样的，因此，由虚拟交往所形成的虚拟群组也会有很多类型。从规模上来说，虚拟群组有大小之分；从主题上来说，虚拟群组有单一和综合之分。

虚拟群组的规模是由成员的数量决定的，虚拟交往先是发生在个人与个人之间，然后是群体与群体之间，为了实现共同的交往需求，人们自觉地结成虚拟群组。虚拟群组有一定的活动规则，有明确的目的性，相较于比较散乱随意的个人交往更加稳定有序，交往所达到的效果更加理想。虚拟群组的规模扩大与虚拟交往的扩大是相互促进的：虚拟交往的扩大促使人们组成更大的虚拟群组；更大的虚拟群组的形成为虚拟交往的进一步扩大提供了新的条件。如果根据规模来分，虚拟群组可以是由三五个人组成的临时的微型群组，也可以是在全国范围内结成的某种大型的社团，甚至可以是跨越国界形成的世界范围内的联合。

根据虚拟交往中所涉及的内容，虚拟群组可以分为单一主题的虚拟群组和综合性的虚拟群组。所谓单一主题的虚拟群组，就是人们针对某一个专门的主题开展虚拟交往，交往具有明确且单一的目的。单一主题的虚拟群组很多，比如各种兴趣小组、话题贴吧、讨论群等。在单一主题的虚拟群组中，人们仅仅是因为一个中心话题而聚集在一起，在有限的范围内开展交流互动，交互活动被限制在一定的范围内，虚拟群组有明确的边界，很少发生越界行为。单一主题的虚拟群组也可以有比较固定的组织原则，成员之间定期开展交往活动，但是其中所涉及的只是人们生活中的某一个方面，在人们日常生活中所占的比例比较小。

所谓综合性的虚拟群组，就是人们在经常性的虚拟交往活动中形成了比较固定的交往规则，交往的内容涵盖生活中的诸多方面。在综合性的虚拟群组中，人们可以进行多种主题的交往，而不是局限于某一个固定的主题。比较完善的综合性的虚拟群组可以称为"虚拟社区"，就像人们日常生活的社区一样，人们频繁地在其中进行虚拟交往活动，在这一环境中进行虚拟交往已经成为生活的一部分。由于交往关系比较固定和交往发生的频率较高，相互交往的人们变得日益熟悉，虚拟社区俨然成为人们熟悉的真实生活环境。大型综合性虚拟社区的形成，使得虚拟组织与真实社会高度相似，有人据此认为虚拟社会已经形成："网络世界是由人组成的，有了虚拟的人就为虚拟社会的产生创造了条件，但并不是说这就形成了真正的虚拟社会，只有当人们在网络世界中群居，即虚拟人之间群居，有称'虚拟社区'或'虚拟社群'……产生时，虚拟社会才真正诞生。"[1] 在虚拟社区中，人与人的交往是全方位的，相互之间的联系也变得频繁化、固定化，甚至相互之间变得离不开。尼葛洛庞帝指出，互联网络构成的虚拟社区将成为人们日常生活的主流，互联网"正在创造着一个崭新的、全球性的社会结构"[2]。

虚拟交往的类型决定着虚拟组织的类型，二者之间是相互对应的，随着虚拟交往的扩大，即虚拟交往由个体交往发展到群体交往，虚拟群组得以建立，虚拟交往的进一步扩大将带动虚拟群组的进一步发展。在虚拟群组的规模不断扩大的同时，人们在其中活动的内容也在不断丰富，虚拟交往已经成为人们日常生活中的重要内容，虚拟社区成为人们在现实生活之外的另一个交往空间。综合性虚拟社区的形成，标志着虚拟交往发展到了一定的程度，也预示着人类生活的另一空间的出现。

---

[1] 张品良：《论网络虚拟和谐社会的构建》，《理论学刊》2006年第2期。
[2] 〔美〕尼古拉·尼葛洛庞帝：《数字化生存》，胡泳、范海燕译，海南出版社，1997，第214页。

（三）虚拟群组的本质：信息共同体

虚拟群组是人们在虚拟交往中所形成的某种集合，这种集合体只存在于虚拟的交往活动和虚拟的空间中，在现实社会中并不存在。虚拟群组从本质上来说是人们在虚拟交往中所结成的关系系统，由虚拟交往所形成的关系是各种类型虚拟群组能够建立起来的关键。在虚拟群组中，作为联系中介的不是具有感性实体的物质，而是人们在虚拟交往中必不可少的信息。正如美国著名的网络社会学专家莱茵戈德指出的，"在网络交往所形成的网络社群中，明显地受到了经济旨趣的影响，其中可能包括大量以信息作为商品的交易，然而，网络最终所能带来的社会变化并不只是建立一个信息市场，而在于形成长久的个体关系和群体关系"[1]。

对于虚拟社群来说，把人们紧密地联系在一起的，不再是具体的物质商品，而是某些具有特定意义的信息。前面提到的"趣缘"集合就是围绕着信息而形成的，人们为了兴趣而进行交往，兴趣则体现为对虚拟空间中海量信息的取舍。当人们对某些信息感兴趣的时候，就会想方设法获取，在虚拟交往中与别人共享。简而言之，在虚拟交往中，人们由于共享信息而聚集在一起，组成的是以信息为核心的共同体。所谓共同体，"是指一群生活在一个特定区域或一群共享生活的全部或某一方面的人们"[2]。虚拟社区等各种虚拟组织成为人们活动的一个特定区域，在这些区域中，人们频繁地进行的活动是虚拟交往，而共享的则是共同感兴趣的信息。各种虚拟组织从根本上来说都是某种信息共同体，是以信息的获得、传递和分享为目的的。

与生存共同体、经济共同体、利益共同体不同，虚拟群组是基于"趣缘"集合而形成的信息共同体。信息共同体的宗旨是实现信

---

[1] 转引自段伟文《网络空间的伦理反思》，江苏人民出版社，2002，第48页。
[2] 刘文富：《网络政治——网络社会与国家治理》，商务印书馆，2002，第143页。

息的获取、传输和共享，在信息共同体中人们之间的交往活动是双赢的、互惠的，而非排他的、独占的。信息共同体的以上特点使之更加适合交往的开展和扩大，而交往的扩大正是信息共同体的内在要求。信息如果不能够在交往中得到复制、传输和共享，就失去了其本身存在的价值。同样，人们如果不能不断获得有价值的信息，就会脱离原来的共同体，并通过交往建立适合其自身要求的新的共同体。当然，信息共同体的建立和解散，都是在虚拟交往中完成的，虚拟交往不仅是信息共同体形成的推动力，而且是信息共同体发展变化的原因。

总之，虚拟交往具有不断扩大的趋势，即从个体交往发展到群体交往，并且会形成各种虚拟组织。虚拟群组中人们的活动主要是虚拟交往，虚拟交往的扩大与虚拟群组的扩大是内在统一的过程。综合性虚拟社区是人们频繁地、固定地进行交往活动的场所，它可以满足人们多方面的交往需求，是人们日常生活的有机组成部分，从效果来看，综合性虚拟社区就是一个类似于现实生活社区的小社会。

二 虚拟交往作用的深化

在交往规模不断扩大的同时，人们交往的内容也在拓展，虚拟交往对人的生活也产生了越来越深入、越来越全面的影响。从单纯的一方面的交往拓展为多方面乃至全方位的交往，直到形成多个综合性虚拟社区共存的局面，虚拟交往对人们生活的影响在不断深化。从横向来看，虚拟交往对人类生活的影响范围越来越大；从纵向来看，虚拟交往的影响正在不断深入，全面塑造着人们新的生活方式。

首先，虚拟交往的深化对人们生活的影响是多方面的。它不仅存在于人们的个人生活之中，也包括政治、经济、文化等诸多方面。在虚拟交往活动中，人们不仅可以进行思想观点的交流，而且可以通过电子商务、电子政务等系统与专门领域的人进行互动，虚拟交往活动几乎可以涵盖现实生活中的一切方面。在虚拟交往中所形成的虚拟组织可以覆盖很多方面，综合性虚拟社区则可以模拟现实生活中的几乎全部情景。除了对人们的生活世界的模仿之外，虚拟交往还能够创造出全新的梦幻体验，让人们在其中以虚拟化的方式开展交往。

其次，虚拟交往对人们行为方式的影响是深刻的。除了改变人们的活动场所，虚拟交往还逐渐渗透到人们的行为方式之中，甚至影响人们价值观的改变。虚拟交往的高度自由性和随意性在一定程度上使人们的行为难以有效管控，容易出现不同价值理念之间的冲突。

再次，虚拟交往改变了人与人之间的关系。人与人之间的关系是虚拟交往活动中最为关键的因素之一，在虚拟化的交往条件下，人与人之间的关系主要表现为信息的共享和精神层面的交流，是一种为了实现信息共享而结成的联系。虚拟交往对社会产生了一个重要的影响，那就是形成新的关系系统，整个系统中人与人的关系是虚拟化的，其根据交往主体的需要而变化，随着交往主体表现形式和交往的具体环境的改变而做出调整。

最后，虚拟交往中没有真实的物质生产环节，精神层面的交流成为主要的甚至唯一的目的。这就容易导致对现实的人和现实的生产劳动的忽视，甚至造成对社会历史观的错误认识。在虚拟的环境中人们自由地进行交往，远离了物质生产环节的人们会误以为精神可以脱离物质而存在，忽略了对现实的物质基础的尊重。

虚拟交往在横向的扩大和纵向的深化两个方面不断发展，二者相互促进，对个人生活和社会面貌的影响不断深入，在这一过程中形成了各种形式的虚拟组织，其规模也在不断扩大并且涵盖着人们社会生活中越来越多的方面。

总之，虚拟交往对人们的影响是全方位的、不断深入的。随着虚拟交往的发展，人们结成了虚拟的组织，并且在其中体验着一种新的社会生活。人类社会的结构就是通过不同形式的交互活动或交往活动及其制度化而形成的，人们的交往方式也就决定着社会的性质。虚拟交往是一种特殊的交往活动,由虚拟交往的发展所建立起来的虚拟组织也就具有了虚拟交往的特性。虚拟组织在虚拟交往的推动下不断发展,随着虚拟组织的继续发展,会出现规模层次不同、目标各异的虚拟组织并存的局面。人们可以跨越不同的虚拟组织,进行不同内容的虚拟交往,这就构成了一幅由虚拟交往勾勒出的生动画面,它与人们在现实社会中的交往高度相似。在经历了个体交往、群体交往等不同规模的交往之后,虚拟交往已经渗透进人们生活的方方面面,也产生了虚拟群组、虚拟社区等不同规模的虚拟组织,一个虚拟的人类社会即将形成。

三 虚拟社会的形成

随着虚拟交往的内容的不断丰富及领域的不断扩大,各种虚拟组织应运而生,虚拟交往成为人们生活中的重要内容,并且占据了人们大量的时间。在虚拟交往日益深入人们生活的今天,我们的生活已经是虚拟与现实并存的了。频繁地参与虚拟交往,经常地穿梭于各种网络虚拟组织,信息时代的人们正在体验着一个全新的生活场所。虚拟交往的发展,最为显著的一个影响就是使人类社会结构产生了变化,形成了一个虚拟的社会。

由虚拟交往的扩大到虚拟社会的形成,不是一蹴而就的,而是在缓慢的社会化过程中实现的。虚拟交往赋予虚拟交往活动以社会性,把人们进行交往的虚拟时空社会化,使之成为和现实社会类似的人的活动空间。虚拟社会是由虚拟交往所产生的一种类似于现实社会的活动场所,它在诸多方面具有社会的性质,已经成为人们生活中不可缺少的一部分。简单来说,虚拟社会的形成是由虚拟空间的社会化、虚拟关系的社会化及交往活动的社会化等几个方面实现的。

首先,虚拟空间的社会化。虚拟空间并不是一个真实的空间,它是由数字化的符号所模拟出来的虚拟化的场景,但是随着人们交往内容的扩展,虚拟交往可以涵盖人们生活的各个方面,这使得虚拟空间变得如同真实的社会一样。最初，虚拟交往发生在独立的个体之间，随着交往的扩大，群体交往开始出现，各种虚拟群体的出现把虚拟空间变成了充满社会性的人类活动场所。我们前面已经谈到，虚拟交往离不开作为真正主体的现实的人。不论虚拟交往的主体在表现形式和表达方式上如何虚拟，它最终都要指向具体的现实的人，人是生活在现实社会之中的。既然人可以在现实与虚拟两种空间中出现，那么他就能够把现实空间中的社会性带到虚拟空间中去。不论是人们的交往需求还是交往的内容和形式，在很大程度上都有现实社会中的影子，交往主体的虚拟和现实双重性赋予虚拟交往活动以社会性，并且使社会性蔓延到整个虚拟空间。

其次，虚拟关系的社会化。随着虚拟交往的扩大，人们之间所建立的虚拟关系也逐渐具有了社会性。虚拟关系并不是一直以背离社会的方向发展的，在成立之初，人们在虚拟交往中建构起来的关系以虚拟的形式出现，但是交往的加深促使主体必须不断地返回到现实社会中去，从中获得各种启发。现实中的社会交往是虚拟交往的原型，虚拟的交往关系不断地接受现实社会中交往的影响，变得越来越现实化、社会化。现实社会是在人们的实际交往中构建起来的，同样，虚拟社会是在虚拟交往的发展中形成的。随着虚拟交往的不断扩大，人们以信息为中心聚集起来并形成一定的社会联系，通过相互间的各种联系形成了网状关系，人与人之间关系网络的形成是虚拟社会形成的标志。因此可以说，虚拟社会的形成，关键在于由虚拟交往所建立起来的人与人之间的社会关系。马克思指出，社会关系"是指许多个人的共同活动"[1]，人们"以一定的方式共同活动和互相交换其活动"[2]，社会关系在不断的交往过程中形成。社会是人们交互作用的产物，它是在人的交互作用中形成的关系系统，

---

[1] 《马克思恩格斯选集》第 1 卷，人民出版社，1995，第 80 页。
[2] 《马克思恩格斯选集》第 1 卷，人民出版社，1995，第 344 页。

虚拟交往中的关系虽然以虚拟的形式出现，但是它是在真实的交互作用中形成的，人与人之间的关系也是真实存在的。如果说虚拟交往中的人与人的关系是虚拟到难以捉摸的，那么虚拟群组则是不可忽视的现象，它们是人们在虚拟交往活动中有意识地形成的"趣缘"集合。虚拟群组是虚拟交往中人际关系的固定化，各种虚拟群组乃至综合性虚拟社区就是组成虚拟社会关系系统的实体结构。

最后，交往活动的社会化。作为人类活动新的领域的虚拟空间具有社会性，作为虚拟社会构成元素的交往关系具有社会性，这两个方面是虚拟社会得以形成的重要条件。但是这两个方面的社会性都是在人的交往活动中被赋予的，只有交往活动本身具有社会性，人与人的关系才能被称为是"社会"的，人们活动的空间才能被称为一个社会空间。因此，虚拟交往活动的社会性是虚拟社会形成最为关键的一步。虚拟交往是以虚拟化的形式进行的交往活动，但是虚拟化的形式并不能掩盖其真正的社会本质，不论是虚拟交往中人们行为的方式，还是虚拟交往中所涵盖的内容，都不是完全虚无缥缈的，而是社会生活中的积极或消极的反映。社会化的一个重要方面就是有一定的规则在起作用，交往规则的制度化是虚拟交往社会化的一个重要标志。在看似完全自由的虚拟交往中，人们必须遵守一些约定俗成的规则，比如要遵守网络信息传输的规律、符合交往互惠互利等基本原则。虚拟交往活动不是杂乱无章的，而是在看似无序的活动中，有着一定的规则。当虚拟交往发生于独立的个人之间时，它是小规模的、高度自由的。但是随着虚拟群组、虚拟社区的形成，如果没有一套规则制度在其中运行，势必会造成混乱不堪的局面。当然了，虚拟交往毕竟不同于现实交往，规则起作用的范围也是有限的，但是起码有一些基本的规则是人们必须遵守的，这些规则就是虚拟社会中的制度体系。现在虚拟社会中的制度体系建设才刚刚开始，要在虚拟交往的深入发展中不断完善。

总之，一方面虚拟社会的形成是由于虚拟空间和虚拟交往活动的社会化。虚拟交往以社会化的方式进行，涵盖了人们社会生活中的诸多方面，甚至形成了虚拟的社会化的组织，虚拟交往中人的行为方式和内容具有社会性。另一方面虚拟社会的形成也是现实社会虚拟化的结果。虚拟交往通过人的中介作用，从现实社会中取得借鉴，在虚拟化的条件下转化吸收，从而改造了自身的具体模式。应当说，虚拟社会是在与现实社会的比照中形成的，如果没有现实社会作为原型，虚拟社会就不会出现。虚拟交往、虚拟交往所建立的人与人的关系、以虚拟化的人的关系构成的虚拟社会，这一切都受到现实社会的影响，具有现实性和社会性。虚拟社会的形成，是针对虚拟交往所产生的结果而言的，它并不是完全独立于现实社会的另一种人类社会，现实社会和虚拟社会也不是相互并列的。准确来说，虚拟社会是现实社会的一部分，它在某些方面延伸了现实社会。"虚拟社会与现实社会不是完全分离的，它是以遵循和超越现实社会规范的方式产生的，是现实社会的一个子集，一个功能单位。"[1]

虚拟社会的出现具有重要的意义，"既改变了人们以往接受、处理和发送信息的方式，也改变了信息本身的生产和存在方式，既拓展了人们交往的空间，也重新调整了人与人、人与社会乃至人与自然的关系"[2]。信息时代的人们生活于现实和虚拟两种社会中，过上了双重的生活。这给人们的生存和发展带来了双重的效果。

第二节　虚拟社会：信息时代社会形态的新变化

人类社会始终处于变革之中，随着人与人之间关系结构的改变，农业社会发展到工业社会，而信息时代的到来也在持续改变着人与人之间的关系结构。虚拟交往的崛起以前所未有的强度改

---

[1] 李伦：《鼠标下的德性》，江西人民出版社，2002，第68页。
[2] 刘文富：《网络政治——网络社会与国家治理》，商务印书馆，2002，第4页。

变着人们的交往方式，也改变着人与人之间的关系结构，信息时代的社会已经与从前大不相同了。从人与人之间的关系来看，虚拟社会成为对当前社会的一个比较恰当的描述。所谓虚拟社会，是相对于我们生活的现实社会而言的，与我们所熟知的其他各种称呼不同，它是信息时代由虚拟交往的发展所形成的另一种社会。

一 对信息时代社会形态的几种描述

信息时代人类社会发生了巨大变革，这是人们已经普遍承认的事实。可是在用一个名称来定义这种社会时，人们又存在较大的分歧。关于当前社会的界定主要有三个占主导地位的概念，它们分别是信息社会、网络社会和虚拟社会。这三个概念分别从各自的角度描述了信息时代人类社会所发生的变化。

（一）信息社会：技术的角度

信息社会是被广泛用于指称信息时代人类社会的一个概念。所谓"信息社会"，是从技术角度对当前人类社会的一种描述。持有这种观点的人认为，生产技术是界定社会类型的关键要素，信息时代的社会是以信息技术为核心的，信息是社会结构形成的核心要素，人们的行为是围绕着信息而进行的。有相当数量的专家认为应当"以'信息社会'而非后现代主义、风险社会或晚期资本主义等等概念来理解当前这个时代"[1]。

《信息社会理论》以分析信息在当今世界的重要性为论旨，抛出了重要的疑问：为什么信息能够被称为我们时代的特征？这一探索路径的合理性何在？通过对贝尔、卡斯特、哈贝马斯、吉登斯等人的代表性言论的分析，作者发现，他们一致认同信息在当代事务中的重要性：与过去的社会相比，现代的信息不仅在量上大大超越了

---

[1]〔英〕斯各特·拉什：《信息批判》，杨德睿译，北京大学出版社，2009，第14页。

第三章　虚拟交往的发展与虚拟社会的形成

过去，而且在人们生活的各个方面发挥着重要作用。信息是当今世界最为重要的资源，也是人与人之间建立起联系的最为重要的纽带之一。该书在对当前的研究状况进行评价时，提出疑问："当人们谈及'信息社会'时，他们想表达的意思是什么？"[①] 作者认为诸多的理论家们"常常无法确定信息为何，以及以何种方式日渐成为现代生活的核心和关键，并将人类引领至一种新形态的社会"[②]。即便如此，有一点却是大家公认的："知识与信息是后工业社会的决定性变量。"[③]

目前，关于信息社会这一概念的使用也是比较笼统的，还缺乏比较准确的界定。虽然人们已经在很多著述中把它当作一个既有的概念使用，但是这种使用往往是不假思索的。不可否认，信息技术已经把人类历史推向了一个新的时代——信息时代，信息在当前人类社会中扮演了至关重要的角色。但是信息究竟是如何改变人类社会结构的，它使人的生活产生了哪些变革，以及这些变革是如何实现的，这些都需要进一步做出说明，只有这样，信息社会这一概念的使用才是合理的。

诚如长期关注并致力于信息社会研究的著名学者孙伟平指出的："信息社会作为一种新型社会形态，各方面的发展并没有完全成熟，人们对于信息社会的本质特征，如信息社会与农业社会、工业社会的本质区别是什么，尚没有清楚的认识。"[④] 因此，关于信息社会的研究还有待加强，我们对这一概念的使用也应该持审慎的、批判的态度。

[①] 〔英〕弗兰克·韦伯斯特：《信息社会理论》，曹晋等译，北京大学出版社，2011，第10页。

[②] 〔英〕弗兰克·韦伯斯特：《信息社会理论》，曹晋等译，北京大学出版社，2011，第11页。

[③] 〔美〕马克·波斯特：《信息方式——后结构主义与社会语境》，范静晔译，商务印书馆，2000，第37页。

[④] 孙伟平：《信息时代的社会历史观》，江苏人民出版社，2010，第106页。

(二) 网络社会：物质的角度

信息技术如果不能够找到合适的媒介，就无法在人与人之间建立起联系，互联网恰好充当了这一媒介。相对于信息的核心作用，互联网的基础作用也至关重要。因此，网络社会成为信息时代人类社会的另一个名称。网络社会这一概念更加关注社会得以运行的物质基础——以互联网为代表的各种网络介质。

有人倾向于用网络来指称信息时代人们在虚拟交往中所形成的关系，这是由网络在社会变革中所起到的重要作用决定的。互联网是信息时代人类社会能够顺利运行的关键物质基础，如果脱离了互联网的支持，那么信息时代的人类社会几乎会陷于瘫痪。信息时代人类社会正是以互联网为物质基础建立起来的，没有互联网的社会将会与其他社会无异，自然也就不需要一个新的名称。例如，以《网络社会的崛起》等作品而出名的曼纽尔·卡斯特就认为，信息时代的社会应该称为"网络社会"。在他的代表作"信息时代"三部曲中，第一部就是《网络社会的崛起》。卡斯特的核心论旨是，"信息时代宣告因网络发展（信息传播技术使网络的发展成为可能）而塑造了'一个新型社会'的来临"[1]，这个新型社会就是所谓的网络社会。他认为，我们正在经历向"信息时代"的转型，该时代最重要的特征就是连接人、机构和国家的网络扩展。正如他在《网络社会的崛起》一书中所预测的：21世纪正是一个由网络构建的具有全新意义的社会，网络社会的结构不同于工业社会的结构，它是一种新的社会模式。

网络社会这一概念也考虑到了人们的交往活动的一个重要特点：大量地发生在互联网等搭建的网络空间之中。网络是人们建立一个类似现实社会的活动领域的依托。其实，虚拟时空也并非完全建立

---

[1] 参见〔英〕弗兰克·韦伯斯特《信息社会理论》，曹晋等译，北京大学出版社，2011，第126页。

在互联网之上，互联网中传输的只是二进制的数字化符号，也就是包含了人们的交往意愿的符号信息。由于虚拟交往的发生过程中没有实在的物理空间，我们便把这一交往过程中唯一可以明确感知到的物质实体——互联网作为它的物质基础，并且将其形象地称为"网络空间"。网络只是人们进行交往活动的一种介质，交往在很大程度上还是依赖现实社会所提供的条件。

"网络社会"形象地描述了人们在信息时代所处的网状关系，和互联网的网状结构相似，人与人之间的关系越来越像一张巨大的网，每个人都是这张巨网上的一个纽结。从拓扑结构来看，信息时代人们的关系就是网络，信息时代的人类社会也是网状的。如果从这个角度来看，网络社会这一概念确实十分恰当地描述了信息时代人类社会的结构特征——社会是网络形状的。但是，这一概念只是对社会结构和形状的大致描述，而没有揭示出这一社会的本质。严格来说，任何一种社会都是网状的，人与人之间的交互活动交织在一起，组成了一个庞大的关系之网。从这种意义上来看，网络社会这一概念既可以用来指称信息时代的人类社会，也可以用来指称工业时代的人类社会。

（三）虚拟社会：实践的角度

马克思曾经指出："各种经济时代的区别，不在于生产什么，而在于怎样生产……"① 这一论述揭示了一个道理：人们的活动方式（或者说实践方式）在很大程度上决定了人们所处的社会状态。因此，我们还应当从人们的实践所具有的时代特征来描述他们所处的社会。我们前面指出过虚拟交往的实践本质，它是人们以虚拟化的方式进行的一种交往。信息时代人们的实践方式尤其是交往方式发生了革命性变化，那就是虚拟交往的崛起。如果要以人们的实践方式或交往方式来描述当前的社会，那么，虚拟社会应当是一个比较

---

① 《马克思恩格斯全集》第23卷，人民出版社，1972，第204页。

恰当的概念。虚拟交往的兴起是信息时代人类交往方式变迁的一个大趋势，由虚拟交往所建构的社会自然可以称为虚拟社会。

我们在这里使用虚拟社会的提法，是根据促使这一社会形成的人类交往方式来判断的。既然社会是人们交互作用的产物，那么人们的交往方式也就在很大程度上决定着社会的面貌，虚拟交往作为信息时代的典型交往方式，也就可以用来作为对这一时代人类社会的一种描述，至少可以用来表达人类社会在进入信息时代之后所发生的一些变化。虚拟社会是信息时代一种新的社会存在形式，是人们在从事虚拟交往活动的过程中所形成的社会关系体系。

在对某一社会进行描述的时候，不仅应当考虑到社会现象的层面，还要适当揭示这一社会所具有的本质特征。历史是人们在实践中创造的，社会是人们交互作用的产物，如果要对社会状况进行恰当的描述，就应当把人们的实践方式，具体来说也就是生产、生活和各种交往活动的方式作为重要参考。虚拟交往准确地刻画了人们在实践方式上所发生的变化，这种变化更具有根本性。虚拟社会这一概念直接揭示了信息时代人类社会的虚拟性特征，虚拟性不仅是信息时代人类交往方式的特征，也是人类实践在新的时代条件下所发生的新变化，与之对应的就是应当有一个恰当的概念来描述当前的人类社会。

虚拟社会这一概念不仅意味着信息时代人们交往方式的变化，而且指明了虚拟交往的发展与虚拟社会的形成之间的因果关系。虚拟社会的形成是由虚拟交往的发展造成的，在这一点上虚拟社会与其他各种社会严格区别开来。一切现实中的社会形态都是在实际的物质生产基础上结成的人与人的关系，人与人之间是围绕着具体的物质利益开展互动的，而虚拟社会是在虚拟的条件下出现的，人与人的交往也是高度虚拟化的。虚拟社会具有社会的效果和功能，是全新的人类交往领域，从效果上来看它就是一个人类社会，但不论是其社会性后果的形成，还是虚拟性特征的保留，这一切都是虚拟交往所赋予的。

和前面两个概念遇到的情况类似，虚拟社会这一概念也是近些年开始提出的，尚没有经过系统严密的论证，这也正是本书以"探析"为主题的一个初衷所在。虽然虚拟社会这一概念已经大量地出现在各种学科的研究之中，甚至开始成为人们日常生活中的热点话题，但是人们对这一概念尚没有准确的界定，很多人只是不加审查地使用这一概念，而没有考虑其合理性。要赋予虚拟社会这样一个概念以合理性，就要分析其产生的逻辑和过程。正如前文所述，虚拟社会是虚拟交往的发展促成的，虚拟交往促使人与人之间联系的加强和网络化，并且造成了各种虚拟组织的建立，形成了一个和现实社会高度相似的人类活动场所。虚拟交往在自身发展中必将带上社会性，同时虚拟空间和虚拟组织也越来越像人们生活于其中的真实社会，虽然它在表现形式上依然带有鲜明的虚拟性。即便存在着种种不足，我们还是希望能够积极地采用这一概念，从交往方式的角度对信息时代的人类社会开展有益的批判性研究。

综合以上论述，我们认为，信息社会、网络社会、虚拟社会几个概念具有相近的意思，它们分别从不同的角度描述了当前我们所生活的社会，确认了由于信息技术的发展所引起的人类社会的变革，都主张要对信息时代的人类社会进行更加准确、深入的描述。鉴于本书的主题是论述虚拟交往，我们倾向于以虚拟社会这一概念来指称信息时代由虚拟交往所建构起来的新型"社会"。这并不意味着对另外两种提法的否定：虚拟社会的产生当然也离不开信息技术革命所提供的机遇，信息在其中发挥着至关重要的作用，甚至成为最为核心的资源，即使以虚拟社会来称谓，也不能否认信息及信息技术的重要作用；网络是虚拟社会的重要物质基础，人们正是借助各种具体的网络开展虚拟交往，并在此基础上构建起人与人之间的关系网络的。不可否认，生产力对社会的影响是决定性的，信息时代的人类社会首先是由信息技术决定的，各种网络也充当了一定的客观基础。但是，虚拟交往能够准确地刻画人们的交往方式，也不失为一种有用的概念，况且这一概念还有自身的优势。它能够更好地揭示虚拟社会的本质特征是虚拟性，而且能够明确地与传统的现实社会区分开来。

二 虚拟社会与社会形态理论

历史唯物主义的创立者马克思在研究人类历史时将人类社会划分为几种典型的形态，其中有著名的三形态说和五形态说。三形态说根据人的发展程度把人类历史区分为人的依赖、物的依赖、自由全面发展三个阶段，每一个阶段对应着一种社会形态；五形态说则根据生产关系的状况把人类历史区分为原始社会、奴隶社会、封建社会、资本主义社会、共产主义社会五种形态。既然我们以虚拟社会作为对信息时代人类社会的描述，就需要在此澄清虚拟社会与其他社会形态的关系，以避免可能造成的误解。

不论是三形态说，还是五形态说，都是对整个人类历史的大致划分，它们的着眼点是宏观的人类历史，而我们所说的虚拟社会与以上提到的社会形态并不是并列的，它是对人类历史进入信息时代之后，人类社会结构因虚拟交往的盛行而发生的变化的一种表达。如果说以上对人类社会形态的划分是一种宏观的历史的视角，那么对虚拟社会的界定则是一种微观的视角。

虚拟社会这一概念与马克思在社会形态理论中所提出的概念不同，它不是要对漫长的人类历史做出纵向的划分，而是要对现时代的社会做出一个描述，进而对这一社会的特点做出研究。总之，虚拟社会并不是一种独立的社会形态，它只是对漫长历史中某一个时代的人类社会做出的局部描述。虚拟社会的产生是以现实社会的继续存在为前提的，二者并非相互更替的关系。虚拟社会这一概念不能够独立地承担起对人类历史某一时期的整体描述。虚拟社会的提出并不主张信息时代的整个人类社会都属于虚拟社会，而是认为人类社会在虚拟交往的推动下发生了新变化，产生了一个新的人类实践领域，它与现实社会存在较大的差别，信息时代的人类社会有现实社会和虚拟社会两个组成部分。虚拟交往的盛行和虚拟社会的崛起使得现实社会也受到很大程度的影响，带有浓厚的虚拟性，因此，以虚拟社会来称谓信息时代人类社会的整体面貌也是可行的。

当然了，对虚拟社会的描述有助于明确其在人类历史中所处的方位和阶段，但是这并不能成为这一概念提出的主要目的。我们在此提出虚拟社会概念，侧重于指虚拟交往普遍应用的情况下社会结构所产生的变化。应当说，虚拟交往并不是一种社会形态，而是在几大社会形态更替过程中出现的一种具体状态。如果说马克思的社会形态理论是致力于对漫长的人类历史做出大致的划分，那么虚拟社会这一概念提出的主要目的则在于深入探讨信息时代人类社会的细微变化。虽然我们不能否定虚拟社会具有一定的历史意义，但是它的出现导致了现实社会与虚拟社会的对立，这种两分法几乎不可能作为对人类历史的整体划分。如果把人类历史划分为现实社会和虚拟社会，那是过于简单且有失严谨的做法。因此，虚拟社会这一概念难以担当起建构社会形态理论的重任，它本身也不能独立地成为一种社会形态。总之，不论是从理论的主旨来看，还是从其产生的结果来看，虚拟社会这一概念与社会形态理论都存在较大的差别。

不过，马克思的社会形态理论中所提到的几种社会与虚拟社会也存在一定的关联。三形态说所依据的标准是人的自由程度，人类历史大致要经历人的依赖的社会、物的依赖的社会，最终走向人的自由全面发展的社会。通过前面对虚拟交往的论述我们知道，虚拟交往在很大程度上提升了人们交往的自由性和普遍性，而交往的扩大化、自由化乃至普遍化正是人的自由全面发展的前提，是共产主义这种理想的社会形态得以实现的必经之路。也就是说，虽然虚拟社会并没有直接促使共产主义社会到来，但是它很大程度上提高了人的自由全面发展的程度，标志着人类历史又向前迈进了一步。至于虚拟社会在整个人类历史中所处的地位、与其他几种社会形态的关系，以及虚拟社会的未来走向等，都是值得思考的重大问题，后文将对这些问题继续探讨，此处不再赘言。

在此顺便提及信息社会和网络社会两种提法与社会形态理论的

关系。信息社会的拥趸以"技术社会形态"为依据，认为信息社会是一种独立的社会形态，并且与农业社会、工业社会等一道成为人类历史的几个前后相继的阶段。在技术社会形态理论中，科学技术或者生产力的发展程度被作为判断历史进度的标准，与信息技术相对应的就是信息社会。而网络社会这一提法的支持者同样持有这种观点，认为网络也是一种能够有效改变社会结构和历史进程的技术。技术社会形态理论具有一定的合理性，可以成为马克思社会形态理论的有益补充。

三 虚拟社会的基本特征

虚拟社会是在虚拟交往中形成的，是人们在现实社会之外开拓的活动领域，因此，它必然有着不同于现实社会的特征。既然我们已经将虚拟社会这一概念作为对当前人类社会的描述，并且澄清了虚拟社会与其他社会形态的关系，接下来就需要进一步认识虚拟社会的特征。虚拟社会的特征是相对于传统的社会形态而言的，笼统来说有以下几个方面。

首先，开放性。虚拟社会具有开放性有两个重要原因。一方面，信息的开放性赋予以信息为核心资源的网络社会以高度的开放性。虚拟交往的发展和虚拟社会的运行都要依赖可以不断复制的数字化信息。信息的存在就是以共享为目的的，只有在共享中它才能实现价值。另一方面，网络社会的本质是可以无限扩展的交往关系，网络的扩展性决定了虚拟社会是开放的。虚拟交往中所建立的关系是网状的而非线性的，虚拟社会其实就是一张庞大的关系之网，它正是由于交往关系的不断扩大而形成的一个类似真实社会的人类活动领域。保持通畅以提供高效的信息传输是网络的使命，而网络的可靠性和畅通性是由开放性来实现的。高度的开放性是互联网的重要设计理念，互联网的拓扑结构决定了它的每一个节点之间的联系都是多对多的网状关系，也就是说每一个网上节点都是高度开放的。

其次，自由性。虚拟社会是开放的，这就意味着其成员在加入和退出时享有高度的自由。虚拟社会是虚拟交往建构起来的关系系统，对人的真实社会身份和地位没有具体要求，交往活动的达成和终结都是高度自由的。在虚拟社会中进行的虚拟交往活动很少受到限制，既然可以随时退出，人们就可以根据自身的好恶选择是否开启或终止一段交往关系，况且虚拟社会不像现实社会那样具有严密的组织和纪律，甚至法律和道德的约束作用也稍显乏力。自由性是虚拟交往的一大特征，也是虚拟社会的显著特征，高度的自由是虚拟社会的最大吸引力，正是靠着高度的自由性，人们才会在某种程度上抛弃现实社会而投入虚拟社会，自由性是虚拟社会得以形成和发展的重要动力。不可否认，自由是要保持在一定限度之内的，不排除一部分人是片面地认识虚拟社会中的自由，甚至做出了有违道德和法律的行为，产生了真实的社会危害性。但是，虚拟社会的自由性仍然为人的发展创造了新的机遇，总体上是利大于弊的。

最后，创造性。自由的环境是最容易激发人的创造性的，高度自由的虚拟社会必然是充满创造性的。虚拟社会的创造性是其产生之初就已经具备的，虚拟社会本身就是人类的一大创造，是人们通过虚拟交往在超越现实社会的努力中创造出来的另一个亦真亦幻的人类社会。虚拟社会充满了新奇的创造，在虚拟社会之中简直就是无所不能的，它在效果上无限接近现实社会，在可能性上却不断地超越现实社会，这一切都离不开虚拟社会的创造性。我们相信，随着虚拟交往的继续发展，虚拟社会的形式、结构都会发生新的变革，虚拟社会将会在人们的不断创造中更加丰富多彩。

当然了，虚拟社会的以上这些特性归根结底都源自虚拟性，虚拟性是虚拟社会的根本特性。虚拟社会的虚拟性是它的形成动力即虚拟交往所赋予的，虚拟社会的发展也需要虚拟交往的推动。虚拟社会的特征与虚拟交往的特征是内在一致且相互作用的：在虚拟交往中形成的虚拟社会，必然带有虚拟交往的一些特征；虚拟社会的形成为虚拟交往的发展提供了更好的条件，虚拟交往也要遵循虚拟社会的运行规则，受到虚拟社会的深刻影响。

第三节　虚拟社会的结构及其突出矛盾

　　随着以虚拟交往为代表的各种虚拟活动的出现，人类生活也变得日益信息化、网络化、虚拟化，"一个具有相当异质性的'另类的''网络社会'、'虚拟社会'已经或正在成为人们真实的现实生活的一部分"①，虚拟社会的形成已经成为一个不争的事实。虚拟社会不仅在表现形式上有别于传统的现实社会，而且有着独特的社会结构。海姆认为，"只有把事物在网络空间出现的明确方式搞清楚，网络空间的结构问题才能清楚"②。要深入研究虚拟社会，就要剖析其结构，了解人们是如何在其中进行交往并结成联系的。

　　历史唯物主义理论创立者的一个伟大贡献在于"从社会生活的各种领域中划分出经济领域，从一切社会关系中划分出生产关系，即决定其余一切关系的基本的原始的关系"③。也就是说人们的生产关系是物质的社会关系，它是所有社会关系之中最重要的，在整个社会中起基础性、决定性的作用。马克思和恩格斯形象地称之为"经济基础"，并且提出了与之对应的"上层建筑"的概念。这一对范畴在历史唯物主义理论中具有重要作用，马克思和恩格斯正是在论证二者辩证关系的过程中剖析了社会的结构，进而揭示了社会的本质。这种研究方法对于任何一种社会都是行之有效的，虚拟社会既然可以被称为一种社会，自然也适用这种方法。我们尝试按照经典作家的思路，分析虚拟社会的组成结构，进而找出其中存在的主要矛盾及解决办法。

---

① 孙伟平：《信息时代的社会历史观》，江苏人民出版社，2010，第114页。
② 〔美〕迈克尔·海姆：《从界面到网络空间——虚拟实在的形而上学》，金吾伦、刘钢译，上海科技教育出版社，2000，第86页。
③ 《列宁选集》第1卷，人民出版社，1995，第6页。

一 虚拟社会的组成结构

虚拟社会的结构与现实社会不同，现实社会是建立在直接的物质生产基础之上的，有经济基础和上层建筑两大组成部分。而虚拟社会中基本不包括物质生产环节，主要是由或多或少地带有虚拟性的交往活动构成的，这就决定了对虚拟社会的结构分析不能停留于物质的生产劳动，必须从人的交往活动即虚拟交往出发，探求虚拟社会与传统社会的不同之处。

正如前面对信息时代人类社会进行描述时所提出的，无论是信息社会、网络社会，还是虚拟社会，都在某些方面准确地揭示了当前社会的一些特征。我们可以将其称为虚拟社会，就意味着它有一定的组成结构，是一个复杂的有机体，而且这些组成部分都具有由虚拟交往所带来的虚拟特性。虚拟社会是一个系统，其中"包含了其作为一种信息技术系统、一种信息交流平台、一种新型的经济模式和一种虚拟性的社会文化空间等几个方面的特质"[1]。

（一）物质基础：信息技术和网络媒介

前文已经说过，虚拟交往虽然在很大程度上超越了现实社会，但是仍然在一定程度上依赖客观的物质基础。同样的道理，由虚拟交往的发展而形成的虚拟社会也离不开物质基础的支持。虚拟社会的物质基础既包括信息技术这种物质性力量，也包括表现为具体的实物存在的互联网、计算机终端等信息传播的媒介。

生产力是一种客观的物质力量，"生产力中也包括科学"[2]，"劳动生产力是随着科学和技术的不断进步而不断发展的"[3]。毋庸置疑，信息技术是一种生产力，它不仅变革着物质的状态和位置，而且改

---

[1] 冯鹏志：《网络社会规范的形构基础及其涵义》，《学海》2001年第6期。
[2] 《马克思恩格斯全集》第46卷（下册），人民出版社，1980，第211页。
[3] 《马克思恩格斯全集》第23卷，人民出版社，1972，第664页。

变了社会的结构，甚至改变了人的存在方式和表达方式，虚拟交往和虚拟社会都离不开信息技术的支持。正如卡斯特所揭示的，"信息技术革命引发了信息主义的浮现，并成为新社会的物质基础。在信息主义之下，财富的生产、权力的运作与文化符码的创造变得越来越依赖社会与个人的技术能力，而信息技术正是此能力的核心。信息技术变成为有效执行社会—经济再结构过程的不可或缺的工具"①。信息作为一种技术是虚拟社会得以成立的前提，全面塑造了虚拟社会的面貌，对信息技术的掌握程度决定着人们在虚拟社会之中的生活状况。

如果说信息技术是一种客观的物质力量，那么互联网等传播媒介则是现实的物质存在。"网络空间表示一种再现的或人工的世界，一个由我们的系统所产生的信息和我们反馈到系统中的信息所构成的世界。"② 互联网构建起了虚拟空间，这就是虚拟社会的雏形。就像人类社会从自然界中产生一样，虚拟社会是从网络空间中成长起来的。如果没有互联网等各种传播媒介，虚拟社会始终只能是虚无缥缈的：信息没有传播渠道，人们的交往意愿也难以传达，虚拟与现实的界限也十分模糊，整个虚拟社会的存在也就无从谈起。互联网是虚拟社会产生的场所，也是人们变革现实社会的工具，各种虚拟组织乃至虚拟社会的形成都需要依靠网络。互联网"是供人使用的一种强有力的工具。它不是什么值得拥有的东西，而是人们用来和他人合作、实现他们自己的目标的一种很有力的杠杆。它并不仅仅是一个信息源；它是人们用来进行自我组织的一种方式"③。

---

① 〔美〕曼纽尔·卡斯特：《千年终结》，夏铸九、黄慧琦等译，社会科学文献出版社，2006，第321页。
② 〔美〕迈克尔·海姆：《从界面到网络空间——虚拟实在的形而上学》，金吾伦、刘钢译，上海科技教育出版社，2000，第79页。
③ 〔美〕埃瑟·戴森：《2.0版：数字化时代的生活设计》，胡泳、范海燕译，海南出版社，1998，第52页。

虚拟社会是以互联网为外部框架的，互联网在某种程度上标志着虚拟社会的有形边界。虽然虚拟社会的发展可以无限扩大，但是这一人类活动区域被具体的互联网限定住，当人们的行为越出了网络的时候，其也就退出了虚拟社会。从根本上来说，虚拟世界就是现实世界的反映，是通过数字化、符号化等技术手段创造出来的一个实践领域。虚拟社会在表现形式上是虚拟的，而现实社会中的信息技术和网络媒介则充当了物质基础。正是由于作为生产力的信息技术、作为物质基础的网络和作为社会核心资源的信息的重要地位，才出现了关于网络社会、信息社会的提法，从这一意义上来讲虚拟社会首先是信息的社会、网络的社会。

（二）实践方式：虚拟交往活动

实践的观点是历史唯物主义首要的基本的观点，它认为"全部社会生活在本质上是实践的"[1]，人们的实践方式和特点在很大程度上决定着这一社会的结构。前文中已经指出，虚拟交往的本质仍然是人的实践，它的产生和发展都是人类实践的结果。虚拟社会是在虚拟交往的发展中产生的，人们在虚拟社会里所进行的活动，绝大部分是关于某些信息的共享和交流，也就是围绕着信息而开展的交往活动，虚拟交往是人们在虚拟社会中最主要的一种实践方式和行为方式。

"虚拟实践与虚拟交往极大地冲击着传统的实践、交往观，导致了人类历史上最诡异的一场生存变异和活动革命。"[2] "以数字化中介系统为基础的虚拟实践表明，人类的实践活动并不单纯是主体和客体之间的物质变换过程，它至少比我们以前想象或认定的更加复杂、更加多样化，至少包含着主体和客体之间的能量和信息变换过程。"[3]

---

[1] 《马克思恩格斯文集》第1卷，人民出版社，2009，第501页。
[2] 孙伟平：《信息时代的社会历史观》，江苏人民出版社，2010，第108页。
[3] 孙伟平：《信息时代的社会历史观》，江苏人民出版社，2010，第133页。

作为不同主体之间的信息变换活动,虚拟交往也能够成为一种新型的交往方式:虚拟交往活动中的双方互相作为主客体进行信息的交换,实现信息共享的目的。在这一过程中,作为主体的一方通过交往关系的建立、终止或改善实现了对作为客体的另一方的改造。这就同时满足了实践所需要具备的几个基本构成要素:主体、客体、目的、手段、结果。① 因此,虚拟交往作为一种实践方式是可以得到认可的。

埃瑟·戴森在20世纪末预测人们未来的生活方式时指出:"目前Internet还仅仅是人们接发信息的一个平台,但将来它会像我们呼吸的空气一样。"② 时至今日虚拟社会已经形成,虚拟交往已经成为人们日常生活中的重要组成部分,虚拟交往是虚拟社会最为盛行的行为方式。

当然,我们也不能否认虚拟社会之中还存在除虚拟交往之外的其他实践形式,但是这些实践活动并没有促进虚拟社会的形成。只有虚拟交往才是虚拟社会形成的主要动力,也是虚拟社会中发生最多的人类活动。

(三) 经济结构:知识经济的崛起

虚拟社会内部并不存在独立的经济结构,但是它的存在深刻影响了现实社会的经济结构。确切来说,这里所指的经济结构并不局限于虚拟社会内部,它包括虚拟社会中的经济因素对整个人类社会造成的影响。

后工业社会理论的创立者丹尼尔·贝尔认为:"如果工业社会以机器技术为基础,后工业社会是由知识技术形成的。如果资本与劳动是工业社会的主要结构特征,那么信息和知识则是后工业社会的主要结构特征。"③ 贝尔把工业社会之后的人类社会称为"后工业社

---

① 参见李景源《李景源自选集》,学习出版社,2013,第125页。
② 〔美〕埃瑟·戴森:《2.0版:数字化时代的生活设计》,胡泳、范海燕译,海南出版社,1998,第7页。
③ 〔美〕丹尼尔·贝尔:《后工业社会的来临——对社会预测的一项探索》,高铦等译,新华出版社,1997,序言第9页。

会"，它的起始时间与我们所称的信息时代人类社会大致相当。未来学家托夫勒也深刻揭示了知识在未来社会中的重要性："如果没有语言、文化、数据、信息和知识，没有一桩生意可以开始。但除了这个事实外，更深层的事实是，在所有创造财富所必需的资源中，没有一样比知识更加用途广泛。"[①] 在信息时代已经到来的今天，以上两位专家所提到的知识应当就是运用信息和信息技术的能力。在传统的现实社会中，不懂得信息技术尚且可以偏安于旧的生产生活方式，但是在当下则会被"遗弃"于虚拟社会的大门之外。

信息本身可以成为一种社会资本，成为经济运行中的核心要素。随着信息时代的到来，掌握信息和知识成为获取利益的关键，对信息进行有效应用的技术是信息时代最为重要的一种知识，这种新的经济被称为"知识经济"。信息成为最为重要的经济资源之一，而信息的生产和交换也变得虚拟化，没有冒烟的工厂，也不需要整齐的流水线和轰鸣的机器，一切都是在高度虚拟化的环境中进行的。如果说现实社会中人的行为主要是为了实现物质交换，那么虚拟社会中则是以信息共享为目的的。

虽然虚拟交往和虚拟社会都是高度自由的，但是信息的获取并不是随便就能完全满足需求的，在很多情况下需要付出一定的代价：改进交往的手段、更换交往的对象等。这一切都在消耗着人们自身的体力和时间。应当说，在虚拟交往中，人们虽然没有发生金钱和物质的交换，但是付出了真实的劳动时间，人们为了获取有用信息而适当调整交往活动，其中也付出了劳动，可以视之为信息生产。虚拟社会里的经济行为并不完全是虚拟的，它在很大程度上是现实的，甚至还可以影响到现实社会中的经济运行。由于商品的价值可以归结于消耗在生产过程中的劳动时间，而劳动时间在现实社会和虚拟社会是等同的，那么人们在虚拟社会中所付出的劳动时间在某

---

① 〔美〕阿尔文·托夫勒：《力量转移——临近21世纪时的知识、财富和暴力》，刘炳章等译，新华出版社，1996，第20页。

些情况下是可以在现实社会中得到兑现的。例如，在虚拟的网络游戏中积累的虚拟货币，在现实社会中可以折合成真实的货币，这种情况已经被人们广泛接受。

（四）组织形式：基于"趣缘"的信息共同体

前文提到了各种虚拟群组是在"趣缘"推动下形成的信息共同体，不断发展的虚拟群组形成了虚拟社会。与传统社会中的结构不同，虚拟社会的组织结构是网络状、分权式的。

虚拟社会是网络状的，每一个人在其中的地位是基本平等的，起码每一个人都有机会通过一定的手段建立起一个虚拟组织，并且成为这一组织的管理者。在网络化的组织结构中，人与人之间的关系是多对多的，没有层级的限制。一个普通的成员可以一跃成为虚拟组织的最高管理员，也可能一转身又成为另一虚拟组织中的普通一员，这一切都是随时随地可以发生的变化。

与以物质利益的获取为目标的聚集方式不同，由"趣缘"促成的聚集是高度自由自愿的，这体现在人们可以自由地加入或者退出某一虚拟组织，也可以在其中自由地行动。虚拟社会没有固定的核心，是扁平化、分权式的组织。在虚拟社会中，没有固定的层次，人与人之间是平等的。人们进行虚拟交往乃至建立起虚拟社会，其根本在于实现信息的共享，也就是要在与他人的互动中获得对自己有用的信息。信息具有易于复制、传播迅速的特点，对信息的垄断式占有几乎不可能，加之信息量的快速扩张，垄断地位的长久保持也异常困难。因此，在虚拟社会中，每个人都可能因为对信息的占有而成为一个中心，却没有人能够永远保持中心地位。每个人都可能成为中心，都可以在虚拟社会中具备"统治的权力"和地位，这就是虚拟社会的组织原则。

虚拟社会就是由以上这些方面构成的：有着现实的信息技术和网络媒介等物质基础，有着以虚拟交往为主要形式的实践内容，有着以信息为核心的知识经济，有着网络状、分权式的组织形式。以上提到的这些只是虚拟社会的大致结构，随着虚拟社会的不断发展，它还会在结构上呈现新的特点。

二 虚拟社会中矛盾的新特点

随着虚拟社会的形成，人类社会结构被分化为两部分——现实社会和虚拟社会。虚拟和现实的矛盾是虚拟交往的基本矛盾，这是显而易见的。虚拟社会是由人的虚拟交往活动所建构的，虚拟交往的基本矛盾对虚拟社会也会产生十分重要的影响，自然导致虚拟与现实的矛盾成为虚拟社会人们面临的突出矛盾。虚拟与现实的矛盾在虚拟社会中广泛存在，呈现一些新特点。这些矛盾不仅作用于虚拟空间，而且可能通过虚拟交往活动输入现实社会。

从矛盾的发生领域来看，虚拟社会中的矛盾主要发生在思想领域，大量地体现为价值观方面的差异。虚拟社会的高度自由、分权式管理，创造了充分表达个人意愿和观点的机会，人们在其中可以畅所欲言自由行动。但是虚拟社会也不是完全和谐统一的，由于人具有现实和虚拟两种生存状态，价值观的差异可以由现实社会中输入，虚拟社会内部也会产生新的矛盾。主体在现实社会中是多种多样的，现实利益和需要及价值关系也具有多样性，这些多样性和差异会被带到虚拟社会中，以价值观矛盾的形式反映出来。"人是一个特殊的个体，并且正是他的特殊性使他成为一个个体，成为一个现实的、单个的社会存在物。"[1] 价值差异是一种客观现象，不可能完全避免，交往是持有不同价值观的人之间的互动，价值冲突的发生更是难以避免，即便在虚拟社会中也是如此。"随着全球化的信息网络时代的到来，未来社会对于多样性、个性价值的彰显，具有前所未有的需要。"[2] 未来的社会必然是多元价值并存的社会，虚拟社会

---

[1] 《马克思恩格斯全集》第 42 卷，人民出版社，1979，第 123 页。
[2] 孙伟平：《价值差异与社会和谐——全球化与东亚价值观》，湖南师范大学出版社，2008，第 47 页。

中的价值冲突还会有新的表现。

从矛盾的表现形式来看，虚拟社会中的矛盾主要表现为用语言、文字、声音、图像等进行各种形式的交流，一般只限定在虚拟组织内部。不论是价值观上的根本分歧，还是观点言论上的细微差别，都有可能造成矛盾冲突。虚拟交往的一个重要目的正是与不同的思想进行交流碰撞，矛盾的存在也是不可避免的。虚拟社会毕竟是虚拟的环境，人与人之间虽然具有一定的交往关系，但是相互之间是隐身的、匿名的。虚拟社会中人们分别处于不同的虚拟组织之中，不同的虚拟组织之间存在边界，虚拟社会与现实社会之间也存在一定的界限，虚拟社会的边界可以起到很好的阻隔作用，尽可能地将矛盾冲突限制在虚拟社会内部。

从矛盾的激烈程度来看，虚拟社会中的矛盾一般比较缓和，主要是非对抗性的矛盾，但是在受到激化的情况下可能转化到现实社会中。以语言文字交流为主要渠道进行虚拟交往，人与人之间的矛盾主要是思想观点上的分歧，一般不会危及人的生存所需要的根本利益。因此，虚拟社会的矛盾一般不会有太激烈的表现。由于虚拟社会中人的行为具有匿名性，人是以虚拟化的方式存在和行动的，很难在现实社会中找到相对应的人，即使存在比较激烈的矛盾，也不容易造成人与人之间的直接冲突。虚拟交往具有很大的自由性、随机性，交往关系的建立和终止随时可以发生。矛盾往往停留于虚拟交往的过程中，并且随着交往关系的中断而消失。虚拟社会中的矛盾在个别情况下也可能极端化，近些年网络上出现的"人肉搜索"事件就能够说明问题。虚拟社会中的矛盾可能转化到现实社会中来，影响到现实社会中人们之间的关系，导致现实的矛盾。如果虚拟社会中的矛盾冲突不能够有效化解，就有可能转换到现实社会中，造成社会性危害。虚拟社会中的矛盾蔓延到现实社会，这是矛盾激化、升级的一个重要表现，应当引起人们的关注。虚拟社会中的矛盾不断激化，最后蔓延到现实社会之中，会造成严重的社会影响。矛盾是普遍存在的，但是矛盾具有多种表现形式，"对抗是矛盾斗争的一种形式,而不是矛盾斗争的一切形式"①。矛盾得不到有效处理,激化到一定程度引起外部冲突的时候,就演化成对抗性矛盾。"我们可以把对抗理解为在矛盾发展到一定阶段上,矛盾双方采取外部冲突的形式来解决矛盾的一种斗争形式。"② 虚拟社会中的矛盾得不到有效解决,就会继续酝酿发展,达到虚拟社会内部无法解决的程度时,就会在现实社会中寻找突破口,以对抗性矛盾的形式出现。只要矛盾仍然停留于虚拟社会内部范围之内,就可以视之为非对抗性矛盾,此时矛盾的激烈程度还处在容易控制的阶段。当虚拟社会中产生的矛盾延伸到现实之中,引起新的矛盾冲突的时候,矛盾的范围已经显著扩大,甚至可能在现实社会中引发对抗性矛盾。

总之,虚拟社会中也充满了各种矛盾,而且这些矛盾具有一系列新的特征。我们应当正确认识和处理这些矛盾,引导虚拟社会健康有序发展,使之与现实社会相得益彰而非势不两立。

三 虚拟社会中矛盾的处理

认识矛盾是为了正确地处理矛盾,虚拟社会的特点决定了对虚拟社会中矛盾的处理要采用新的办法。正确处理虚拟社会的矛盾,要坚持以下几点。

首先,以现实为导向,着重解决虚拟社会的根本矛盾。虚拟应当是现实社会的一部分,是现实社会的延伸和有益补充,要让虚拟社会服务于现实社会,而不是本末倒置。归根结底,虚拟社会中的矛盾主要有两部分:一部分矛盾是由现实社会中输入的。有些矛盾在现实社会中没有得到正确处理,人们需要在虚拟社会中以虚拟交往的方式进行倾诉以求得同情和理解,这些矛盾在虚拟社会中仍然可能继续存在。另一部分则是由虚拟与现实两种生存状态的对立造成的。由于虚拟社会具有与现实社会不同的特点,人们在两种生存

---

① 《毛泽东选集》第 1 卷,人民出版社,1991,第 334 页。
② 王伟光:《社会矛盾论》,中国社会科学出版社,2011,第 155 页。

环境中进行转换时会产生种种不适应，于是形成了新的矛盾。严格来说，只有后一种矛盾才是真正属于虚拟社会内部的矛盾，前一种矛盾源于现实社会，只是由于在虚拟社会中获得了暂时的缓解，延迟了出现的时间而已。与传统的现实社会相比，虚拟与现实的矛盾是虚拟社会最为突出的矛盾，要正确处理这一对矛盾，就必须坚持以现实为导向，引导虚拟社会走向有利于现实社会发展的道路。

其次，正确区分不同性质的矛盾，警惕意识形态领域的矛盾。矛盾从性质上划分有人民内部矛盾和敌我矛盾。虚拟社会中大量存在的是观点之争，而非阶级斗争，凡是符合历史发展规律、维护人民群众利益的观点和言论都可以自由表达，在争论中所产生的矛盾都是人民内部矛盾。虚拟社会中也存在着一些敌我矛盾，主要表现为意识形态领域的矛盾。虚拟社会健康发展，既要倡导百花齐放百家争鸣的舆论氛围，又要大力倡导和弘扬核心价值观，以正确的价值观引领虚拟社会的思想走向，搞好虚拟社会的精神文明建设。

再次，遵循虚拟社会矛盾的特点，防范虚拟社会矛盾的升级。虚拟社会是在认同的基础上通过虚拟交往形成的，认同的力量会导致虚拟组织的大量形成，为矛盾的蔓延和激化提供了可能。虚拟社会中矛盾的发展迅速，可以通过网络化的交往行为在不同虚拟组织间扩散，造成不可估量的后果。虚拟社会中的矛盾不容易被识别，两种性质的矛盾也难以区别，正常的讨论和尖锐的冲突之间的界限不明显，如何确定矛盾的激烈程度变得异常困难。矛盾是普遍存在的，它无时不有无处不在，这一客观规律在虚拟社会同样适用。虚拟社会并非完全和谐的净土，其中甚至有比现实社会中更加尖锐、更加多样的矛盾和纷争。严密防范虚拟社会中矛盾的升级，就要对虚拟社会的舆情进行科学跟踪和预判，对可能出现的冲突提前介入干预，把矛盾限制在一定的范围内，尽量减少其社会危害性。

最后，立足虚拟社会内部，力求在虚拟社会之中妥善处理矛盾。虚拟社会中矛盾激化到一定程度会转化为现实社会中的矛盾，引起较大的社会危害。将矛盾限制在虚拟社会内部，同时也就可能将冲突解决在萌芽状态，矛盾一旦转移到现实社会之中，往往变得更加难以处理。任何矛盾都有其发生的具体条件，虚拟社会的矛盾只有在虚拟社会内部才能够得到彻底解决。要运用信息技术的办法，充分发挥虚拟交往的优势，在虚拟社会内部寻求矛盾的有效解决。

总之，正确处理虚拟社会中的矛盾，要以认识虚拟社会的组成结构和矛盾特点为前提，尊重虚拟社会的发展规律。要坚持虚实结合的原则，以现实社会为导向，通过有效的干预把矛盾的危害程度、影响范围限制在虚拟社会之内，避免虚拟社会中矛盾的激化和升级。

虚拟交往有着自身的发展规律，一方面，交往的扩大会形成各种虚拟群组，最终形成虚拟社区乃至虚拟社会；另一方面，交往也在不断深化，对人们的生活造成全面的影响，由虚拟交往形成的虚拟群组也越来越社会化了。虚拟交往的扩大和深化，形成了一个虚拟的社会。不论虚拟社会在本质上与现实社会有着多么大的区别，它毕竟是人们进行虚拟交往活动的产物，是人的活动的新领域。因此，我们应当积极地接受虚拟社会已经形成这一客观事实。虚拟社会的生成，改变了社会的结构，使社会分化为现实社会和虚拟社会，也给人的生存和发展带来了新的境遇。生存于虚拟社会并广泛开展虚拟交往的人们，将在这一新的境遇中实现自身的发展。如何正确处理好虚拟社会中的矛盾，在虚拟与现实所带来的双重境遇中趋利避害，这是信息时代又一个值得思考的问题。

第四章
虚拟社会人的发展境遇

信息技术带来了人们生存方式的巨大改变,"计算不再只和计算机相关,它决定我们的生存"①。而信息技术在人们的交往中的普遍采用也极大地改变了人们的交往方式,"虚拟交往成为最具时代特征的新型交往方式"②。人们在享受这一新的交往方式带来的便捷、自由等积极效应的同时,也不可避免地遭遇了一系列的负面影响,虚拟交往的异化作用正在逐步显现。虚拟与现实的矛盾与虚拟交往相伴相生,关系到交往主体的发展,人们一方面可以在虚拟交往中获得自由全面发展的新的可能,另一方面又不得不接受新的代价。在虚拟社会中,人的发展面临自由和异化并存的双重境遇。

第一节 自由全面发展的新机遇

实现人的自由全面发展是人类千百年来孜孜以求的目标,马克思主义哲学更是把它作为自己的崇高使命,人类实践的每一次进步都是向着这一目标迈进。作为人类实践的产物,虚拟交往能够提升

---

① 〔美〕尼古拉·尼葛洛庞帝:《数字化生存》,胡泳、范海燕译,海南出版社,1997,第15页。
② 孙伟平:《人类交往实践的革命性变迁——虚拟交往及其哲学批判》,《吉林大学社会科学学报》2012年第3期。

第四章 虚拟社会人的发展境遇

人们的交往质量,是实现人的发展的又一工具。虚拟交往的盛行和虚拟社会的形成,为人的发展开辟了新的空间,虚拟和现实两种生存方式并存成为事实。虚拟社会有着与传统的现实社会迥异的特点,在诸多方面为人的自由全面发展提供了新的条件。

一 自由全面发展的含义

人的自由全面发展是马克思主义哲学的归宿,马克思不仅指出共产主义社会是人的自由全面发展真正得以实现的社会,而且对这一社会做了大致的描绘:共产主义社会即"以每个人的全面而自由的发展为基本原则的社会形式"[1]。马克思认为,人的自由全面发展是未来社会的主要特征,以共产主义命名的这一社会形式"将是这样一个联合体,在那里,每个人的自由发展是一切人的自由发展的条件"[2]。人的自由全面发展,顾名思义包含两个方面的意思:一是自由的发展,二是全面的发展。两个方面是互相关联的,只有自由的发展才是全面的发展,全面的发展也内在地包含着自由的发展。

(一) 自由的发展

自由可谓哲学史上最为核心的话题之一,实现人的自由发展更是马克思主义哲学的最高价值追求。马克思指出了实现人的自由全面发展的路径,那就是改变社会制度,消灭人与人之间的依赖和剥削关系。为了实现人的自由发展,就应当"把社会组织成这样:使社会的每一个成员都能完全自由地发展和发挥他的全部才能和力量,并且不会因此而危及这个社会的基本条件"[3]。在马克思看来,人之所以处于不自由的状态之中,就是因为受到来自人和物两个方面的依赖的限制。根据人类自由的实现程度,历史可以被划分为三个阶

---

[1] 《马克思恩格斯全集》第 23 卷,人民出版社,1972,第 649 页。
[2] 《马克思恩格斯选集》第 1 卷,人民出版社,1995,第 294 页。
[3] 《马克思恩格斯全集》第 42 卷,人民出版社,1979,第 373 页。

段，即人的依赖阶段、物的依赖阶段和自由全面发展阶段，这也就是著名的人类社会三形态说。人类历史就是在沿着这一路线前进，不断创造着自由发展的条件。因此，所谓自由的发展，"就是通过摆脱内外限制和束缚，使自身的潜能得到充分的发挥和利用，在自主选择的发展模式上自由地增加能力的广度和深度，从而在人的内部关系和外部关系等方面获得普遍的提高和协调的发展"[①]。要实现人的自由发展，就需要依次经历"人的依赖"和"物的依赖"两种不自由状态。摆脱人的依赖需要改变社会制度，消灭剥削和奴役现象；摆脱物的依赖则需要大力发展生产力，创造出极大的物质财富。在经历了前面两个阶段之后，人类面临的一大任务就是要为人的自由全面发展积累条件，不断趋近这一目标。

"自由本质上是具体的，它永远自己决定自己，因此同时又是必然的。……内在的必然性就是自由。"[②] 自由是人在发展中要达到的一种状态，达到了对于必然性的正确认识就是自由的。自由也是对人的活动的描述，自由的活动必须是自主的、自愿的、自觉的，作为主体的人能够选择发展的目标和路径。随着信息时代的到来，压迫人、剥削人的制度基本消除，物质财富已经得到极大的满足，人类已经向自由发展迈进了一大步。以高度的自由性为显著特征的虚拟社会的到来，让人们看到了新的希望，人的自由发展具备了更多的可能性。

（二）全面的发展

全面的发展具有多层次的内涵，既包括个人在多种层面上获得发展，也包括全体社会成员共同发展。大致来说，全面的发展有以下几个方面的含义。

第一，人的发展意味着要全面满足人的需求。如果连基本的需

[①] 贾英健：《虚拟生存论》，人民出版社，2011，第334页。
[②] 〔德〕黑格尔：《小逻辑》，贺麟译，商务印书馆，1980，第105页。

求都不能得到满足，就谈不上发展，遑论全面的发展了。但是人不可能自我实现满足，必须在与他人的交往中实现余缺调剂、优劣互补。人的需求是多层次的，涉及物质需求的满足、精神需求的满足、个性化需求的满足等，随着社会的发展，人们的需求不断得到满足，同时也获得了发展，为人的全面发展奠定了基础。

第二，从社会整体来看，全面的发展指的是全体人的发展。马克思认为，人的全面发展就是"社会全体成员的才能得到全面发展"①，也就是说，从整体上来讲，全体社会成员都应该得到发展，"只有在共同体中，个人才能获得全面发展其才能的手段，也就是说，只有在共同体中才可能有个人自由"②。个人的全面发展和社会整体的全面发展是相互促进的关系，只有全体社会成员都得到全面发展，个人的全面发展才有保障。单独的个人的发展，无论看似多么全面，始终是片面的、孤立的。

第三，全面的发展最根本的意义是对人的本质的全面把握。"人以一种全面的方式，也就是说，作为一个完整的人，占有自己的全面的本质。"③ 所谓人的本质，就是人的社会关系，要全面把握人的本质，首先就要全面了解人的社会关系。人与人的关系体现在诸多环节中，除了劳动中的协作关系、交易中的利益关系，还有各种交往活动中所结成的交往关系。社会关系只有在交往中才能建立和改变，交往形式和交往内容的日益丰富和灵活，是人的社会关系全面发展的前提。总之，人的全面发展不能脱离交往状态来谈。人的全面发展，最根本的意义就是要在自由普遍的交往中把握自身的本质。"个人的全面性不是想象的或设想的全面性，而是他的现实联系和观念联系的全面性。"④

不论是人的全面发展，还是人的自由发展，都与人们所使用的

---

① 《马克思恩格斯选集》第1卷，人民出版社，1995，第243页。
② 《马克思恩格斯选集》第1卷，人民出版社，1995，第119页。
③ 《马克思恩格斯全集》第42卷，人民出版社，1979，第123页。
④ 《马克思恩格斯全集》第30卷，人民出版社，1995，第541页。

交往方式息息相关。马克思关于人的自由全面发展的理论，也是基于人的交往来讲的。人的自由全面发展，实质上是对自身本质即社会关系的把握，只有自由地全面地把握自身本质，才能真正实现自由全面发展。"人的全面发展就是人的社会交往的普遍性以及人对社会关系的控制的发展，它主要体现在人的社会关系的全面生成和人对社会关系的自觉控制。"① 在传统的现实社会中，人的社会关系是被赋予的，人们很难自由选择交往的对象，出于求生的需要和社会的要求，人们被动地接受着社会既定的社会关系，甚至还带有人身依附和物质上的依赖，这些都严重阻碍着人的自由全面发展。将改进交往方式作为促进人的发展的一个突破口，在交往方式的变革中创造人的发展机遇，这已经成为信息时代人们的一个共识。

二　交往与人的发展

根据上文中对人的自由全面发展含义的阐述，可以看出，人的发展与交往之间存在密切的关系。人的发展不可能是孤立的，它是在交往中实现的，要实现人的自由全面发展就要变革交往方式。如果没有与他人之间的交往，个人不仅不能够得到发展，还会导致自我的退化，越来越远离自己的本质。人的自由全面发展，只有在人的交往中才能得到合理解释，交往方式的变革是人的自由全面发展的一个重要条件。

首先，人的需求只有在交往中才能得到全面的满足。作为社会性动物，人不能够自我满足需求，要通过交往来全面满足需求，个性的满足和需要的实现都需要借助交往活动。自给自足只是人类历史上较为原始的阶段，根本谈不上人的发展，至多算是劳动能力的增长。当人们的交往还处于小的范围和低的层次的时候，人们的需求是难以全面得到满足的，个性化的需求也不会产生。随着生产力的发展和物质产品的丰富，人的需求层次不断提高，获得自身发展

---

① 贾英健：《虚拟生存论》，人民出版社，2011，第332页。

第四章　虚拟社会人的发展境遇

的要求也会变得日益迫切,这就需要通过更加自由、全面的交往来实现。

其次,人的发展是在交往中实现的。人的本质是一切社会关系的总和,而社会关系是在具体的交往活动中构建起来的,交往成为实现人的发展的具体路径。如果没有交往,一个人即使得到了一些发展,也只是孤立地、片面地促成了一些变化而已,根本谈不上自由全面的发展。人的关系本质是在交往中体现的,人的社会关系的建立和变革也是在交往中实现的,要把握人的本质即社会关系,就要在交往中不断地建立和调整人的社会关系。通过交往活动,人们能够充分认识自己所处的社会关系,能够借助他人之力实现自己的发展目的,能够不断调整自己所处的社会关系,寻求自身的自由全面发展。

最后,交往状况决定着人的发展程度。根据人在交往中所受到的束缚和自由情况,马克思提出了人在交往中的三种状态,分别对应着三种社会形态。摆脱了"人的依赖"和"物的依赖",继而发展到人的自由全面发展状态,人们的社会关系始终是衡量人的自由和全面发展程度的重要指标。马克思鲜明地指出"社会关系实际上决定着一个人能够发展到什么程度"[1]。社会关系决定着人的发展程度,而社会关系由交往的状况所制约。因此也就可以说,交往的状况在很大程度上决定着人的发展程度。

总之,人的发展是在交往中实现的,人的发展程度是由其所处的社会关系决定的,而社会关系又是在交往活动中建构起来的。不论是社会关系的建立,还是社会关系的调整和改善,乃至从根本上对人的本质的全面把握,都离不开具体的交往活动,交往是实现人的发展的具体路径。交往方式的改进与人的发展是内在一致的。人的交往方式在很大程度上表征着人的发展程度。因此,为了人的自由全面发展这一目标,不仅要大力发展生产力以创造丰富的物质财

---

[1] 《马克思恩格斯全集》第3卷,人民出版社,1960,第295页。

富,还要不断改进人的交往方式,采用能够充分发掘人的潜力、自由展现人的个性的交往方式。虚拟交往作为一种新的时代产物,在很多方面契合了这一要求,为人的自由全面发展提供了新的可能。

三 虚拟交往为人的自由全面发展创造的条件

人的发展要在交往活动中来实现,"人的真正自由不能脱离环境,脱离集体,脱离人与人之间的交往"①。自由的发展就是人们能够在交往中把握自己所处的社会关系,只有在交往中才能真正理解人的自由,只有在交往中才能实现人的自由发展。全面的发展就是人们能够在更加广阔的范围内获得发展,能够根据自己的需要以自主、自愿、自觉的形式进行交往,不论是人的自由发展还是全面发展,都是在交往活动中实现的。虚拟交往及在虚拟交往中形成的虚拟社会,为人的自由全面发展创造了新的条件,主要体现在以下一些方面。

(一) 发展空间的扩大

在传统的社会中,人们只是在现实的环境中进行着固定的活动,交往被限制在狭小的范围之内。虚拟社会的形成,导致了现实社会和虚拟社会两重空间的产生,人的发展自然也就获得了另一个新的空间。虚拟社会和现实社会一起,共同构成人的发展的新平台,人的自由全面发展也就具备了更多的可能性。虚拟社会是一个全新的空间,它容许人们以个人喜欢的方式活动,自由选择交往的对象和时间,弥补了现实社会的很多缺陷。如果说,在传统的现实社会中人们时常会有"英雄无用武之地"的嗟叹,那么在虚拟社会简直就是"天高任鸟飞"。而这一切所付出的代价却是极小的:除了人的时间付出之外,就是一段数字代码的变化而已。

"基于新媒体技术的虚拟时空的出现,为人的丰富性的释放寻找

---

① 王伟光:《哲林漫步》,中国社会科学出版社,2013,第93页。

到了可能性时空，在虚拟时空中形成相对自由的人类共同体。正是从这一意义上来说，虚拟社会的出现具有极大的社会发展意义。但是，按照马克思的共同体理论，虚拟社会这一人类共同体是虚假的共同体，其只有与现实社会之间保持一个必要的张力，才对现实社会的发展具有价值引领的作用。这种引领使得人类一步一步摆脱必然性，而向自由状态演进。"①

（二）自由时间的获得

时间和空间是物质存在的基本形式，也是人的存在形式，人的发展离不开时间和空间，"时间实际上是人的积极存在，它不仅是人的生命的尺度，而且是人的发展的空间"②。在传统的现实社会尤其是阶级社会中，人们的时间被大量运用在生产劳作上，而且劳动分工限制比较严格，人们是在社会给定的时间内被动地重复着单调的事情。"当人们还不能使自己的吃喝住穿在质和量方面得到充分供应的时候，人们就根本不能获得解放。"③为了生存，人们必须从事大量生产劳动，繁重的劳动占据了人们的大量时间，自由时间的匮乏使人的发展成为空谈。

人的发展需要有大量的自由时间来保障，"一个人如果没有自己处置的自由时间，……那么，他就还不如一头载重的牲畜"④。一个人终日被繁重的劳动和被动的琐事所奴役，那是远远谈不上发展的，更谈不上自由和全面的发展。自由时间就是人们在必要的劳动之外可以随意支配的时间，"所有自由时间都是供自由发展的时间"⑤。马克思认为，自由时间的获得和运用是人的发展和历史进步的重要条

---

① 刘新刚、吴倬：《马克思虚拟社会理论建构原则探析》，《广西社会科学》2012年第12期。
② 《马克思恩格斯全集》第47卷，人民出版社，1979，第532页。
③ 《马克思恩格斯全集》第42卷，人民出版社，1979，第368页。
④ 《马克思恩格斯选集》第2卷，人民出版社，1995，第90页。
⑤ 《马克思恩格斯全集》第46卷（下），人民出版社，1980，第139页。

件,"整个人类的发展,就其超出对人的自然存在直接需要的发展来说,无非是对这种自由时间的运用,并且整个人类发展的前提就是把这种自由时间的运用作为必要的基础"①。

"一切节约归根到底都是时间的节约"②,时间在人的生活中占有极其重要的地位,为了实现人的发展,就要努力争取可以用来发展自身的自由时间。虚拟社会中没有具体的生产环节,自然谈不上劳动时间的直接节省或者自由时间的绝对增加,但是对时间的合理运用能够起到相同的效果。在虚拟社会中,人们对时间安排的自由度空前提高,虚拟交往基本可以忽略时间和空间的限制,只要人们愿意,可以随时通过网络进行即时对话。虚拟社会没有固定的社会身份和角色定位,人们不必拘泥于传统的规范,完全可以自主地安排要进行交往的时间。

(三) 发展可能性的增加

人的发展有主动和被动两种形式,被动的发展是在条件满足的时候顺势而为,而主动的发展则是在条件欠缺的时候迎难而上,主动寻求发展的目标和办法,不断增强发展的可能性。人的发展需要一种主动性和超越性,在条件尚不具备的时候适时提出关于未来发展的设想。马克思在剥削制度盛行的资本主义社会就规划了共产主义社会的蓝图,描绘了人的自由全面发展的美好未来,并且为实现这一宏伟蓝图做出了积极准备。可以说,在思想上、观念上提出未来的发展目标,借助虚拟的手段在局部加以实验,这也是一种发展,可以称之为"虚拟的发展"。

人的全面发展应当包括现实的发展和虚拟的发展两个方面,现实的发展受到人们的重视,而虚拟的发展却容易被忽视。所谓虚拟的发展,就是在现实条件不完全具备的时候,借助某些虚拟手段在

---

① 《马克思恩格斯全集》第47卷,人民出版社,1979,第216页。
② 《马克思恩格斯全集》第46卷(上),人民出版社,1979,第120页。

局部或短时间内预先演示出来，它所呈现的是一种潜在的发展。现在的虚拟可能会变成未来的现实，随着现实条件的逐渐满足，虚拟的发展不断转变为现实的发展。如果人们只是在绝对的现实中获得发展，那么发展就失去了潜力，失去了寻求发展的主动性。"个人的全面发展，只有到了外部世界对个人才能的实际发展所起的推动作用为个人本身所驾驭的时候，才不再是理想、职责等等。"① 虚拟的发展虽然不是人的现实的发展，但它是人能够把握得到的可能，随着虚拟交往的发展，这种可能会越来越为人们所驾驭，人的全面发展也就成为现实。

现实的发展是以物质生产为主要内容的，目的是改造现实世界；而虚拟的发展则是以虚拟交往为主要内容的，它的直接目的是为人的发展创造更多的可能，最终目的则是通过在虚拟社会里的虚拟发展来实现人在现实社会里的自由全面的发展。虚拟的发展看似是一种主观的幻想，但实际上对人的发展起到至关重要的作用。虚拟的发展的图景不仅以目标和理想的形式指引着人的发展方向，而且能够经过虚拟的手段验证其合理性，为人的现实的发展提供参考，避免盲目的发展可能会付出的代价。现实的发展是在现实条件具备的时候得到的发展，而虚拟的发展则是条件欠缺的情况下的发展，它是一种更加自觉、主动的发展。虚拟的发展促使人们不断创造条件，把虚拟的发展转化为现实的发展，把理想转化为事实。

（四）主体性的提升

虚拟社会最主要的特征是虚拟，诸多因素的虚拟凸显了人与人之间的社会关系。在虚拟社会中，人们之间的关系成为最为关键的因素，交往活动是否存续也是以虚拟交往活动双方之间的关系是否存在为依据的。虚拟社会的构成，从本质上来讲也是以人们的交往关系为内容的，除了人与人的交往关系之外，虚拟社会几乎就是虚

---

① 《马克思恩格斯全集》第3卷，人民出版社，1960，第330页。

无的。这恰好符合马克思关于人的本质的论断：人的本质是一切社会关系的总和。虚拟社会更加鲜明地印证了马克思这一结论的科学性，凸显了人的关系本质。

在传统的现实社会中，交往关系是在人们的生活中逐步形成的，它受到人们的角色、地位、职业、工作和生活的场所等物理状况的严重制约。但是在虚拟交往所建构起来的虚拟社会中，这些限制都可以被忽视，人们不必在乎某个人所处的具体社会环境，甚至也不必在乎与其进行交往的人在多大程度上是真实的。虚拟社会不是交往者所处的环境和地位决定的，因为这些都是虚拟的，而是由他们所关心、所提供、所分享的信息内容决定的，虚拟交往只关乎人们的兴趣，而与各自的社会身份无关。对某些信息的共同关注，是虚拟交往中最为现实的部分。

黑格尔谈人的自由时说："我们说到意志的自由时，大都是仅仅的任性或任意，或指偶然性的形式意志而言的。诚然，就任性作为决定这样或那样的能力而言，无疑地是自由意志的一个重要环节；不过任性却不是自由，而只是一种形式上的自由。"[①] 表面上来看，虚拟环境中充满了选择的自由，人们可以在虚拟交往中任意选取交往的对象，可以随时决定交往的持续与否，也可以在虚拟交往活动中给自己任意创设一个角色。但是这些并不是真正的自由，只是在形式上和自由相似，却没有真正自由的内容。真正的自由是对自身本质即社会关系的正确把握，个体能够成为交往活动的主宰者。虚拟社会赋予人们的自由是形式和内容两个方面的，一方面在虚拟社会中人们能够自由灵活地开展交往活动，另一方面人们在交往中能够得到真实的解放，个性得到全面彰显。

人的自由全面发展需要人的个性得到全面彰显，也就是要让人的"一切天赋得到充分的发挥"[②]。在人们要进行虚拟交往的需求中，

---

① 〔德〕黑格尔：《小逻辑》，贺麟译，商务印书馆，1980，第30页。
② 《马克思恩格斯全集》第3卷，人民出版社，1960，第286页。

也包含着表现自我的欲望,通过交往向他人展示自己的才能,并且获得认同和支持,这是一种美好的心理体验。如果得不到他人的认同,个人的发展是没有意义的,谋求发展也缺少了动力。虚拟社会是一个高度宽容的场所,为人的个性展示提供了宽广的空间,人们因为身份的隐匿而不必在乎他人的评价,减少了对每一次行为的后果的顾虑。个性张扬是虚拟社会人们所热衷的行为,通过这种行为博取他人的关注,也就间接地达到了引发新的交往、实现新的信息共享的目的。

"后信息时代的根本特征是真正的个人化。"[①] 在虚拟社会中,人们是自己角色的赋予者,是自己所处社会关系的决定者,人们能够自主地寻求发展的目标和办法,能够灵活地改变与他人的关系,交往变成人们乐于从事并且易于掌握的事情,这一切都提升了人们的主体性,使人成为这一社会的主人。人始终都应当是虚拟社会的主人,高扬人的主体性,充分挖掘虚拟社会所提供的可能,人的自由全面发展的目标将在虚拟交往的发展中逐渐成为现实。

总之,虚拟交往既是自由的交往,也是全面的交往,能够在很大程度上推进人的自由全面发展。虚拟交往的发展和虚拟社会的形成,为人的发展创造了新的条件,为人的自由全面发展提供了新的可能。但是机遇与风险总是相伴而来,随着虚拟交往的日益盛行和虚拟社会的日益完善,我们在摆脱了旧的依赖的同时,又开始依赖虚拟交往所带来的种种便利。迈克尔·海姆的发问引人深思:"当我们过上一种替身代我们过的日子之后,我们还能完全在场吗?"[②] 前文已经提到,虚拟交往中首要的是人的虚拟,人的虚拟必须要以"不在场"或者"符号化"的形式出现。既然如此,交往主体的虚拟对现实社会生活的影响必将是深远的。对虚拟交往的过度依赖,可能造成新的异化,

---

[①] 〔美〕尼古拉·尼葛洛庞帝:《数字化生存》,胡泳、范海燕译,海南出版社,1997,第4页。

[②] 〔美〕迈克尔·海姆:《从界面到网络空间——虚拟实在的形而上学》,金吾伦、刘钢译,上海科技教育出版社,2000,第103页。

对此我们还需保持审慎的态度。

第二节　虚拟交往可能导致的新型异化

虚拟交往的出现和发展，是科学技术和生产力发展的必然趋势，也是人类历史的巨大进步。在这一历史的变革中，人们体验到的不仅有前所未有的积极效应，也有始料未及的消极影响。随着虚拟交往的日益普及和其对人们生活影响的日渐深入，虚拟交往在有些方面已经显现出脱离人、反对人甚至控制人的一种异己的力量，我们可以称之为"虚拟交往中的异化"。虚拟交往中的异化就是在虚拟交往这种新型的交往活动中所体现出来的人的异化：参与虚拟交往的人在这种交往活动中受制于虚拟交往的负面效应，丧失实践活动的主体性，不能实现自由而全面的发展。在虚拟交往的影响之下，人的主体地位被消解，生活越来越受制于虚拟交往的逻辑。

一　虚拟交往中的异化

当历史迈入信息时代，"亦真亦幻"成为人们经常面临的生存状态，虚拟交往也成为人们生活中的重要组成部分。虚拟交往正在全面地重塑我们的生活，剧烈地改变我们的行为和思维的方式，与此同时，虚拟交往的异化现象也伴随而来。虚拟交往所带来的新鲜奇特让人们惊叹，同时而来的异化力量则让人们沉溺其中。意识的觉醒是行动的前提，全面认识虚拟交往这一新鲜事物，充分批判虚拟交往中的异化现象，追问现象背后的原因，进而采取积极的措施予以应对，是信息时代一个重大的哲学课题，也是每一个信息社会公民应当思考的现实问题。

与劳动异化和传统的交往异化不同，虚拟交往中所产生的异化现象具有新的特点：由于其网络化的传播方式、即时化的传播速度，虚拟交往形成了难以阻挡的强大力量；虚拟时空可以提供更加丰富的体验，对人们的心理产生强烈的刺激，让人心甘情愿自投罗网；虚拟交往便捷的虚拟环境超越了时间和空间的限制，造成一种持续不断的吸引力，让人"欲罢不能"。虚拟交往中人们面对的是更加强大、隐匿，难以觉察而又无处不在的异己的力量。虚拟交往中的异化借助信息技术网状的结构和快捷的速度，在全球化时代大行其道，其对人们生活的影响也越来越大。基于虚拟交往中的异化的新特点，生活于信息时代的我们有必要深刻剖析虚拟交往中的异化的基本类型和典型表现，减少异化的发生，更好地发挥其积极作用。在虚拟交往中，人们正在遭遇诸多矛盾，这些矛盾正是虚拟交往中的异化的表现：一方面人们希望通过虚拟交往开辟更为宽广的交往空间，另一方面则是虚拟交往造成虚拟时空对现实社会的挤占；一方面人们期待着交往的自由化、普遍化、娱乐化，另一方面则是人们越来越受到交往工具的限制，生活模式高度单一化、固定化；一方面人们想要利用虚拟交往来填补现实交往的不足，另一方面形成了虚拟交往对现实交往大肆侵占的事实。

　　作为信息时代一种新兴的交往方式，虚拟交往给人们的生活带来了一系列的便利，也产生了诸多负面效应。虚拟交往深刻地改变着人们的思维方式，影响着人们的生活状况，它所引起的社会后果，给人的生存所带来的负面效应，可以被称为"虚拟交往中的异化"。虚拟交往中的异化体现在虚拟交往的全过程，对交往行为的主体、主体之间的相互关系都产生了深远的消极影响。虚拟交往中的异化是人们对这一新的交往方式的片面理解和不当使用造成的。面对当前虚拟交往中的异化普遍存在的现实，我们应当坚持历史唯物主义的客观态度，相信历史的进步趋势，在历史发展中积极寻找问题的答案。要全面研究虚拟交往带来的异化现象及其起因，提出趋利避害、变害为利的应对之策，使"虚拟"成为一种更好地服务人类的交往手段。

二 虚拟社会新型异化的表现

在研究资本主义社会的异化现象时，马克思深刻而全面地指出了其中存在的几种异化类型，这种分析问题的方式在今天仍然是有借鉴意义的。通观虚拟交往所涉及的几个主要构成因素，可以发现虚拟交往中的异化大致有以下几种类型：虚拟交往的结果与人的交往目的相异化、虚拟交往的主体相异化、人与人的本质相异化等。

（一）虚拟交往的结果与人的交往目的相异化

交往活动与交往目的相异化，集中体现为虚拟交往的结果不能满足人们的交往目的，反而成为异己的力量，引发新的问题。人们接受虚拟交往，是为了创造新的价值或得到美的感受，通过这一新的交往方式提升生活质量，这种功利需求也成为虚拟交往发展的原初动力。在涉足虚拟交往之初，人们充满了无限的憧憬：交往范围的扩大、交往自由度的提高、交往时空限制的突破，似乎一切都是值得期待的。随着虚拟交往对人类生活影响的深入，这一活动所展示的结果与预期相去甚远，甚至有超出自身控制的趋势，其中对主体产生的异化尤其明显，使得人们不得不重新审视并冷静思考。

虚拟交往排挤现实交往却不能完全取代现实交往。人的生命是有限的，这种有限性是由人的生理限度和时间的一维性决定的。在有限的生命中，人的活动在某一时刻只能在虚拟与现实之间做出取舍。虚拟交往必然剥夺原本属于现实交往的时间和空间，人们在何种程度上参与虚拟交往，就会在相应的程度上放弃现实交往。虚拟本身就是对现实的否定，虚拟交往以现实交往所不具备的一些新特点来赢得人们的关注和支持。虚拟交往的迅速发展得益于其对人们的巨大吸引力：丰富人们的生活内容，打破枯燥的单调的生活模式。虚拟技术使人们有机会突破时间和空间的限制，能够与不在场甚至不存在的对象，进行一场高度自由的交往。虚拟交往之所以能够得到人们的支持和追捧，很大程度上是因为人们对现实生活感到厌倦，

第四章　虚拟社会人的发展境遇

要在虚拟的时空中获得另一种新的体验,以弥补现实交往的不足。在虚拟交往中,人们得到的不仅有对现实交往的正向补充和延伸,还有很多的无奈和失望。虚拟交往的过程充满了精神上的满足,在虚拟的环境中,以任意选定的角色和身份与不确定的对象建立各种关系,这一切都是令人热血沸腾的。但虚拟交往的结果是,人们依旧要回到现实的生活中来,那些虚拟的角色、关系等仍然需要接受现实的检验。虚拟交往只是在某些方面适当扩大了人们的交往范围,并没有脱离现实的物理世界。马克思早就说过,人们的交往关系必须以现实的社会条件为前提,"迄今为止的一切交往都只是在一定条件下个人的交往,而不是作为个人的个人的交往"[1]。虚拟交往并不是完全虚无缥缈的,人们交往的动机和交往结果的检验标准都存在于现实之中。人们可以在虚拟交往中得到完美的体验,却不得不接受现实社会的客观结果。无论虚拟交往发展到什么程度,都不可能取代现实社会里人们的实践。从这个角度来说,投入虚拟交往所获得愉悦的程度,与在现实中得到的失望成正比,二者的反差会形成新的困扰。"计算机的魅力之于我们,是情欲多于感官的,精神多于功利的。"[2]

虚拟交往引发了虚拟与现实的矛盾。人们把交往的范围由现实延伸到虚拟时空,是为了合理利用两种环境来实现人的生存和发展,结果却引发了虚拟与现实这一对虚拟交往中的主要矛盾。虚拟交往所发生的环境是充满诱惑的虚拟世界,游走于现实与虚拟之间的人却是现实的。人的需求由现实中产生,想要在虚拟中实现,最终仍要回到现实中来评价,从现实到虚拟再到现实,这是一个否定之否定的过程。虚拟交往产生于美好的设想,有一个绚丽的过程,最终人们还是要接受现实的结果。虚拟交往为人们带来美好体验,在回

---

[1] 《马克思恩格斯选集》第 1 卷,人民出版社,1995,第 127 页。
[2] 〔美〕迈克尔·海姆:《从界面到网络空间——虚拟实在的形而上学》,金吾伦、刘钢译,上海科技教育出版社,2000,第 87 页。

归现实世界后,自然应当受到这个世俗世界的评判。虚拟与现实的矛盾是难以调和的,这一矛盾集中到联系二者的桥梁,即人的身上。在这个问题上人们面临着三种选择:在虚拟与现实之间徘徊、沉迷于虚拟的喧嚣、固守现实的安稳。无论哪种选择,都要人们在经受虚拟交往的困扰之后才能真正理智地做出。在虚拟和现实两种环境中频繁转换,虚拟时空充满的新鲜刺激的丰富信息对人形成巨大的吸引力,过度沉溺于虚拟交往"可能导致交往主体的'自我迷失'"①。虚拟交往无法根本解决现实社会的问题,它所带来的也只是精神上的短时满足,却留下了新的空虚落寞。况且,虚拟交往带来的并不全是精神上的愉悦,更多的是感官上的肤浅快感,虚拟时空中布满充满诱惑的信息,它们产生了一种巨大的吸引力持续地影响着人们的现实生活,网络上瘾等新的问题成为虚拟交往带来的一大负面结果。借助互联网络,虚拟交往突破了时空限制,甚至可以忽略人的生理条件,人们可以废寝忘食、夜以继日地在虚拟时空中活动。网络信息以其新奇等特点激起人们的好奇心、求知欲,而现实生活中人们本来没有这些猎奇的条件,欲望自然无从产生。可以说,虚拟交往中的许多交往需求是网络制造出来的,而不是人们自发产生的。"网络空间是个销魂荡魄的场所,使人产生强烈欲望甚至自甘受其役使。"② 在虚拟的网络空间中,交往需求被过度地激发出来,交往不再以现实生活的改善为目的,而成为纯粹的娱乐乃至消磨时间的行为,自发交往减少,而偶发交往增多。

虚拟交往造成人们交往目的的迷失,甚至交往目的有被交往手段取代的风险。在从事任何一项实践活动之前,人们都已在思想上预测到结果已经出现的那个样子,"最蹩脚的建筑师从一开始就比最灵巧的蜜蜂高明的地方,是他在用蜂蜡建筑蜂房以前,已经在自己

---

① 孙伟平:《虚拟交往社会效应的哲思》,《北京日报》2012年12月3日,第19版。
② 〔美〕迈克尔·海姆:《从界面到网络空间——虚拟实在的形而上学》,金吾伦、刘钢译,上海科技教育出版社,2000,第88页。

的头脑中把它建成了。劳动过程结束时得到的结果，在这个过程开始时就已经在劳动者的表象中存在着，即已经观念地存在着"[1]。目的性是人类实践的重要特征，与动物被动地适应自然不同，人的活动具有预见性和能动性，人能够按照自身意图不断地改造自然。在传统的现实交往中，人们总是试图选择能够为自己带来利益的交往对象，使用代价最低的交往方式，通过交往达到特定的目的。这一切都被虚拟交往所颠覆了，交往活动中的目的变得模糊且难以持续，虚拟空间中的交往往往变成漫无目的的闲逛。基于互联网的超越时空、无缝连接等特点，虚拟交往突破了很多的物理限制，可以在短时间内扩大人的交往范围，把本来几乎没有什么联系的人突然联系到一起，交往的过程可以无限延长，人们随时可以来一场马拉松式的交流。在虚拟时空漫长的旅行中，散布着具有商业目的的刺激、新奇的消息、新闻和各色图片，人们无形中就会被吸引并流连忘返。在虚拟空间中，经过无数次的链接之后，保持上网活动的目的始终如一变得异常困难，人们的初衷已经被彻底遗忘了。交往目的的丧失，必然引起交往主体的迷失，人的主体地位也被削弱了。

　　虚拟交往在一定程度上剥夺了人的自由。人类活动的一个基本特点是趋利避害、趋乐避苦，在现实交往之外寻求虚拟交往，往往是期望从中获得更多精神上的满足。然而交往活动却让人们付出了不小的代价。也许人们在踏入虚拟时空之初是带有强烈的目的的，即从中得到一些实惠，一旦人们习惯了虚拟交往的规则，便无形中认可了其中的行为方式和主流价值观。在虚拟交往中，从众是一种很普遍的现象（虚拟交往本身就是一种比较新潮的事物，其中的早期参与者往往具有标新立异的性格）。对于大部分人来说，其在虚拟交往中始终只是追随者，而领袖则是掌握了网络等交流平台、垄断了话语权、深谙通信技术的极少数人。虚拟空间中的意见领袖、知名人物的作用很强，借助网络的即时性、普遍性等特点，他们的观

---

[1] 《马克思恩格斯选集》第2卷，人民出版社，2012，第170页。

点和主张以铺天盖地之势对普通参与者造成影响。互联网上的霸权要比现实交往中更典型、更隐匿、更广泛，当我们人云亦云地使用网络流行语、追捧某种网络流行行为或者对某个网络名人顶礼膜拜的时候，无形中已经丧失了自己的个性，沦为了别人的奴隶。资本主义工厂的流水线把工人变成了不停地拧螺丝的机械，虚拟交往则把人们变成了没有感情和思想的符号，人们习惯性地打开社交软件，关注别人的生活内容和思想动态，在潜移默化中接受别人的思想和观点，形成新的价值观和生活习惯。虚拟交往像是一种传染病，可以在短时间内把人们的思想和行动统一起来，人们津津有味地跟随、模仿而乐此不疲，不知不觉间扮演了别人的随从。

在虚拟交往中，人们的行为方式高度单一化、固定化，比如，吃饭前或在景点游览时大家齐刷刷地拿出手机拍照并上传网络分享，睡觉前则会拿出手机刷新一下社交软件中的消息。虚拟交往的过程已经背离了最初的目的，变成一系列僵化的动作，在网络聊天、网络购物、网络游戏等各种具体的虚拟交往活动中，人们看似拥有更多的自由发展空间，实际上一部分人主动地放弃自由，跟随所谓的潮流而动。在当今社会，虚拟交往中的公共言论也出现了新的变化，对人民的思想和行为都产生着冲击。"公共言论的传播速度和范围是前所未有的，人们的言论在虚拟空间飞速散播，几乎没有任何延迟。"[1] 我们深处数字化信息时代，借助网络手段成为事件的目击者、亲历者，甚至可以实时观看或收听事件的整个发生过程。在这自媒体大行其道的时代，人们的思想和行为正经历着前所未有的巨大转变。

虚拟交往在一定程度上可能会抹杀人的个性和创造性。在虚拟空间中，人们为了得到别人的一声呼应或一个表示赞同的符号，要付出很多现实的代价：现实生活空间被挤占，私人时间被剥夺。看

---

[1] 〔英〕马克·汤普森：《皆为戏言：新媒体时代的说话指南》，李文远、魏瑞莉译，浙江大学出版社，2018，第3页。

似人们在保持对工具的高度控制,实质上则是人们在不知不觉中自愿地将自己捆绑在这些物质上,同时也受到交往对象的控制。在虚拟交往中,人们不仅受到社交网络中主流文化的影响,失去自己的行为习惯和思维方式,而且受制于交往的技术、工具等物质的东西。在虚拟交往的统治下,人们的行为高度一致,人们的主体性被剥夺,交往的技术、工具在某种程度上正在成为一种异己的力量,让人们产生严重的依赖而难以自拔。在虚拟交往的影响下,人们把接触信息网络本身作为必不可少的日常习惯和日常仪式,而不是出于对网络的实际需要。

虚拟交往工具与交往主体相异化。包括生产工具、交往工具在内的任何物质的、技术的人类发明,都是人们为改善生活质量而创造的。虚拟交往所依赖的计算机、手机以及互联网等都是一种工具而已,但是在虚拟交往中工具正在变成一种异己的力量,"信息技术及以其为基础的智能机器有可能异化为奴役人、束缚人发展的工具"[①]。在虚拟交往中,交往的空间可以无限放大、时间可以不断延续,这一切都依靠虚拟技术和工具的高度频繁使用。电脑、手机和网络不仅已经成为我们在虚拟空间中不可或缺的技术手段,而且成为我们现实生活中须臾不可离的构成元素,通过这些手段我们才能保持与虚拟世界的随时联络。这就造成一种普遍的现象,手机和电脑等交往工具已经成为很多人心中最深的牵挂:出门前务必要确认手机带在身上,回家后要第一时间检查网络交往工具中是否有更新信息,生活中发生一些新鲜事情时都要尽快发布在网络空间中,每当打开电脑要工作的时候总要先看看社交网站中是否有访客来过的踪迹。

总之,虚拟交往的结果难以满足人们所寄予的厚望,反而引起许多新的问题。人们因其思维和行为受到流行观念的影响而丧失个性,人们的自由被无所不在的交往工具所束缚,人们的交往目的难以保持甚至丧失殆尽,种种情况都对人的主体性形成一种消解。虚

---

① 孙伟平:《论信息时代人的新异化》,《哲学研究》2010年第7期。

拟仅仅是一种手段，交往才是人的真正目的。如果沉迷于虚拟技术所带来的表面浮华，迷失了交往活动所要追求的真和美的目的，那么这样的虚拟交往只能成为生活的累赘，造成人的异化。

（二）虚拟交往的主体相异化

在虚拟交往中，不同主体之间的异化情形变得更加复杂。交往与其他实践不同，在交往中人们之间的关系不是主客关系，而是互为主体的关系。任何一种交往，都是发生于不同主体之间的关系，即便是虚拟的主体，也是以现实的人为依托的。虚拟交往提供了比现实交往更多的选择空间，尤其是在交往对象的选择上，人们享有高度的自由。同时，虚拟交往关系中人们相互牵制的程度比现实交往更深，人们实际上享有的自由并没有增加反而减少。由于交往主体之间缺乏必要的信任，难以建立长期稳固的交往关系，所以交往关系是不平衡、难以持久的。

首先，交往关系难以确立和维护。在互联网等新技术创造的虚拟时空中，人们可以随意选择交往的对象，交往对象的选择具有很大的自由性，但是这种选择是很盲目的，尤其是当对方是一个高度虚拟的符号时，这一交往在某种程度上就具有了欺骗性。虚拟时空的网状结构把人们之间的关系变成了"多对多"，一个人的交往对象很难是单一的、固定的。在即时通信高度发达、网络无处不在的信息时代，人们的触角几乎可以延伸到世界的任何角落，两个看似没有任何关系的人也可能突然联系在一起。"世界是普遍联系的"这一哲学原理在当今得到了活生生的验证。一方面是交往关系之网的无限扩大，借助网络的即时性、无限性，交往对象应接不暇；另一方面则是交往主体在选择上高度盲目，需要很多甄别、判断的功夫，在选择交往对象的时候，人们变得犹豫不决、心存疑虑。趋利避害是人之常情，在无法确信对方的真伪善恶之时，人们可能相信"先曝光者遭殃"的处世原则，与其站在明处，不如躲在暗处，一定要先摸透对方再暴露自己。在虚拟交往中，人们面对的很多是虚拟化、符号化的对象，一切似乎都带有不可捉摸的神秘意味。交往对象的不可知、不可控，必然产生相互的不信任，隐匿身份恰好又成为规避风险的无奈之选。可以说，交往对象的不确定性所产生的信任缺失与交往的匿名性是一对矛盾，引起虚拟交往自身不可克服的恶性循环。

其次，交往主体之间认同的缺失。任何一种交往活动的开展，必备的一个前提是交往主体之间的相互认同，只有认同对方具有合法、合理的身份地位（包括自然身份和社会身份），才能开展实际的交往实践。"人起初是以别人来反映自己的。名叫彼得的人把自己当做人，只是由于他把名叫保罗的人看做是和自己相同的"[1]，也就是说，人们首先得把对方看作活动的主体，而在对对方地位的肯定中，就包含着对自身身份的确定。在虚拟交往中，我们甚至连"我是谁"这一问题都难以搞清楚，对彼处的交往对象的认同也变得更加艰难。身份认同的缺失，会给人际交往带来极大的阻碍，正如诚实守信是市场交易的黄金法则一样，真诚相待是人际交往的首要原则，不信任是交往的大忌。虚拟交往以其不可控制等特点，让人们无法验证对方的身份和角色，相互的信任变得弥足珍贵。在现实生活的交往中尚且有"知人知面不知心"之说，我们在面对虚拟的交往对象时，对方的"面"也是很难认识的，甚至对方根本就没有面貌可言，不过是一个虚拟的符号或者一段程序代码而已。

交往主体之间相互奴役。正如前文所言，从宏观上来看，独立的个人难以阻挡虚拟空间中主流价值观和行为的影响，人们的思想和行为被虚拟交往的大环境模式化。具体到个人与个人之间的交往，情况也是类似的，交往主体之间也存在相互的奴役。与传统的交往要受到社会规则的约束不同，虚拟交往没有明确的规则限制，这里既不存在等价交换等市场原则，也难以发挥法律、道德的调节作用，交往的建立和存续在很大程度上依赖交往主体之间的内部协调。当矛盾冲突不能有效化解时，交往实际上成为一种相互奴役的活动。

---

[1] 《马克思恩格斯文集》第5卷，人民出版社，2009，第67页。

人们习惯性地按照网络的伦理和逻辑行事，而交往活动并没有使交往主体都各得其所，虚拟交往成为一种沉重的负担。交往的功利性要求交往行为的实施者以对方为工具，以自身为目的，通过交往获得一定的实际利益。交往中的双方不能各取所需、各得其所时，就导致相互之间的冲突。交往冲突的解决还需要双方之间的妥协，相互让渡一部分自己的主体性，尊重对方作为利益主体的地位，适当满足对方的需求。不论是相互之间难以建立信任，还是交往关系难以维系且易于中断，都给交往主体造成无时不在的危机感。虚拟交往会在不经意间带上欺骗的性质，这种欺骗性是与生俱来的。虚拟空间不是清醒者的地盘，奋不顾身方能领略其中的美妙，人们要么在虚拟交往中表面化地徘徊，要么冒着风险深入其中。当交往中的一方投入虚拟交往很深，另一方却站在现实中冷眼旁观的时候，交往关系的平衡就会被打破。为了维系交往关系，就需要有人不停让步，甚至有时候要委曲求全满足对方的要求，善良者往往成为虚拟交往的受害者。即便是交往关系中的"导演"者一方，也没有达到真正的交往目的，带有虚假欺诈色彩的交往谈不上是交往，而是彻头彻尾的欺诈。

作为一种充满浪漫色彩的交往方式，虚拟交往不仅从技术角度来看是虚拟的、"不现实"的，而且交往对象的行为也真假难辨，在具体的交往过程中充满了游戏意味，这正是虚拟交往深受欢迎并"大行其道"的重要原因。脱离了现实社会环境的限制，人们的需求和欲望在虚拟空间得到自由释放。交往的内容可能远离人们的真实需要，人们把没有必要的一些奇思妙想演绎一番，在虚幻中得到另类的欢乐，虚拟交往创造了许多并非实际需要的交往。不论是一对一的单个主体之间的交往，还是一对多的个人与群体之间的交往，与其说自由是人们的所得，不如说被奴役是付出的代价。虚拟交往并不是一种完全美好的体验，这一过程中充满了不同形式的异化。即使人们没有明确地意识到，这些异化也是客观存在并日益加深的。

（三）人与人的本质相异化

虚拟交往拓展了人们的社会关系，更加突出了人的关系本质。在虚拟交往中，交往主体和交往所处的时空都是可以虚拟的，而相互之间的关系则是必须真实存在的。可以说，虚拟的交往正是依靠真实的关系来维持的。虚拟交往一方面彰显了人的关系本质，另一方面也造成了人与社会的疏离，导致人与人的本质相异化。

历史唯物主义认为，人的本质是一切社会关系的总和，交往的本质也是人与人之间的互动关系。虚拟交往表面上突出了人与人之间的关系，实际上背离了人的关系本质。首先，虚拟交往中的关系是狭隘的、片面的。在虚拟时空中，人们可以扮演各种角色，建立各种相互的关系，可以把现实生活中的关系颠覆、重建，甚至违背伦理道德和法律法规的关系也能够得以建立。交往的圈子和关系网变得格外重要，人们的精力和时间大量地投向这些虚拟空间的关系网之中。这表面上看是对人的本质的回归，其实却是对人的关系本质的曲解和偏离。在虚拟交往的影响下，人们更加重视交往关系，甚至认为只要关系存在，交往就是成功的，人的本质和自由自然能够体现。这是对人的本质的片面理解，仅仅看到了现象层面的交往关系，却忽略了关系背后需要有现实的基础。只有在具备了"现实性"的意义上，人的关系本质才是讲得通的，当"虚拟"向"虚假"靠得太近的时候，交往主体间关系的"现实性"也就丧失殆尽了。其次，虚拟交往中的关系缺乏社会性。马克思指出，"社会不是由个人构成，而是表示这些个人彼此发生的那些联系和关系的总和"[1]。"'社会关系'是主体之间相互作用、相互影响的结果，这种相互作用、相互影响是通过主体的具体的历史的'交往'实现的。"[2] 所谓"社会关系的总和"，应当包括现实关系和虚拟关系、直接关系和

---

[1] 《马克思恩格斯全集》第46卷（上），人民出版社，1979，第220页。
[2] 孙伟平：《信息时代的社会历史观》，江苏人民出版社，2010，第136页。

间接关系、物质关系和精神关系等,但是这些关系应当首先成为"社会的",也就是在现实的社会中有客观的物质基础和主体依托。虚拟交往中高度符号化的主体、纯粹主观臆想的角色、可以随时变换的交往关系,其中有很多虚拟得过于严重的成分,甚至在现实社会难以找到依据。虚拟交往突出了"关系"的重要性,却是以忽略"现实性"为代价的。最后,虚拟交往中所建立的关系缺乏稳定性。在虚拟交往中,人们相互之间的联系变得更加复杂而难以捉摸,一个人由于某种言行可能瞬间成为举世瞩目的焦点,也可能被淹没在海量的信息之中。交往关系不再是一对一的线性关系,更多的是一对多、多对一或者多对多的网状关系,"我不认识你,而你却很熟悉我"的情景数见不鲜。虚拟交往中的关系越来越虚拟化,与现实社会的距离也越来越远。

交往的目的本应该是增强人的社会性,增强人与人之间的情感联系及社会联系,让人更好地融入社会并摆脱个体存在的孤独感。其突出特征是交往主体间的互动性,其中一个重要前提是主体间发生了真实的交往关系。而虚拟交往则形成一种反对"社会性"的力量,使人们越来越疏离现实社会和社会关系。

虚拟交往中的异化是一种新型的异化,与传统的交往异化有一定关联,也有许多新的表现。以历史唯物主义为指导,深入研究虚拟交往中的异化问题,让这一新的交往方式成为人们自由、普遍交往的新形式,为人的发展和社会进步提供更多推动力,这是保持意识觉醒的人们对待虚拟交往的正确态度。"不管怎样,数字化生存的确给了我们乐观的理由。我们无法否定数字化时代的存在,也无法阻止数字化时代的前进,就像我们无法对抗大自然的力量一样。"① 虚拟交往给人的生存和发展带来了双重境遇,这是一个不争的事实,如何在双重境遇中择善而从、变害为利,这是生活在信息时代的我

---

① 〔美〕尼古拉·尼葛洛庞帝:《数字化生存》,胡泳、范海燕译,海南出版社,1997,第269页。

们应当深入思考的重要问题。

第三节　在虚拟交往中实现人的发展

既然虚拟交往是一个客观过程，人们就不能回避其中的异化现象，而是要在接受代价的过程中主动探索。作为一种新的交往方式，虚拟交往本身并不会必然导致异化，从根本上来说虚拟交往中的异化是人对虚拟交往的不合理应用造成的，在很大程度上表现为虚拟与现实的矛盾。面对虚拟交往中的异化，我们不仅要以虚实结合的办法处理好虚拟与现实的矛盾，而且要结合信息时代的新特征寻求新的对策。

虚拟交往中的异化问题，归根结底就是在交往中出现了与人的本质、本意不相符合的现象，进而导致了一系列的矛盾。要解决这些矛盾，一方面要客观全面地认识虚拟交往的异化，另一方面则是要采取正确的应对措施，以人的能动性来改进、转变不利因素。作为实践的主体，人是交往关系中最为关键的因素，虚拟交往是完全可以控制在人类手中的。克服虚拟交往的异化，需要我们转变观念采取行动，在以下几个方面做出努力。

一　全面认识虚拟交往的产生

任何事物都具有相互对立的两面，对虚拟交往的认识也应当采取辩证的立场。辩证地看待虚拟交往，要承认它的产生的历史必然性，全面认识它利弊两个方面的影响，并科学预测其发展趋势。

前面已经提到，虚拟交往是一种客观的社会历史现象，它的产生具有历史的必然性。在人类交往发展史上，交往方式一直在朝着虚拟化的方向发展，间接化、符号化、虚拟化，这是交往方式变革的基本轮廓和大致方向。虚拟交往并不是一种全新的交往方式，但是由于信息技术的迅速发展，它在当代社会中发挥了重要作用，引起人们的高度关注。

虚拟交往是人类交往方式的进步。历史的发展是进步的,发展中出现的问题还需要用发展的办法来解决。随着时代进步和科技发展,人们发挥主观能动性的空间会变得更大,当前正在困扰人们的难题,也许很快就会变成人类的福利。应对虚拟交往中的异化,就是要克服其中的消极因素,利用它的积极作用来为人们的现实生活服务。历史进步论认为,随着生产力的发展和人类实践形式的进步,人类的主观能动性是呈增长状态的,一定能够发现克服虚拟交往中异化问题的新的方法和途径。

虚拟交往让人充满期待,但也带来了很多忧虑。乐观主义者认为虚拟交往是最新、最好、最自由的,完全可以取代现实的交往;悲观主义者则认为虚拟交往是百害而无一利的,足以毁掉人们现实的美好生活。两种极端的看法都有失客观,作为一种已然客观存在着的事实,虚拟交往本身是不能简单定性为好或坏的。虚拟交往只是一种中性的技术和手段,价值判断的标准要以是否有利于人的发展和社会进步为根据。

虚拟交往导致新的异化出现的可能性也不容忽视,应当高度重视并努力消除新的异化。客观世界不因人的主观意志而转移,虚拟交往中异化的存在和蔓延,值得我们深刻反思。异化的克服是一个漫长的过程,意识到异化的存在就是迈出了最为艰难的第一步。在承认异化存在的前提下,我们能够做的不是逃避,而是积极寻求应对之策:如何变害为利,使其服务于人类及其现实生活。

二 适当借鉴现实社会的办法

虚拟交往带来的新型异化,并不能掩盖它的积极作用。虚拟交往的发展,看似与现实交往产生了剧烈的冲突,甚至有取代现实交往的危险,但是仔细审查我们会发现,虚拟交往依然是以现实交往为基础的,可以补充、延伸现实交往。从事交往的主体即使以虚拟化、符号化的形式呈现,其背后也必须有现实的人的存在。不论是从虚拟技术和设备的发明制造来说，还是从虚拟交往中所交流的内容的来源来说，虚拟交往都不过是现实交往的延伸，是变换了形式的现实的人之间的交往。虚拟世界仍然是人的世界，认为虚拟可以完全取代现实，这种观点本身就是"虚假"的。虚拟是现实的补充和延伸，虚拟空间中出现的异化问题的解决，还需要在现实空间中寻找答案。

信息时代是虚实结合的时代，虚拟交往中的异化问题，并不完全产生于虚拟的时空，而是在虚拟与现实的鲜明对比和频繁转换中显现的，还需要在现实与虚拟之间寻找答案。虚拟与现实共同构成了人类生存和活动的空间，而人则是二者相互沟通的桥梁。游走于现实与虚拟之间的人，在把现实生活延伸、拓展至虚拟空间的同时，也应当把现实社会中的行为规范贯穿其中。虚拟时空不是绝对自由的领域，不存在"治外法权"，虚拟交往中的人同样应当遵守现实交往中的各种法律和纪律。虚拟时空不能改变人的现实性，人的世界观和价值观不能因活动环境的虚拟而变得虚无，不论身处虚拟还是现实，社会的约束都无处不在。

虚拟交往中所建立的虚拟关系不是凭空产生的，而是有着真实的现实基础的。现实与虚拟之间可以随时融通，虚拟关系无法做到与现实的人的利益完全无涉，当虚拟关系涉及现实利益时，欺诈将变得很难界定。因此，在虚拟交往中同样应当坚持权利与义务相统一的原则。人们可以随意创设自己的虚拟身份，却不能绝对自由地与别人建立虚拟关系，而是要承担相应的后果。应当完善法律法规，承认虚拟关系在某些情况下具备法律效力，引导人们在虚拟交往中承担相应的义务。此外，还应当制定关于虚拟交往的专门规范，用于规定虚拟交往中人们的权利和义务关系。虚拟交往中的行为，除了应当遵循遵纪守法等一般行为规则外，还应当格外注意维护公序良俗和社会正义。

虚拟交往是一种与传统的现实交往有重大差别的交往方式，它使人们穿梭于虚拟与现实两种环境之间，频繁地转换身份和角色，获得截然不同的情感体验。克服虚拟交往中的异化，在很大程度上依赖对虚拟与现实之间界限的把握。以虚实结合的办法来解决虚拟交往中的异化问题，要着眼于虚拟与现实两种环境，充分利用好两种资源和条件。一方面用现实交往中的成熟经验为虚拟交往提供指导，另一方面虚拟交往作为扩大、深化了的交往方式，可以为现实交往提供有益的启示，二者之间可以实现改良性互动，共同推动人类交往方式的合理化、科学化。

三 努力探索信息时代的新思路

解决问题的答案，往往是伴随着问题的出现而产生的。每一个时代所遇到的新问题，都应当在这一时代中得到合理的回答。发展中遇到的问题，会随着发展的推进而逐渐得到解决，目前虚拟交往还处于发展之中，相关的研究尚不够充分。但是有一点是确定的：虚拟交往的异化产生于信息时代，只有按照信息时代的新办法才能合理地解决。立足于信息时代，要在以下几个方面有所突破。

首先，积极树立信息化时代的新思维。人类历史的现代化是不可否认的历史潮流，现代化在人们的交往方式上体现为信息化、虚拟化。信息时代的问题还需要用信息技术的办法来解决，用工业时代的旧思维和老办法不能解决信息时代的新问题，现实交往中的做法在虚拟交往中未必能够完全行得通。研究虚拟交往中的异化，必然要联系这一现象产生的时代背景。信息时代的新问题要求人们不能停留于过去的陈旧思维方式，而是应该与时俱进地全面树立信息时代的新思维。置身信息时代，用新的时代眼光来观察和思考这一问题，人们或许会有豁然开朗的感觉。

其次，大力推动社会信息化进程。社会的信息化与交往的虚拟化是一个相伴随的过程，虚拟交往中的异化问题要在信息化的发展中得到解决。当前我国的信息化还处于发展之中，虚拟交往中所体现出来的异化现象在很大程度上是信息化的不完善造成的。只有信息化深入发展和虚拟交往全面普及，虚拟交往的异化才能够全面展示出来，人们才能更好地开展思考和研究。所谓信息化建设，一方面要在技术、设施上有所突破，给人们提供充分的信息体验，另一方面要积极引导人们融入这一社会变革潮流，使信息化的发展更加全面、彻底。

最后，充分发挥虚拟交往的优势。想要用信息时代的办法解决信息时代的问题，就要充分发挥信息技术的优势，运用信息时代所提供的资源。虚拟交往中的异化，从根本上来说是人们片面地、狭隘地使用这一交往方式造成的。只要把这种应用把握在合理的限度内，虚拟交往中的异化就可以得到有效的控制。虚拟交往的异化是出现在部分领域和环节之中的，异化的出现及作用范围与人对它的应对是相关的。甚至从某种程度来讲，虚拟交往中的异化是可以有效克服的，也可能转化为有利因素。为了尽可能削减虚拟交往引起的异化，要将人们的行为引导至这些技术成熟、运用广泛、积极作用明显的领域中。趋利避害是克服虚拟交往中的异化的有效方法，在发挥其积极作用的同时，消极作用也就相应地得到了抑制。虚拟交往在呈现异化问题的同时，也提供了明显的技术优势和更为广阔的活动空间，为人们的研究提供了更加丰富的可能性。充分运用信息时代的优势，发挥虚拟交往中的积极因素，减少异化的发生，做到化害为利，不仅是可能的，而且是很现实的。

虚拟交往是人的实践的产物，其中的异化也是人的不恰当运用造成的，因此克服其中的异化现象需要从实践的主体——人身上寻求答案。作为一种交往方式，虚拟交往本身不会产生异化，异化的产生根源在于人们对这一交往方式的不恰当运用。虚拟交往的产生和发展正是人的主体性的体现，异化的产生则是人们片面地、狭隘地运用这一交往方式的结果。对于虚拟交往中的异化的克服，不但不能忽视人的作用，而且应该坚持以人为本，增强人的主体性。不论是大力促进信息化，推动虚拟交往的深入发展，以便加深对其中异化问题的认识，还是坚持虚实结合的原则规范虚拟交往中人们的言行，乃至运用信息时代的办法解决虚拟交往中的异化问题，都依赖人的实践努力。

　　作为一种新颖的交往方式，虚拟交往在信息时代得到了人们的青睐，也产生诸多的消极后果，使人的发展面临机遇与挑战并存的双重境遇。虚拟交往所提供的发展机遇，使得人们感到距离实现自由全面发展这一美好理想更近了一步；虚拟交往中出现的异化，是人们在开拓新的实践领域、尝试新的交往方式时遇到的小挫折。我们有理由相信，虚拟交往的出现是人类交往方式的进步，它所引起的人类交往方式的革命是剧烈的，其中付出的代价也是值得的。虚拟交往深刻地变革了人们的思维和行为，也引发了人们对其中异化现象的冷静思考，对其中的异化问题必须保持适当的警惕，在思想上有所觉醒。随着人类自身的觉醒和实践能力的拓展，虚拟交往的异化是可以消除乃至变害为利的，虚拟只是人们实现追求真与美的交往目的的一种手段而已，人始终是交往的主体。

第五章
虚拟交往的未来发展

虚拟交往的主体可以是个人，也可以是各种组织甚至国家，相应的，虚拟交往的意义也应该是全面的。它不仅全面塑造着当今世界的面貌和人们的生活图景，而且为人的发展提供了新境遇，甚至也会影响到人类历史的进程。从历史的角度探析虚拟交往，就应该认识到它在人类历史进程中所具有的意义。

第一节 历史进程中的虚拟交往

交往方式的变革与人类历史的演进有着内在的关联，它不仅影响和改变着人类社会的结构，而且在很大程度上推动着人的自由解放的进程，全面塑造了世界的面貌。虚拟交往是时代的产物，信息时代是虚拟交往的时代。

一 人类历史就是交往的历史

马克思说，"社会——不管其形式如何——是什么呢？是人们交互活动的产物"[1]，"历史不过是追求着自己目的的人的活动而已"[2]。

---

[1] 《马克思恩格斯选集》第4卷，人民出版社，1995，第532页。
[2] 《马克思恩格斯全集》第2卷，人民出版社，1957，第118~119页。

人类历史是在人们的交往中创造的。人类历史产生之初就伴随着人的交往行为,历史的演进也伴随着交往方式的变迁。纵观整个人类历史的演进历程,可以发现交往方式变迁的线索,交往方式在很多方面标志着历史的进程,是每一个历史时期的鲜明标志。

把交往作为历史进程的标志,可以找到很充分的理由。首先,交往方式标志着生产力的发展水平。任何一种交往方式都需要一定的物质基础,即便是虚拟交往也难以脱离现实生产力的支持。交往方式的每一次变革都有相应的生产力发展,交往方式等的大变革就发生在生产力获得质的飞跃的时候。其次,每一种交往方式都对应着相应的社会组织结构。"全部社会生活在本质上是实践的。"①"人的本质是人的真正的社会联系。"② 虚拟社会的结构是由虚拟交往所决定的,虚拟社会是从人们的整个现实社会中划分出来的一个部分,它不具备物质生产环节,但是它又在很多方面具有完整的社会结构。最后,交往方式能够表示人的自由全面发展的程度。人在交往中所处的状态和地位、得到发展的程度,都可以用交往方式来衡量。人的发展是在交往中实现的,人的自由程度也以交往中所处的地位为标志。当人与人之间仍处于压迫奴役的关系时,交往便是被动的,不存在自由。虚拟交往的出现让人们重新看到了曙光,在虚拟交往中人们可以任意选择交往的对象,交往关系的建立与否和中断时间都掌握在自己手中。应当说,虚拟交往的出现标志着人在交往中获得了更大的自由,人的自由全面发展有了新的可能。交往作为历史进程的一个标志,并不仅仅是因为它代表了生产力的发展水平,更为重要的是它提供了社会结构形态和人自身发展的新的境遇,能够引起社会面貌和人自身发展程度的新变化,它对后者所产生的意义可能更加重要。当然,我们还应该再次强调一下,这里所使用的交往概念与生产关系并非同一个意义,而是有着更加宽泛的

---

① 《马克思恩格斯选集》第1卷,人民出版社,1995,第56页。
② 《1844年经济学哲学手稿》,人民出版社,2000,第170页。

外延。交往是包括生产劳动在内的人与人之间的交互活动,因此交往关系就不仅仅包括人们在生产中结成的关系,还应该包括人们由于各种交互活动所结成的联系,其中就包括以虚拟的方式进行的交往活动。交往方式指的是某一时期的人们在进行交互性活动时所采用的具体方式,它包括人们以生产为目的的交往,也包括以个人生活为目的的交往;交往的内容可能是物质层面的,也可能是精神层面的。总而言之,交往方式包含着生产力的因素,也包括人与人的关系(包括生产关系在内),它全面地代表一个时期人类实践的特点。

交往方式不是凝固不变的,它在静态上标志着其所处的历史时期,也在变革中推动着历史的演进。交往对历史的推动作用是全面的,在促进生产力的保存和发展、影响社会结构、实现人自身的发展等方面,都具有十分重要的意义。交往方式之所以能够成为历史进程的重要标志,是因为它对历史的演进起到了重要的推动作用,简单来说,包括促进生产力的保存和发展、调整社会结构形态和促使世界历史的形成等。

交往有利于生产力的保存和发展,交往方式的发展和变化能够促进生产力的提高。生产本身是以个体间的交往为前提的,生产劳动必然需要人与人之间的协作,交往也就是必不可少的。生产力的发展也不是自发地进行的,它是在个人的交往中得到改进的,生产技术的交流、生产经验的共享,这一切环节都是在人与人的交往中实现的。交往的扩大是生产力发展的动力,交往的扩大带来了新的生产需求,要求生产力发生变革以满足不断增长的物质需求。

交往使得既有的生产力得到保存和传承,是生产力在原有基础上得以发展的前提。继承是发展的前提,对于生产力的发展来说也是如此,对原来的生产力基础的保存和传承要在交往中进行。马克思指出:"某一个地域创造出来的生产力,特别是发明,在往后的发展中是否会失传,完全取决于交往扩展的情况。当交往只限于毗邻地区的时候,每一种发明在每一个地域都必须单另进行;……只有当交往成为世界交往并且以大工业为基础的时候，只有当一切民族都卷入竞争斗争的时候，保持已创造出来的生产力才有了保障。"[1] 生产力被局限于狭小的地域范围内的时候，它是没有生命力而易于丧失的。只有在经过了广泛的交往之后，生产力得到了普遍的应用的时候，生产力的保持才具有可靠的保障。在传统的交往方式中，由于天然的阻隔，不同地域之间的生产力水平差距较大，相互之间甚至可能存在上千年的差距。交往方式的新变革打破了这种地域阻隔，使得生产力成为世界性的，这得益于交往方式的进步。

交往方式的变化引起社会结构的变化，全面塑造着某一时期社会的整体面貌。交往方式不仅从生产力的角度推动社会变化，它还会深入人们的生活之中，改变人们之间的社会关系，使社会呈现鲜明的时代特征。人们所使用的交往方式与人们所处社会的面貌之间存在着紧密的联系，虚拟社会就是从交往方式的角度对人类社会进行描述的。虚拟社会中诸多因素带有虚拟的性质，这都源于人们所采用的虚拟交往这一新的交往方式。交往与生产共同决定着一个民族的整体结构，影响着一个民族与其他民族的关系，"这个民族本身的整个内部结构也取决于自己的生产以及自己内部和外部的交往的发展程度"[2]。民族国家整体可以作为一个交往的主体对外进行交往，它的对外交往情况反过来也会影响到自身的内部结构。交往方式变迁的一个重要趋势是不断扩大，交往的范围不断扩大引起历史向世界历史的转变。所谓历史向世界历史的转变，就是人们的交往跨越了国界的限制而成为全球性的。交往方式发展到今天，在虚拟交往概念的助推下全球化的交往已经成为必然趋势。

交往方式的变化在人类历史进程中所起到的作用不局限于以上提到的这些方面，它还会深入人们的个人生活领域，促使人们的历史观、价值观产生微妙的变化，改变思维和行为的方式。可以说，

---

[1] 《马克思恩格斯选集》第 1 卷，人民出版社，1995，第 107~108 页。
[2] 《马克思恩格斯选集》第 1 卷，人民出版社，1995，第 68 页。

交往方式深刻影响着历史的整个进程，不仅贯穿全部人类历史进程之中，而且熔铸到人们的思想之中，全面塑造着一个时期的精神状况。

总之，人类历史就是交往的历史，整个历史都是在人的交往活动中演进的，交往方式的变革对历史进程起到很大的作用。不论世界呈现什么样子，其中都有人的交往所起的重要作用。既然人类历史就是交往的历史，那么就可以根据交往方式来对历史做出划分，用某一时期所采用的典型交往方式作为这一时代的标志。交往方式所展现出来的特点就塑造着这一时期的社会形态，交往方式所发生的变化标志着历史的变化。

二　以交往为标志的人类历史进程

既然交往方式在人类历史进程中是一个重要的标志，而且交往方式的变革对于历史的演进发挥着重要作用，那么以交往方式为依据来考察人类历史也就具有了一定的合理性。以人们所采用的交往方式作为依据对人类历史进程做考察，可以从生产力的水平、社会结构和人的发展程度三个角度进行。

正如前文所述，交往方式中包括生产力的因素，其对社会结构产生一定的影响。本书的第一章在对人类交往历史做粗略的回顾时，就论及交往方式中的生产力因素及交往手段和工具。关于虚拟社会的相关章节中专门论述了虚拟交往给信息时代人类社会所带来的变革，其实这种变革在每一时代都有发生，每一交往方式都引起了它所对应的时代里社会结构的某种变革，也给那一时代的人们自身的发展带来新的境遇。

把交往作为历史进程中的一条重要线索，从交往的角度来考察历史的演进，就需要以交往活动的主体即人为主要参考因素，对人类历史做出新的划分。这种划分与马克思关于人的自由程度的三种社会形态理论有着紧密的联系。我们认为，交往状况是人类历史的一个重要标志，马克思关于人类历史的三形态说就是以人在交往中的状态为主要依据的。马克思对人类历史三种典型形态的划分是以人在交往中享有的自由发展的程度为依据的,它主要依据人在交往中所处的状态做出划分。正是从交往的存在方式和人的自由全面发展的理论视角出发,马克思在《1857—1858年经济学手稿》中第一次明确提出了人类交往的三大历史形态,并通过分析交往的历史演化展示了人的发展的一般历史过程。

根据马克思的理论,人类交往的三大历史形态分别是:第一,以人与人之间的依赖关系为基础的交往。这一时期的人们的交往完全取决于人与人之间的依赖关系,维系交往关系的纽带主要是以血缘关系为基础的宗法制度和封建等级制,个人在交往中几乎没有任何自由可言,个人的发展更是极其困难的事情。这一时期的交往是以一部分人为工具、另一部分人为目的的。马克思认为:"人的依赖关系(起初完全是自然发生的),是最初的社会形态,在这种形态下,人的生产能力只是在狭窄的范围内和孤立的地点上发展着。"[①]人自身的发展也被局限在一个较小的范围内,人与人的交往是较低水平。第二,以物的依赖性为基础的人的独立性交往。在这一交往形态中,人与人交往关系的建立是以物质为基础的,交往高度依赖于物质:物质利益是交往的主要目标,物质的具体形态决定着交往的具体形式。为了满足人们的物质需求,就要通过提高劳动生产率来获得大量的物质产品,并且改进以商品交换为主要内容的交往形式。因此,生产劳动成为这一时期最重要的交往形式,人们在交往中拥有一定的人身自由,但是仍然很大程度上依赖于物。这里有一点是需要补充的:马克思在讲人的交往时是从狭义的交往概念出发的,他在很多地方把交往理解为人们在生产劳动中结成的关系,这就容易使人形成生产就是交往、生产关系就是交往关系的错误理解。随着生产力的发展和生产关系的改善,未来社会人与人之间的关系会变得异常丰富,而不是仅仅停留于生产关系方面,交往关系

[①] 《马克思恩格斯全集》第46卷(上),人民出版社,1979,第104页。

应该有更加宽泛的含义。第三，高度自由的交往。这种交往是自主、自愿、自觉的交往，人们之间的交往关系的建立是自发形成的，可以自由地确定交往的具体方式。马克思把这种自由交往所建立起来的人类社会称作自由人联合体，并且把自由人联合体作为人类社会将要走向的最佳状态。在自由人联合体中，交往不再是一种不得不接受的事实，也不再是谋取生活资料的工具，而是成为实现人的发展的渠道。每个人的存在是其他人存在的条件，每个人的发展是其他人发展的基础。在这种交往形态中，由于科学技术的高度发展，劳动不再仅仅是人们生存的手段，人们产生了对物质的高度满足和对精神的高度需求，从而使人的交往实践活动表现出人类活动的完整性，表现出人全面发展的丰富性，成为自主活动、自由全面发展的主体。这一阶段的交往活动不再具有来自他人或者物质的制约，而真正成为自由全面发展的活动。虚拟交往的出现让我们看到了自由交往的曙光，虚拟交往在很大程度上正是以高度的自由性为突出特征的。

根据以上论述，我们可以发现三种社会形态对应着人的发展的三个层次，同时也对应着交往的三个重要阶段。从交往的角度来看人类历史进程，这种做法是可取的。这里主要是按照人在交往中所处的地位以及自身发展所获得的机遇来划分，恰好与马克思关于人类历史的三形态说高度相符。我们也可以认为，马克思这一理论恰恰就是从交往的角度来论述的。

以上是以人在交往中的自由程度为依据所做的分析，可以得出交往方式能够作为判断历史进程的标准这一结论。如果从交往方式所体现出的生产力水平或者社会结构的变化来看，交往方式同样能够成为历史进程的重要标志。正如前文说过，交往方式不仅能够代表人的发展程度，还可以作为生产力发展和社会结构变化的重要标志。因此，以生产力发展程度或者社会结构形态为依据对人类历史的划分，也反映了交往方式的变化。根据交往的方式来划分人类历史，不仅可以反映生产力的变化情况，而且可以反映人的发展情况，还可以看出社会结构的变化情况。也就是说，不论是基于生产力的发展状况、人自由全面发展的程度，还是从社会结构形态来说，交往方式都可以作为人类历史进程中的一个重要标志。

从生产力的角度来说，交往手段即交往中所使用的物质工具等可以成为生产力的重要标志，这是毫无疑问的。用于生产劳动的劳动工具是生产力的标志，用于交往活动的工具，同样也应当成为生产力的标志。计算机、互联网以及这些设备中所传输的信息，都是生产力的具体承担者，它们虽然没有直接作用于劳动对象以改变物质的具体形态，但是它们在人们的交往活动中真实地起着作用。如果说劳动工具是生产力的标志，那么交往手段中也有生产力。交往方式的变化是能够体现生产力的发展变化的，从交往方式来看历史的进程并不违背生产力是历史发展的决定性因素这一原理。从交往方式中所体现的生产力的角度来说，人类的交往大致经历了以下这些重要阶段，实物工具的交往、电气化工具的交往、信息化智能工具的交往等。从社会的结构和形态来说，虚拟交往的发展把人的生活世界二重化，把现实世界变成虚拟和现实并存的新的社会，或者说虚拟交往在现实世界之外开辟了虚拟社会这一新的类似于真实社会的人类活动场所。不论虚拟社会在多大程度上是虚拟的，它终究还是人的实践的产物，是人能够在其中活动并施加影响的属人世界，虚拟社会和现实社会都是人的真实生活世界，而人始终都是社会的主人。如果从交往对人类社会结构造成的影响来说，人类历史起码可以区分为现实的物理世界和虚拟和现实二重化的世界两个阶段，这样两个阶段的划分就是以虚拟交往的出现为标志的。

交往方式可以作为历史进程中的一个重要标志，那么我们当前所处的时代也就同样可以从交往方式的角度进行描述：我们正处于从物的依赖向自由全面发展过渡的阶段，也就是从物质利益主导的交往向以人的自由个性为目的的交往过渡的阶段，同时也是从现实交往向虚拟交往过渡的阶段。以上这些正是虚拟交往所承担的历史责任，虚拟交往是交往方式发展到今天最突出的表现。

当今时代是虚拟交往的时代,虚拟交往伴随着信息技术的广泛应用而出现,并且造就了虚拟社会这一新人类活动场所,给人的生存和发展带来了新的境遇。总之,如果从交往的角度来界定当前的时代,应该称之为虚拟交往的时代,或者说是虚拟交往开始崛起的时代。

三 虚拟交往对当今时代的塑造

信息时代的到来已经成为一种普遍性的共识,这源于信息在人类实践中所发挥的重要作用。比尔·盖茨等在《未来之路》中指出了信息在未来社会中的重要地位,"按从前时代的定义,信息不是一种具体的、可测量的物质,但信息对我们来说是越来越重要了"[1]。信息成为社会运行中的一个核心资源,人们的行为必须要围绕着信息来展开。对信息的掌握和运用程度就代表着这一时代的生产力水平,信息技术是信息时代最为重要的生产力。生产力的发展是历史的最终动力,它的每一次进步都推动着人类社会的发展。以信息技术为标志的技术革命将人类历史推向了信息时代,信息时代在很多方面都区别于以往的任何历史时代。

在《信息媒体革命——它如何改变着我们的世界》一书中,凯尔奇从技术的角度审视了人类历史的进程:如果依据技术来划分历史进程,从远古时代开始,每个时代的步伐要比前一个时代快得多。石器时代延续了几百万年,而金属时代只持续了5000年左右。工业革命大约持续了200年(18世纪初到19世纪末)。电子时代持续了将近25年,而信息时代已有20多年了(该书初版于1995年发行)。信息时代的飞速发展极大地改变了世界,"现在已经到了依据今天的技术重新认识我们的世界的时候"[2]。

信息时代的到来,不仅仅是技术的因素在起作用,更为重要的

---

[1] 〔美〕比尔·盖茨等:《未来之路》,辜正坤主译,北京大学出版社,1996,第28页。

[2] 〔加〕弗兰克·凯尔奇:《信息媒体革命——它如何改变着我们的世界》,沈泽华等译,上海译文出版社,1998,第3页。

是人们对它的应用，这就是信息技术的作用。技术在没有被人应用之前，是不会起到任何作用的，更谈不上对世界面貌的改变或对历史进程的推进。信息被应用于人的交往，引起了交往手段和技术的变革，使得交往的虚拟性不断增加，其最终结果就是虚拟交往的产生。虚拟交往正是在信息的作用日益突出的过程中发展起来的，可以说虚拟交往与信息技术二者是相互促进的。信息技术在虚拟交往的发展中被普遍应用，同时虚拟交往提出了不断改进信息技术的要求。

当历史发展到信息时代，虚拟社会已经成为我们生活世界的一个重要组成部分，虚拟交往则是我们日常生活中的重要内容。虚拟交往已经普遍融入我们的生活，它深刻地变革了我们的世界和我们的生活。如果说交往方式可以作为对历史时期进行判断的一个标准，那么信息时代无疑应当是虚拟交往的时代，或者虚实结合的时代。如果从交往方式来讲，信息时代就是虚拟交往的时代，或者说虚拟交往和现实交往并存的时代。虚拟交往是信息时代在交往方式上呈现的特征，虚拟交往通过改变人们的交往而全面塑造了这个时代。

虚拟交往首先作用于人们的个人生活，改变了人们的实践方式和思维方式。人们的生产和生活方式在虚拟交往的影响下发生了深刻变化，不论是知识经济、信息经济的崛起，还是人们相互之间社会关系的建立和变更，都在很大程度上受到虚拟交往的影响。虚拟交往将人们的行为置于新的环境之中，人们的言行要按照虚拟交往的原则来进行，凡是参与虚拟交往的人，必须要遵守信息技术的规范、符合虚拟交往的基本原则。在频繁的虚拟交往活动中，人们逐渐养成了虚拟化的生存方式，习惯于运用虚拟社会的思维方式，虚拟交往所推崇的自由、匿名、即时、无限等都逐渐变成人们的共同认识，虚拟交往甚至引发了一种可以称为信息主义的文化潮流。

虚拟交往通过对人与人之间关系的改变，间接影响着社会的结构。社会是由人们之间的交往关系联结起来的，社会关系的性质和面貌发生了变化，社会结构自然也会受到影响。虚拟交往通过改变人们的交往方式，建立起新的社会关系，社会结构也在新的社会关

第五章 虚拟交往的未来发展

系基础上得以建立。虚拟交往不会停留于偶然的个人之间,而是要不断扩张形成网络,这样就形成了一个和真实的社会类似的另一个交往场所,这便是虚拟社会的形成。信息时代的人类社会是虚拟与现实相结合的,人们的生活世界具有二重化的属性,虚拟社会成为人们生活的一个新空间。虚拟交往最终还会影响到人类历史的进程,它不仅塑造当前的时代,而且会把人类历史的未来描绘出来,引导人们将其变为现实。

时代之所以被虚拟交往打上明显的烙印,正是因为它的作用得到了发挥。虚拟交往对时代的塑造有以下几个特点:首先,虚拟交往的作用是逐渐发生的,从个人到社会、从虚拟社会到现实社会,它的作用逐渐显现。虚拟交往的作用先是施加于参加虚拟交往的个人,然后在交往活动中蔓延至整个社会。它不仅存在于虚拟的时空之中,而且能够作用于现实社会中的人。由于人在现实交往和虚拟交往两种交往方式中都可以存在,是两种交往环境之间的桥梁,虚拟交往的作用也经由人的传递而影响到现实社会。发端于虚拟社会的一些词汇、某种现象乃至于某个虚拟人物,都有可能在现实社会中引发关注。其次,虚拟交往的作用是全面的,它不仅作用于个人生活领域,而且会导致社会关系乃至整个社会结构的变化,甚至还能够影响到历史的进程。交往是一个比较宽泛的概念,它可以由个人充当主体,也可以由群体甚至主权国家作为主体。个人生活领域中的交往自不待言,前面的论述主要是针对个人主体之间的虚拟交往。即便是以群体为主体的交往,也会无形中受到虚拟交往的影响。因为虚拟交往会随着交往的发展而不断扩大,这种扩张的趋势是难以阻挡的。最后,虚拟交往的作用是持续的,它对当今时代的塑造作用会逐步加深。虚拟交往的发展是一个持续的过程,它的产生符合人类交往发展的一般规律,其作用也会在发展中不断显现。虚拟化是人类交往方式变迁的一般趋势,虚拟交往还会在不断的发展过程中继续发挥作用。回顾虚拟交往出现以来的人类历史可以发现,世界现在所呈现的样子在很多方面是由虚拟交往造成的。

总之，交往方式的变化是人类历史进程中的一条主要线索，虚拟交往的产生与信息时代的到来，必然影响到当今的社会形态和生活于这一社会背景的人们。正如前文所述，虚拟交往对当今时代的影响是深刻的，虚拟交往改变了社会的结构，为人的发展提供了双重境遇，它全面地塑造着信息时代的世界。虚拟交往通过对人的交往方式的影响逐步发挥作用，扩展到人的活动的每一个角落，它使得社会变得日益虚拟化、人们的行为更加自由化，虚拟交往把当今时代变成了它的时代。虚拟交往对当今时代的塑造体现在诸多方面，既涉及人们的个人生活领域，也在整体上改变着世界的面貌，使得整个世界呈现全球化和信息化两大基本特征。虚拟交往的作用是全面的、革命性的，它造就了一个新的时代——信息时代的产生。信息时代以全球化和信息化为主要特征，成为人类历史上的一个重要阶段。

第二节　信息化与全球化：虚拟交往与当今时代的特征

在论述虚拟交往的产生时，我们已经指出信息时代与虚拟交往是相互联系的关系。信息时代是虚拟交往产生的时代条件，只有当历史进入信息时代，才会有虚拟交往的真正出现。虚拟交往作为一种时代的产物又反过来塑造着当今时代的世界面貌，使得全球化和信息化成为信息时代最为突出的两大特征。交往方式的虚拟化与世界的全球化和信息化之间的关系是怎样的？这就应当明确虚拟交往的发展与世界的时代特征之间是如何契合的。我们认为，虚拟交往具有强烈的普遍化、数字化的特征，它们分别对应着世界的全球化和信息化两大潮流。

一　全球化与交往的普遍化

全球化是当今世界最为显著的特征之一，这已经成为世人的共识。如果仅仅从现象上来看，全球化表现在诸多方面，有经济的全

第五章 虚拟交往的未来发展

球化、资本等生产要素的全球化、文化的全球化等。但是,归根结底全球化本质上还是交往的全球化,不论是哪些要素的全球化,始终都是在交往中实现的,全球化的各种现象都是在交往活动的不断扩展和深化中形成的。"全球化是全球交往实践的拓展与深化,导致了时间—空间的压缩,形成了不同于过去的新的时间—空间观念。"[1]全球化的交往就是人们的交往活动得以在世界范围内进行,全世界的人们能够普遍地进行交往活动,因此,世界的全球化与交往的普遍化有着内在的联系。全球化是交往的普遍化所产生的结果,同时也为虚拟交往的发展提供新的条件。

全球化与交往的普遍化相互促进,虚拟交往只能出现在全球化的时代,虚拟交往的出现进一步推动着全球化的深入发展。交往的普遍化与世界的全球化是内在一致的:一方面,交往的普遍化需要世界的全球化。交往的普遍化首先就意味着交往范围的扩大化,交往范围不仅要扩大到全球,而且要做到即时到达全球任意角落。在世界被划分为许多相互独立的部分的时候,交往的普遍化是根本不可能的。另一方面,全球化是在交往的普遍化过程中实现的。全球化不是物质、资本等要素自动地在全球范围内流动,它们需要通过人的交往来实现,是在交往活动中实现全球流动的。

吉登斯认为:"全球化是指一个把世界性的社会关系强化的过程,并透过此过程而把原本彼此远离的地方连接起来,令地与地之间所发生的事件互为影响。全球化指的是在场与缺席的交叉,即把相距遥远的社会事件和社会关系与本土的具体环境交织起来,其目的就是考察它如何减少本地环境对人民生活的约束。"[2] "全球化使在场和缺场纠缠在一起,让远距离的社会事件和社会关系与地方性场

---

[1] 孙伟平、周丹等:《现时代的精神境遇》,黑龙江教育出版社,2013,第18~19页。

[2] A. Giddens, *The Consequence of Modernity*, Cambridge: Polity Press, 1990.

景交织在一起。"① 所谓的缺场，就是主体并不真实到达事件或发生的地方，但主体的作用却是真实地表现出来的。全球化需要彼此远离的地方联系在一起，实现在场与缺席的交叉，这一切只能发生在人们的交往中，具有跨越时空优势的交往方式即虚拟交往恰好符合这一要求。因此，虚拟交往能够推进交往的普遍化，满足全球化对交往方式所提出的要求。一切纯粹现实的交往在目前的生产力水平下都不能实现真正的全球化的交往，全球化对交往方式所提出的这一要求只有虚拟交往才能真正满足。这就是一种虚拟的交往，交往的主体不必亲自在场却可以施加作用于远距离的事件和关系。全球化的不断扩展，必然带来交往范围的无限扩大，直到超越了人自身的生理极限。在全球化的时代里，人需要在短时间内进行全球范围的交往，却苦于分身乏术不能一日千里，虚拟交往恰好弥补了人自身的这一缺陷。虚拟交往不仅可以通过数字化传输技术突破自然地域和时间的客观阻碍，而且可以采用主体的虚拟等办法做到主体不在场的交往。可以说，真正彻底的全球化交往，必须是有虚拟交往参与的。

全球化要求交往的普遍化，只有能够有效提升交往的普遍化程度的交往方式才符合全球化的要求。全球化对交往方式所提出的新要求，符合虚拟交往的特点。虚拟交往天生是全球性的，它在时空上有无限扩展的本性，如果全球性的交往还不具有任何可能，虚拟交往也就只能停留于幻想阶段。正是由于传统的交往已经延伸到全球范围内，才产生了将这种所谓全球性交往普遍化的要求。但是由于受到现实条件的限制，实际上能够进行的全球范围的交往还处于较为简单的阶段，不能够满足人们日益扩大的交往需求。由此虚拟交往应运而生，成为更加便捷的全球化交往方式，它可以突破时空的重重限制瞬间到达世界的任一角落，虚拟交往使得全球性交往成为可能。从虚拟交往所依靠的网络结构来看，它注定就是全球化的

---

① 〔英〕安东尼·吉登斯：《现代性与自我认同》，赵旭东、方文译，生活·读书·新知三联书店，1998，第23页。

第五章　虚拟交往的未来发展

交往。"数字网络是全球性的,而且其自我重新配置的能力是无限的。从定义上来说,基础设施基于数字网络的社会结构是全球性的。这样,网络社会是一个全球化社会。"[①] 虚拟交往以全球性的网络为基础,具备成为普遍性交往的坚实基础。从虚拟交往中人的集群方式来看,虚拟交往有不断扩大的趋势,由兴趣和认同推动的虚拟组织、虚拟群体不断壮大,交往的需求也不断增加,进行全球范围内的交往是虚拟交往的必然要求。信息的海量呈现、兴趣推动的人群集合、不断产生的虚拟组织,身处虚拟社会的人们每一刻都在参与各种虚拟的交往活动,这些活动甚至是人们没有明确意识到的。当一个人行走在上班路上的时候,有无数的人正在各种虚拟组织中向他发出信息,它的"代理人"也正在辛勤地做着回复信息等各种交往的活动。

虚拟交往极大地深化了全球化的程度,持续地为全球化提供着动力。全球化是有不同的层次的,如果仅仅从一维的地域范围来看,全球化是以民族国家疆界为标志的。但是全球化应当有更深层的意义,它应该意味着交往要真正彻底地突破时空的限制,在世界范围内完全自由地开展。虚拟交往极大地拓展了人们的交往空间,它不仅将人们的交往空间突破到国界之外,打破了民族和地域的限制,甚至还开辟了虚拟社会这一全新的交往空间。当然了,有很多人会认为虚拟社会的发展还不太完善,甚至认为称其为"社会"都还不太恰当。但是虚拟交往对人类交往的扩大化、普遍化所起到的作用确实是显而易见的。可以说,如果没有交往的虚拟化发展,全球化的进程至少会受到很大阻碍,交往的普遍化程度也会大大降低。总而言之,全球化需要交往的普遍化,虚拟交往是能够达到这样的目标的。在虚拟交往的作用下,全球化势必得到更好的推进。

全球化从根本上来说是由交往的普遍化所推动的,交往在全球范围内普遍发生意味着全球化的真正形成。虚拟交往符合全球化的

[①] 〔美〕曼纽尔·卡斯特主编《网络社会:跨文化的视角》,周凯译,社会科学文献出版社,2009,第24~25页。

要求，真正地推动了全球化这一时代特征的发展，虚拟交往必将带来一个普遍交往的时代，而全球化也将在交往的普遍化中真正实现。

二 信息化与交往的虚拟化

信息技术的快速发展和广泛应用是当今时代的另一个显著标志，它所带来的变革也是极其深远的。从科学技术的角度来说，信息技术是当今时代最为重要的技术之一，它把整个世界变成信息化的。因此，我们把当前的时代称为"信息时代"。

信息化是从生产力的角度来描述当前的世界的，但是信息并不仅仅是一种先进的生产力，信息化还有另外一层意思，即信息作为一种核心资源在社会中发挥作用。信息是一种资源，它在社会结构中起到重要的凝聚作用，人们的交往围绕着它而展开。从这种意义上来说，信息时代的人类社会也被称为"信息社会"。从社会的结构和运行情况来看，信息化就是世界在很大程度上依赖于信息的运行，信息在人们的生活中发挥着日益重要的作用。

信息时代的人类交往恰好也发生了巨大的变化，那就是虚拟交往的崛起。因此，如果从人们的交往方式的角度来说，信息时代就是虚拟交往的时代，也就是说虚拟交往与世界的信息化之间也是内在一致的。虚拟交往就是交往方式的虚拟化、数字化，这其中都离不开信息的作用。在信息化的世界中，人们所使用的主要交往方式就是虚拟交往。交往的虚拟化也就是数字化，就是运用数字化的技术手段来实现人们的交往目的。

交往的虚拟化就是交往的信息化、数字化，在虚拟交往中交往手段、交往媒介、交往环境等一切都是信息化的。交往的信息化就是交往活动的开展高度依赖于信息的支持，以信息化的方式来进行。信息成功地充当了交往活动中某些要素的角色，以虚拟化的数字符号来代替传统交往活动中的某些环节。它用信息的转换代替实物的交换和人与人之间的真实接触，用数字化的环境模拟真实的交往环境，用数字化的符号临时充当交往的主体和对象。借助于信息技术，人们以数字化的形式转换了存在和表达的方式，交往最终呈现虚拟化的形式。对于交往方式来说，信息化就是数字化、虚拟化。信息能够以数字化的符号间接地表达人们的交往意愿，能够模拟出交往的情景，甚至创造出可供人们活动的虚拟时空。数字化的交往是虚拟的交往，也是信息化的交往。

虚拟交往是在信息技术的支持下发展起来的，信息化推动着虚拟交往这一交往方式的发展。前文我们已经提到，信息技术是虚拟交往得以产生的现实基础之一，信息技术和信息要素的存在是虚拟交往的现实性所在。虚拟交往要获得真实的发展，就必须先要有可以依托的技术支持，而不可能以完全虚无的形式出现。信息以及信息技术的支持使得虚拟交往变成真实的。

信息的作用并不是自动产生的，它之所以受到人们的重视，就是因为其能够在人们的生活中发挥作用。作为人类实践的一种重要形式，交往的作用不容忽视，世界的信息化也是通过交往展现出来的。当信息被广泛应用到人们的交往活动中之后，交往方式变得越来越数字化、信息化，实际上就是交往的虚拟化。交往方式的虚拟化是在信息时代获得巨大飞跃的，信息技术所提供的支持使得虚拟交往成为备受关注的新型交往方式。信息化要有一个实现的过程，它不可能自发地作用于各种事物，而是要在人的实践中得到运用。凡是虚拟交往中所涉及的因素，都在很大程度上受到了信息的作用。虚拟交往以其极大的便捷性和广泛的存在性深深影响着人们生活中的每一个角落，每一个人每天都要交往，虚拟交往的无孔不入，也就造就了信息的无处不在。虚拟交往活动把整个世界都变成信息化的。通过虚拟交往这种高度信息化的交往方式，信息的作用被发挥到极致，凡是涉及人的交往的领域都被信息化，随着人们交往领域的扩展，整个世界逐渐变得信息化了。

总之，交往的虚拟化与世界的信息化是统一的，交往正是借助于信息化、数字化的表达方式和存在形式而成为虚拟的。信息的作用和意义被虚拟交往渗透到人类活动的每一环节，使得整个人类生活世界日益信息化。

三　全球化与信息化的统一

全球化和信息化是当今世界最为显著的两大时代特征，这两大特征是内在一致的，它们体现在人的交往之中。要探究二者的内在一致性，还需要从虚拟交往这一交往方式中寻找答案。虚拟交往既是全球化的交往，也是信息化的交往，它不仅分别促成了以上两大特征，并且将二者紧密联系起来。

信息化和全球化分别是虚拟交往所产生后果的其中一个方面：信息化是虚拟交往的信息化、数字化后果，虚拟交往应用了大量信息技术，通过人的交往将系信息技术的作用发挥到极致。信息的作用在虚拟交往中得到了最为深刻广泛的应用，世界变得日益依赖于信息，全世界都成为信息化的。全球化是虚拟交往所蕴含的交往普遍化的后果。虚拟交往有着自由化、网络化、扩大化的本性，它必然造成交往范围的迅速扩张。借助于虚拟技术，交往过程中的某些环节变得虚拟化，这样就可以在很大程度上突破时空障碍，实现即时的远距离交往，虚拟交往把全球化的普遍交往变成现实，虚拟交往必然带来交往在全球范围内普遍的展开，也就是形成交往的全球化。总之，全球化与信息化都离不开虚拟交往的作用。

全球化与信息化似乎并没有必然的联系，但是从人们的交往方式尤其是虚拟交往这种信息时代特有的交往方式来看，它们之间却有着千丝万缕的关联。不论是全球化还是信息化，它们的形成都不能忽视交往的作用，没有虚拟交往对信息技术的广泛应用和对交往范围的扩大，全球化和信息化的进程会受到很大影响。虚拟交往一方面连接着全球化，另一方面又连接着信息化，是全球化和信息化两大时代特征的一个枢纽。全球化与信息化都是在交往中进行的，能够在人的交往方式上得到体现。通过虚拟交往这一新的交往方式，信息化和全球化得以迅速发展。信息化与全球化都指向了交往的虚拟化，虚拟交往导致的交往的扩大化、普遍化和数字化、信息化是统一的，也就是说世界的信息化和全球化是一致的过程。

历史是人们交互作用的产物，每一时代的人们所使用的交往方式必然影响到这一时代的世界所呈现出来的样子。信息时代的世界必然与该时代特有的虚拟交往有着深刻的关联，在虚拟交往中可以真正发现信息化和全球化两大时代特征之间的契合，它们是通过虚拟交往而相互作用的，信息化和全球化是一个过程，都体现了虚拟交往影响之下的历史的当前状态。世界的信息化、全球化和交往的数字化、虚拟化是内在一致的，它们是历史的同一个过程，共同反映了信息时代的整体特征。因此，为了推动全球化和信息化的发展，就要正视虚拟交往的作用，将虚拟交往运用到符合时代特征、遵循历史规律的轨道上来。

总之，信息化和全球化是当今世界的两大基本特征，而虚拟化则是人类交往在当前时代的发展趋势，信息时代的交往方式与这一时代的时代特征之间存在内在的关联。要真正从整体上把握时代的总特征，弄清楚全球化和虚拟化的内在关系，就不能忽视虚拟交往的作用。信息化、网络化、数字化、虚拟化是统一的，交往的虚拟化、数字化就是世界的信息化和全球化。虚拟交往通过推动交往的全球化扩展和信息化发展，塑造着当今世界的面貌并且影响着人类历史的未来方向。

第三节　虚拟交往与未来理想世界的构造

随着信息时代的到来和虚拟交往的发展，全球化、信息化已经成为生动的现实，两大时代特征都深受虚拟交往的影响，它对人类历史的影响是持续而深远的，未来的世界依然会受到虚拟交往的影响。虚拟交往还在发展，时代还在进步，一个虚实和谐、自由全面的世界将在虚拟交往的发展中逐渐成为现实。

一 虚拟交往的未来展望

不论是人的发展程度的加深,还是社会的结构的调整,历史的发展都不可能摆脱交往方式的影响,虚拟交往将继续存在并发挥其作用。从生产力发展的整体趋势和人类交往方式变迁的一般规律来看,虚拟交往还将在很多方面获得深入的发展。

虚拟交往是在先进生产力的支持下出现的,它是信息时代科学技术的集中体现,生产力处于不断的发展之中,虚拟交往的发展也不会停下脚步。生产技术的发展程度以及人们对它的掌握程度共同决定着社会的命运,"事实上,社会能否掌握技术,特别是每个历史时期里具有策略决定性的技术,相当程度地塑造了社会的命运。我们可以说,虽然技术就其本身而言,并未决定历史演变与社会变迁,技术(或缺少技术)却体现了社会自我转化的能力,以及社会在总是充满冲突的过程里决定运用其技术潜能的方式"[1]。

作为一种科学技术,信息是通过对人的交往和实践方式的改变而塑造了人类的生活世界的,信息技术将发挥作用,离不开虚拟交往的运用。我们认为,科学技术发挥作用的一个重要渠道还是人的交往,只有在人的交往中生产技术才能得到最为充分的运用。具体到信息时代来说,就是信息技术的运用必须在虚拟交往的发展中得到实现。信息技术的作用还会继续加强,虚拟交往也会得到进一步发展。既然信息技术和虚拟交往是内在高度关联的,信息及其信息技术的作用又会不断加强,虚拟交往的发展也就成为必然。

根据虚拟交往的发展现状和人类历史发展的一般规律,我们可以对虚拟交往的未来发展做出一些大致的展望。人类交往方式的虚拟化程度还将继续深化,虚拟交往还会继续得到发展并呈现新的特点。可以预见到,未来的交往方式会在以下方面取得进展。

---

[1] 〔美〕曼纽尔·卡斯特:《网络社会的崛起》,夏铸九、王志弘等译,社会科学文献出版社,2001,第8页。

首先，虚拟交往的形式更加丰富。虚拟交往已经应用于人们生活中的很多方面，甚至促进了虚拟社区、虚拟社会的形成，这些都是虚拟交往对人的生活所产生的影响。虚拟交往将不仅停留于虚拟社会之中，还会对人们的现实生活产生作用。人们的社会生活是丰富多彩的，既包括精神的交流也包括物质的交换，凡是需要人与人之间的交互活动的地方都可以有虚拟交往的运用。虚拟交往不仅可以用于精神的交往，也可以在人们的生产活动中发挥作用，虚拟交往虽然不能完全取代物质生产过程，但是可以作为其中的一个环节，成为人们生产劳动中相互联络的一个工具，进而提高生产劳动中协作的效率。可以乐观地预料，虚拟交往将延伸到人们生活中的诸多方面，人们将会固定地、经常地进行各种形式的虚拟交往活动。随着信息技术和虚拟交往的发展，人们将会在实践中产生更多的虚拟交往需求，进行各种虚拟交往将会成为人们日常生活中的必需。人工智能技术、人机互动技术、虚拟现实技术等的发展，都会为虚拟交往提供更加强大的技术支持，虚拟交往还会出现新的具体形式，虚拟交往的具体形式会更加丰富。

其次，虚拟交往的深度不断拓展。我们在本书第一章中已经指出，虚拟化是人类交往方式变迁的整体趋势，虚拟交往之所以在信息时代引起人们的高度重视，就是因为它的虚拟化达到了较高的程度。虚拟化程度的不断加深依然是虚拟交往的发展趋势，未来的交往会有更高的虚拟化。虚拟化可以体现在交往活动中的每一个环节，人工智能的出现甚至可以在很大程度上代替人的角色而作为交往的虚拟主体。虚拟交往的深度体现在人们的交往方式中，更体现在人们的思维方式中。作为一种新生事物，虚拟交往产生之初曾经引起人们的各种疑虑，随着它的作用的逐渐显现，虚拟交往不仅改变了人们的交往方式，它的继续发展还将改变人们的生存方式、思维方式和价值观。

最后，虚拟交往与现实交往不断融合。随着虚拟交往的广泛应用，人们越来越熟练地进行虚拟交往，虚拟交往逐渐成为人们现实生活的一部分，这就造成虚拟交往的现实化。虚拟交往的广泛应用必然造成虚拟与现实两种交往环境、两种交往方式之间界限的模糊，两种交往之间的转换将会变得更加简单、顺畅。也就是说，作为虚拟交往和虚拟社会基本矛盾的虚拟与现实之间的矛盾将得到有效解决，人们将在实践中加强对虚拟交往的应用和控制，虚拟和现实之间的高度融合必然导致这一基本矛盾的逐渐缓解并最终得到处理。总而言之，虚拟和现实两种交往方式将不再是尖锐的对立，而是会在相互融合中走向交往的灵活化、个性化、自由化、普遍化。总之，人类交往将会借助于虚拟化的技术更迅速地走向未来，虚拟交往的发展是有充分的保障的。

随着虚拟交往对人的现实生活影响的加深，虚拟交往将会成为人们的现实生活的重要组成部分，一方面，虚拟和现实的界限会变得模糊；另一方面，虚拟将会越来越多地成为现实，而虚拟将会以新的形式展现。也就是说，虚拟交往的程度会越来越深，而已经被广泛应用的、浅层次的虚拟交往则会被视为"现实"的交往。虚拟交往不断地开辟着人类实践的可能空间，人们在实践中不断将这些可能变为现实，这也就推动着人类社会的进步和人自身的发展。

总之，虚拟化是人类实践能力增强的表现，也是人类交往方式变迁的一般规律。未来的世界仍然会继续呈现不断增强的虚拟化趋势，虚拟交往也会以更加丰富的形式出现。虚拟交往将以虚拟化的形式不断拓展人类活动的可能空间，同时又在人的实践中将美好的愿望不断转变为生动的现实，虚拟交往推动人类生活世界向着虚拟和现实和谐共存的自由人联合体迈进。

二　未来理想世界的特征

我们认为，虚拟交往不仅塑造着当今时代的特征，而且会对人类历史的未来进程产生深远影响，在虚拟交往的持续作用下未来世界的特征也是值得期待的。从人的交往实践的角度来说，未来的世界将会呈现虚实和谐、交往自由两个特点。虚拟交往开辟了新的人类活动空间，造成了虚拟和现实两种交往方式并存的局面，虚拟和现实将会成为人们生活的常态，未来的世界将是虚拟和现实和谐相生的。虚拟交往的发展以及虚拟社会的形成为人自身的发展创造了新的机遇，未来的世界也应当是更加适宜于人的自由全面发展的。

(一) 虚实和谐的生活空间

随着虚拟交往的不断深入，虚拟技术进一步走入人们的日常生活，人们的生活在很多方面和很大程度上变得虚拟化。未来的世界是虚拟和现实两种生存方式、两种生活方式并存的，人们对虚拟交往的运用会变得越来越熟练，对虚拟化的把握能力也会日益增强，未来将呈现虚拟和现实和谐共生的局面。

虚拟化的不断增强是人类实践的一般趋势，人们的活动中的虚拟化成分一直在增加，这不仅体现了人们的主观能动性，而且是生产力进步的结果。至于将来的世界会在多大程度上是虚拟的，还取决于现实生产力的发展程度和人们对虚拟化的交往方式、生产方式的运用程度。虚拟交往的运用将极大地推动人类社会的虚拟化，使虚拟成为人们现实生活中的重要组成部分。随着人们对虚拟交往乃至各种虚拟实践的深入认识和熟练应用，虚拟世界也会成为人类生活的真实世界。在未来的人类生活中，虚拟和真实之间的界限将变得模糊，虚拟和真实都是服务于人类幸福生活的工具。

虚拟和现实是相对而言的，也是在相互的对立中存在的，虚拟正是由于现实条件的不足而被视为虚拟的。虚拟和现实又是相互联系的，一方面，虚拟是对现实的否定，它表明现实中某些条件尚不具备，只能在某些方面以虚拟化的形式呈现；另一方面，虚拟又是对现实的肯定，它体现着人们的创造力和超越本性，蕴含着人们关于未来的美好理想，引导着人类实践的方向。虚拟和现实之间不是水火不容的对立关系，二者之间是可以相互融通的，作为交往主体的人则是实现现实交往和虚拟交往之间融通的中介。两种交往方式之间的融通为虚拟和现实的全面融通提供了借鉴，这种融通可以扩展到人的各种实践中去，最终实现虚拟和现实的全面融通。

要实现虚拟和现实的和谐，就要正确认识和面对虚拟与现实的关系，处理好虚拟交往中所出现的问题，充分运用两种环境、两种资源来实现人自身的发展。要真正运用好两种环境、两种条件，就要对虚拟交往有正确的认识和科学的运用，实现虚拟社会和现实社会的有机融合。虚拟交往有着虚拟的形式，同时也有现实的实际效果，能够对人们的生活起到积极的作用。

不论是虚拟的社会还是现实的社会，都是人的真实生存空间，都为人的发展创造着条件。虚拟与现实之间本来就不应该存在不可跨越的鸿沟，虚拟与现实是可以相互转化的。在不断向虚拟化方向发展的过程中出现的一些交往方式都曾经被视为虚拟的，随着其后交往方式的虚拟性的增强，那些旧的交往方式已然被视为完全现实的。虚拟将会在人们的实践中成为现实，今天的现实在昨天还是虚拟的，今天的虚拟也会成为明天的现实。随着生产力的发展和人的实践水平的提升，虚拟的世界将会逐渐变成现实，而新的虚拟世界又会不断产生，这就是一个辩证的过程。虚拟和现实之间的不断转化和深度交融，使人们认识到虚拟和现实之间是可以和谐并存的，虚拟交往的发展将形成虚实相生、虚实和谐的美好局面。

（二）自由普遍的交往

虚拟交往的发展和虚拟社会的形成为人的自由全面发展提供了新的历史机遇，这在本书的第四章中有专门的论述。虚拟交往的未来发展将会更加深刻地影响人的生活世界，为人的发展创造新的机遇，甚至会引导人类社会的走向。虚拟交往极大地提升了交往的普遍化、自由化程度，人类向真正的普遍交往、自由交往又迈进了一大步。

首先，虚拟交往的发展将会最终实现普遍性的交往。虚拟交往对交往范围的扩大和交往深度的加深是显而易见的，虚拟交往不仅在广度上推进了交往的普遍化，将个人之间的交往范围扩大到几乎整个世界，而且在深度上促进了交往活动的普及，通过虚拟交往的运用把交往变成了一件很容易进行的活动。交往的普遍化是一个过程，其在信息时代体现为交往的全球化，在未来则体现为人们交往范围和深度的同步增加。交往的普遍化就是"狭隘地域性的个人为世界历史性的、真正普遍的个人所代替"①。真正的普遍化的交往不仅要做到个人之间交往的随时开展，而且要求人们的交往是完全自由的，交往的普遍化和自由化是相互连接的。

其次，虚拟交往的发展导致交往的自由化。虚拟交往中人们拥有高度的自由，这是虚拟交往的一个突出特征。真正自由的交往除了摆脱人的依赖和物的依赖之外，还要摆脱自然条件的依赖，生产力的发展、物质财富的丰富不断消灭了人对物的依赖，社会制度的变化消除了人与人之间的依赖关系，而信息技术和虚拟交往的出现又突破了自然的时空限制，人们可以更加自由地进行交往。虚拟交往极大地增加了人们在交往中所享有的自由，虽然这种自由是在虚拟的环境中出现的，但是它有着真实的效果即人们真正获得了自由的体验。如果说消除人的依赖和物的依赖是实现人的自由的基本要求，那么虚拟交往对自然时空的突破和对人的社会束缚、心理压力的缓解等，则在另一种层次上提升了人的自由度。虚拟交往已经极大地推动了人们的交往的自由化，虚拟交往继续发展则最终会实现自由的交往。

当然，有一点是我们不能否认的：人的自由全面发展在未来也会遭遇新的挑战。除了虚拟交往带来的新型异化现象之外，还会有因为对信息技术的掌握程度不同而导致的社会差别，"信息社会应该为它的全体公民服务，而不是仅为一部分技术上发达，经济上富裕的人服务"②。在对信息这种社会资源的占有、使用上如何避免出现社会不公平，真正使每个人的发展成为其他人发展的条件，使人与

---

① 《马克思恩格斯全集》第 3 卷，人民出版社，1960，第 39 页。
② 〔美〕比尔·盖茨等：《未来之路》，辜正坤主译，北京大学出版社，1996，第 312 页。

人之间的交往自由、自发进行,这仍然是需要人们思考的问题。随着虚拟和现实之间矛盾的逐渐解决,虚拟交往的负面效应将得到有效控制,人的发展境遇将是积极乐观的。

不论是世界的虚实和谐局面的形成、交往的自由化普遍化状态的出现,还是人的自由全面发展新境遇的到来,都与虚拟交往这种新的交往方式相关联。虚拟交往通过改造人的交往,间接地塑造着未来的世界面貌。我们相信,交往的虚拟化趋势仍将继续,世界的信息化和全球化时代特征也将继续深化,人类世界将在虚拟交往的发展中走向新的阶段,并且不断向人类理想社会迈进。未来的人类社会将是虚实和谐、虚实相生的,是更加有利于人的自由全面发展的。虚拟交往在未来世界的形成中仍将发挥不可忽视的作用。

三 从信息共同体走向自由人联合体

未来的世界是虚实和谐、虚实相生的,是人的自由全面发展的空间,这不禁让人想起马克思所描绘的自由人联合体。马克思将未来理想的人类社会描述为自由人联合体,而我们在虚拟交往中所经历的则是一个可以称为信息共同体的历史阶段,二者在很多方面存在着惊人的相似。我们可以把信息共同体看作人类历史迈向自由人联合体过程中的一个阶段,在虚拟交往的发展过程中寻找推动历史前进的新出路。

虚拟交往的发展导致了各种交往关系和虚拟组织的建立,甚至形成了虚拟的人类社会,这些不同规模的虚拟组织都是通过虚拟交往而聚集起来的,都可以称为信息共同体。信息共同体是人与人之间由于对信息的分享而形成的,是人与人之间在虚拟交往中所结成的人的集合,它在很多方面具有自由人联合体的特征。

信息共同体首先是虚拟的共同体,它有着虚拟化的形式。信息共同体中人们的交往是以对信息的获取、分享为主要内容的,没有真实的产品生产和交换。这种虚拟只是针对它的形式而言的,信息共同体在实际效果上却是真实的,它不仅真实地占用了人的时间和精力，而且深刻而全面地影响着人们的现实生活。

信息共同体实质上还是人的共同体，是人们围绕着信息的获取和共享而集合成的。信息在这一共同体的建构中起到了至关重要的作用，因此以信息共同体来称谓。信息共同体的人员构成更加宽泛，没有传统的社会身份和地位的限制，人们之间的交往目的更加单纯，对某些信息的共同兴趣成为交往的主要目的。在消除了各种外界的限制之后，虚拟交往的开展更加简单顺畅。

信息共同体是在虚拟交往中形成的，虚拟交往是人们在信息共同体中最为主要的实践形式。与传统的以实物占有、利益获取为目的的集合方式不同，人们组成信息共同体是为了获取或分享共同感兴趣的信息，而虚拟交往则是为了实现对信息的获取和分享而采取的交往方式。信息共同体是在虚拟交往中建立起来的，虚拟交往与信息和信息技术有着高度的契合，信息没有具体的形态且易于复制和传播，虚拟交往就是信息的交往。虚拟交往是信息共同体中人们最常采用的活动方式，也是信息共同体能够形成的主渠道。虚拟交往中人们的交往共同作用于信息，改造了信息的组合和表现形式。

信息共同体中的组织结构是扁平化、分权式的，人们相互之间的关系更加自由平等。这样的管理方式决定了人与人之间的关系是相互促进而非相互依赖的，每一个人都有机会体验不同的身份、承担不同的角色。信息共同体中人与人的关系可能建立在物质利益基础之上，但更多的是相互之间基于兴趣的自发集合，这也是由信息共同体的结合方式所决定的。

通过以上分析可以发现，信息共同体和虚拟社会有着自由人联合体的特征：人与人之间的关系是自由平等的，人们在交往中所处的主体地位得到很好的尊重，能够真正全面把握与他人之间的关系。虚拟交往将人们紧密地联系在一起，相互之间不再是依赖和被依赖的消极关系，而是彼此形成一种相互促进的积极关系。虚拟交往关系的建立和终结都掌握在人们的手中，被动交往基本上不可能再发生。

信息共同体让我们看到了自由人联合体的某些相似的局部特征，让我们在某种程度上预先体验到了它的某些特征。从个人在交往中所享有的自由程度来说，虚拟交往让人体验到了前所未有的自由程度。在消除了人的依赖和物的依赖之后，虚拟交往进一步突破了自然的时空限制，提升了交往的自由化程度，虚拟交往就是高度自由、自主、自觉、自愿的交往，这正是未来自由人联合体中人们的交往状态。在这一意义上我们可以说，信息共同体虽然是虚拟的社会，但是它让我们真实地感受到了自由人联合体的到来。处理好虚拟社会与现实社会的关系，把信息共同体改造成为自由人联合体。

随着时代的发展和科技的进步，虚拟交往的虚拟化手段和形式仍将继续发展，它的现实性内容则会不断增加。把虚拟的成分变为现实，将虚拟交往中所呈现的美好片段连接起来，就可以构成自由人联合体的整体图景。虚拟交往将在不断的发展中越来越具备现实性，当虚拟交往中人们所享有的自由全面发展完全在现实中实现的时候，自由人联合体的时代也就到来了。从信息共同体到自由人联合体的过渡是一个过程，要充分发挥虚拟交往的优势，实现信息共同体和自由人共同体的结合。以下这些方面是尤其需要注意的。

第一，把握虚拟社会人的发展境遇，从双重境遇中寻找人的发展机会，在克服旧的交往方式所存在的异化的同时，努力减少新的异化现象的产生。人们对虚拟交往的把握处于并不成熟的阶段，虚拟社会还会有一些新的异化现象发生，这就要坚持以人为本的原则，把虚拟交往作为一种服务于人的生活的工具来看待。第二，增强信息共同体的现实基础。虚拟的现实化还需要坚实的物质基础，我们在强调信息共同体的优势的时候，不应当忽略它的物质基础。我们不得不承认，信息共同体展现了很多自由人联合体的局部特征，但是信息共同体与现实社会还是有着较大的差距的。有着虚拟化形式的信息共同体只有真正进入人们的现实生活才可能充分发挥其作用，为此就要通过现实生产力的发展为虚拟交往和虚拟社会的发展创造条件，不断将虚拟转变成现实。第三，促成虚拟和现实的高度融合。

虚拟和现实都是人的生存和发展空间，人的交往有虚拟交往和现实交往，人的其他各种实践中都可以有虚拟的成分。充分运用虚拟和现实两种生存环境、两种交往方式、两种实践类型，自由人联合体的到来就具备了更大的可能性。吸收虚拟交往中的有益成分，用来改造人们的现实交往，将虚拟交往所呈现的优势落实在人们的现实生活之中，虚拟社会的优势可以在融合中得到进一步彰显。虚拟和现实之间的矛盾是虚拟交往和虚拟社会中的突出矛盾，虚拟和现实的融合是解决这一对矛盾的办法。

站在信息时代的今天，我们可以充满信心地展望：未来的世界是虚实和谐、虚实共生的，人们的交往方式将会更加灵活、自由，人的生活和人自身的发展将会获得新的可能。我们要全面地认识虚拟交往及其产生的社会历史意义，在客观批判和恰当运用中走向美好的未来。未来我们将生活在信息共同体中，这些信息共同体都有着自由人联合体的某些特性，它们共同构成一个全人类共同生活于其中的联合体——自由人联合体。

信息共同体的形成已经向人类昭示了自由人联合体的某些局部特征，其中所透露出的新机遇足以让人欢欣鼓舞，而其中所隐藏的新的负面效果也让人忧心忡忡。但是马克思主义哲学认为历史是进步的，时代的前进必然将人类推向新的高度，我们应该把握历史机遇来推动历史的进步，不失时机地促成时代的大变革。信息共同体、虚拟社会的出现给人们以新的启示：牢牢抓住虚拟交往所提供的历史机遇，把信息共同体改造成为自由人联合体，实现人们对未来美好社会的设想，这就是时代赋予我们的历史责任。

结　语

　　历史归根结底是人的实践所创造的，而交往是人类实践中的一种重要形式，所以历史归根结底是人的交互作用的产物，人类活动的整个历史也就是交往方式不断变迁的历史。当历史走进信息时代，虚拟交往已经成为一种真实的交往方式。交往方式代表着某一历史时期人们整体的实践特点，它可以用来作为对时代的描述。虚拟交往的发生与信息时代的到来并不是一个巧合，二者之间是内在一致的。我们认为，虚拟交往的出现和发展具有深远的社会历史意义，这正是对虚拟交往进行哲学探析的必要性所在。

　　对虚拟交往所进行的哲学探析大致包括如下方面。首先是对虚拟交往本身的探析。其次是对虚拟交往所产生的影响的探析。通过探析，我们得出以下几点结论。第一，虚拟性不仅是人类交往的本性，而且是人类各种实践都具有的性质。虚拟交往的产生具有必然性，符合人类交往方式变迁的一般规律。第二，虚拟交往有着与传统的现实交往不同的特征，这集中体现在它的虚拟性也就是对现实的超越性上。虚拟交往一方面超越现实，另一方面也需要现实基础。第三，虚拟交往的发展引起人们的集合，进而造成各种虚拟组织的建立，最终导致虚拟社会的形成。以虚拟交往为主要活动的虚拟社会，是人们全部真实生活的一个部分，它的出现导致了人的生活世界的二重化。虚拟社会给人的生存发展带来了双重的境遇：人的发展具备了新的机遇，也遭遇了新的异化现象。第四，虚拟交往的兴起和发展与当今时代的基本特征是内在一致的。全球化和信息化与虚拟交往有着千丝万缕的联系。正是在虚拟交往的推动下，全球化和信息化得以迅速发展并成为两大时代特征。虚拟交往这一新的交往方式的产生与发展，与当今时代信息化和全球化的特征是互为因果、相互促进的关系。第五，虚拟交往的作用可能比我们今天想象到的还要大，它甚至与全球化和信息化两大时代特征有着内在的联系，虚拟交往使用的是数字化的表达方式，它追求着交往的普遍化，这与全球化和信息化简直是不谋而合。我们认为，这不仅仅是一种巧合。这种高度的契合究竟是如何造成的，可能还需要进一步的观察和思考。第六，虚拟交往的未来趋势是可以预见的，它对人类历史的影响将是深远的。本书开头也提出：虚拟性是人类实践的一种本性，交往方式一直在向着虚拟化方向发展，这一规律不仅已经被漫长的人类交往历史所证实，而且正在继续向着更深更远的方向发展。因此，我们相信，虚拟交往的方式会愈加多样，人们对虚拟交往的认识和应用也会更加广泛。虚拟将真正成为人们生活的一部分，虚拟交往将成为人们须臾不可离的交往方式。第七，由虚拟交往所建构起来的信息共同体与马克思所描绘的自由人联合体在很多方面具有相似之处，尤其是在人在交往中所处的地位方面高度相似。信息共同体将最终走向自由人联合体，这一过程中需要坚持以人为本的原则，积极引导虚拟交往的健康发展。

总之，不论是对个人的发展、社会的进步，还是对历史的演进，虚拟交往都在持续产生一种巨大的变革的力量。对于虚拟交往的唯一正确态度只能是辩证的、理性的，任何盲目的乐观或者过度的悲观都是不正确的。虚拟交往所带来的与其说是一种进步，不如说是一种进步的机遇。相应的，虚拟交往对人类生活的质量、人类社会的结构乃至人类历史的走向都将继续发挥不可忽视的重要作用。

时代的进步在带来曙光的同时，必然要人们付出相应的代价，理性考量代价然后做出权衡便是人们的智慧所在。在20世纪，当一些人担心自己难以学会操作计算机的时候，一些人仍坚守着传统的书信往来等交往方式。当今天虚拟交往发展得如火如荼的时候，我们发现如果不能够熟练运用几个社交软件，生活的质量确实会受到严重的影响。在20世纪末，比尔·盖茨积极地预测了"未来之路"，卡斯特干脆地断言了"千年终结"。今天，我们应该乐观地认识到虚拟交往的现实性：它已经进入寻常百姓家，已经融入个人生活习惯，虚拟正在变成现实，虚拟交往是一种真实的交往方式。我们相信，未来的世界一定是走向和谐的，其中就包括虚拟和现实的和谐共生。当虚拟和现实都能够真正服务于增进人类福祉、促进生产进步、推动历史前进的时候，我们的世界将会更加美好。那个时候，我们应该做的是坚持虚实结合，在虚拟与现实两种交往中游刃有余，以创造更加美好的明天。

马克思说过"问题在于改变世界"，我们对虚拟交往这一本身没有主观偏见的对象进行剖析，不过是为了更好地认识世界，在此基础上改造世界并改善自己的生活状况。其中对虚拟交往的哲学批判，并不仅仅是为了认识这一现象，而且要探寻其背后所蕴藏的相互关系，明确它如何作用于当前时代和未来。批判现实是为了改造现实，创建更加美好的生活。正如本书绪论中所提到的，马克思主义哲学的批判是实践的批判，是以实践为基础、以实践为手段、以实践为目的的批判，所有的批判都是为了服务于现实的人及其生存和发展。我们希望能够通过批判真正全面认识虚拟交往这一现象，清醒地认识到它所具有的效应，将其积极作用运用到人们的生活中，将其负面效应降到最低。总之，我们应将虚拟交往视为一种交往方式，通过发挥主观能动性趋利避害，在娴熟的运用中创造更加美好的生活，同时也推动历史的进步。

批判首先是为了更好地认识现象以服务于现实生活，更重要的则是在思考中深化和完善理论，以作为今后实践的思想指导。恩格斯指出："每一时代的理论思维，从而我们时代的理论思维，都是一种历史的产物，在不同的时代具有非常不同的形式，并因而具有非常不同的内容。"① 对虚拟交往进行辩证批判，应当能够引起我们思维的变化和理论的发展，这是又一个十分艰巨的任务，马克思主义哲学在对包括虚拟交往等时代问题的批判中会得到不断的丰富和发展。

经过批判性的思考和思考中的批判，我们应当越来越深刻地意识到：虚拟交往不仅仅是一个偶然现象，它应当引起人们更多的批判和反思。本书在一开始将虚拟交往看成一种交往方式，但是就虚拟交往所蕴含的全部意义来说它可能不只是一种交往方式，它关乎人的生存和发展、社会结构的变革乃至历史的进程。随着科学技术和生产力的进步，虚拟交往的威力将在持续的发展中逐渐显现，虚拟交往将会得到新的发展并在人类历史中留下浓墨重彩的一笔。

---

① 《马克思恩格斯全集》第 20 卷，人民出版社，1971，第 382 页。

参考文献

经典文献

《马克思恩格斯文集》第 1 卷，人民出版社，2009。
《马克思恩格斯文集》第 2 卷，人民出版社，2009。
《马克思恩格斯文集》第 3 卷，人民出版社，2009。
《马克思恩格斯文集》第 4 卷，人民出版社，2009。
《马克思恩格斯文集》第 5 卷，人民出版社，2009。
《马克思恩格斯文集》第 6 卷，人民出版社，2009。
《马克思恩格斯文集》第 7 卷，人民出版社，2009。
《马克思恩格斯文集》第 8 卷，人民出版社，2009。
《马克思恩格斯文集》第 9 卷，人民出版社，2009。
《马克思恩格斯文集》第 10 卷，人民出版社，2009。
《马克思恩格斯选集》第 1 卷，人民出版社，1995。
《马克思恩格斯选集》第 2 卷，人民出版社，1995。
《马克思恩格斯选集》第 3 卷，人民出版社，1995。
《马克思恩格斯选集》第 4 卷，人民出版社，1995。
《马克思恩格斯全集》第 1 卷，人民出版社，1995。
《马克思恩格斯全集》第 2 卷，人民出版社，1957。
《马克思恩格斯全集》第 3 卷，人民出版社，1960。
《马克思恩格斯全集》第 23 卷，人民出版社，1972。
《马克思恩格斯全集》第 36 卷，人民出版社，1975。

《马克思恩格斯全集》第 42 卷，人民出版社，1979。

《马克思恩格斯全集》第 46 卷（上），人民出版社，1979。

《马克思恩格斯全集》第 46 卷（下），人民出版社，1980。

《马克思恩格斯全集》第 47 卷，人民出版社，1979。

《1844 年经济学哲学手稿》，人民出版社，2000。

《列宁选集》第 1 卷，人民出版社，1995。

《列宁选集》第 2 卷，人民出版社，1995。

《列宁选集》第 3 卷，人民出版社，1995。

《列宁选集》第 4 卷，人民出版社，1995。

《毛泽东选集》第 1 卷，人民出版社，1991。

《邓小平文选》第 3 卷，人民出版社，1993。

著作

〔美〕阿尔文·托夫勒：《力量转移——临近 21 世纪时的知识、财富和暴力》，刘炳章、卢佩文、张今、王季良、隋丽君译，新华出版社，1996。

〔美〕埃瑟·戴森：《2.0 版：数字化时代的生活设计》，胡泳、范海燕译，海南出版社，1998。

〔美〕安德鲁·基恩：《网民的狂欢：关于互联网弊端的反思》，丁德良译，南海出版公司，2010。

〔美〕保罗·莱文森：《软利器：信息革命的自然历史与未来》，何道宽译，复旦大学出版社，2011。

〔美〕比尔·盖茨等：《未来之路》，辜正坤主译，北京大学出版社，1996。

〔美〕丹尼尔·贝尔：《后工业社会的来临——对社会预测的一项探索》，新华出版社，1997。

〔德〕恩斯特·卡西尔：《人论》，甘阳译，上海译文出版社，2013。

〔英〕弗兰克·韦伯斯特：《信息社会理论》，曹晋、梁静、李哲、曹茂译，北京大学出版社，2011。

〔加〕弗兰克·凯尔奇：《信息媒体革命——它如何改变着我们的世界》，沈泽华、顾春玲、张弛、张继明译，上海译文出版社，1998。

〔德〕哈贝马斯：《交往与社会进化》，张博树译，重庆出版社，1989。

〔德〕黑格尔：《小逻辑》，贺麟译，商务印书馆，1980。

〔德〕黑格尔：《法哲学原理》，范扬、张企泰译，商务印书馆，1961。

〔美〕杰伦·拉尼尔：《虚拟现实——万象的新开端》，赛迪研究院专家组译，中信出版社，2018。

〔德〕克劳斯·施瓦布：《第四次工业革命——转型的力量》，李菁译，中信出版社，2016。

〔美〕玛蒂娜·罗斯布拉特：《虚拟人》，郭雪译，浙江人民出版社，2016。

〔美〕马克·波斯特：《信息方式——后结构主义与社会语境》，范静哗译，商务印书馆，2000。

〔英〕马克·汤普森：《皆为戏言：新媒体时代的说话指南》，李文远、魏瑞莉译，浙江大学出版社，2018。

〔美〕马克斯·巴泽曼：《信息背后的信息》，唐文龙、孔令红译，浙江人民出版社，2019。

〔加〕马歇尔·麦克卢汉：《理解媒介——论人的延伸》，何道宽译，商务印书馆，2000。

〔加〕马修·弗雷泽、〔印〕苏米特拉·杜塔：《社交网络改变世界》，谈冠华、郭小花译，中国人民大学出版社，2013。

〔美〕迈克尔·海姆：《从界面到网络空间——虚拟实在的形而上学》，金吾伦、刘钢译，上海科技教育出版社，2000。

〔美〕曼纽尔·卡斯特：《网络社会的崛起》，夏铸九、王志弘等译，社会科学文献出版社，2001。

〔美〕曼纽尔·卡斯特:《认同的力量》,夏铸九、黄丽玲等译,社会科学文献出版社,2003。

〔美〕曼纽尔·卡斯特:《千年终结》,夏铸九、黄慧琦等译,社会科学文献出版社,2006。

〔美〕曼纽尔·卡斯特主编《网络社会:跨文化的视角》,周凯译,社会科学文献出版社,2009。

〔美〕尼古拉·尼葛洛庞帝:《数字化生存》,胡泳、范海燕译,海南出版社,1997。

〔英〕尼克·库尔德利:《媒介、社会与世界:社会理论与数字媒介实践》,何道宽译,复旦大学出版社,2014。

〔英〕史蒂芬·怀亚特:《非凡之路——第四次工业革命》,周琳琳译,中国科学技术出版社,2021。

〔英〕斯各特·拉什:《信息批判》,杨德睿译,北京大学出版社,2009。

〔美〕威廉·庞德斯通:《知识大迁移》,闾佳译,浙江人民出版社,2018。

〔加〕文森特·莫斯可:《数字化崇拜:迷思、权力与赛博空间》,黄典林译,北京大学出版社,2010。

〔英〕亚当·乔伊森:《网络行为心理学——虚拟世界与真实生活》,任衍具、魏玲译,商务印书馆,2010。

〔荷〕约斯·德·穆尔:《赛博空间的奥德赛——走向虚拟本体论与人类学》,麦永雄译,广西师范大学出版社,2007。

〔美〕詹姆斯·格雷克:《信息简史》,高博译,人民邮电出版社,2013。

鲍宗豪主编《数字化与人文精神》,上海三联书店,2003。

陈筠泉、刘奔主编《哲学与文化》,中国社会科学出版社,1996。

陈先达:《走向历史的深处》,中国人民大学出版社,2010。

种海峰:《时代性与民族性——全球交往格局中的文化冲突问题研究》,中国社会科学出版社,2011。

邓晓芒：《实践唯物论新解：开出现象学之维》，文津出版社，2019。

段永朝：《互联网：碎片化生存》，中信出版社，2009。

段伟文：《网络空间的伦理反思》，江苏人民出版社，2002。

范宝舟：《论马克思交往理论及其当代意义》，社会科学文献出版社，2005。

冯契、徐孝通主编《外国哲学大辞典》，上海辞书出版社，2000。

高鸿钧、申卫星主编《信息社会法治读本》，清华大学出版社，2019。

龚振黔、黄河、龚婷：《虚拟社会中人的虚拟性活动的哲学研究》，社会科学文献出版社，2020。

韩红：《交往的合理化与现代性的重建——哈贝马斯交往行动理论的深层解读》，人民出版社，2005。

韩树英主编《马克思主义哲学纲要》，人民出版社，2004。

何明升、白淑英等：《虚拟世界与现实社会》，社会科学文献出版社，2011。

胡泳：《众声喧哗：网络时代的个人表达与公共讨论》，广西师范大学出版社，2008。

黄少华、陈文江主编《重塑自我的游戏——网络空间的人际交往》，兰州大学出版社，2002。

贾英健：《虚拟生存论》，人民出版社，2011。

姜爱华：《马克思交往理论研究》，知识产权出版社，2009。

李百玲：《晚年马克思恩格斯交往观研究》，中央编译出版社，2009。

李景源主编《马克思主义哲学与现时代》，中国社会科学出版社，2007。

李景源：《李景源自选集》，学习出版社，2013。

李伦：《鼠标下的德性》，江西人民出版社，2002。

李素霞:《交往手段革命与交往方式变迁》,人民出版社,2005。

李昕桐:《马克思的现实观》,社会科学文献出版社,2021。

李颖悟、方鹏、刘杰:《元宇宙未来——通往真实的虚拟现实》,中国商业出版社,2022。

林剑:《人的自由的哲学思索》,中国人民大学出版社,1996。

刘吉、金吾伦等:《信息化与知识经济》,社会科学文献出版社,2002。

刘文富:《网络政治——网络社会与国家治理》,商务印书馆,2002。

罗嘉昌:《从物质实体到关系实在》,中国社会科学出版社,1996。

吕云、王海泉、孙伟编著《虚拟现实——理论、技术、开发与应用》,清华大学出版社,2019。

马忠君:《网络环境中虚拟自我的呈现与建构》,中国电影出版社,2013。

齐鹏:《新感性:虚拟与现实》,人民出版社,2008。

任平:《走向交往实践的唯物主义——马克思交往实践观的历史视域与当代意义》,人民出版社,2003。

任平:《交往实践的哲学——全球化语境中的哲学视域》,云南人民出版社,2003。

任平:《走向交往实践的唯物主义》,北京师范大学出版社,2017。

桑业明:《虚拟思维论》,知识产权出版社,2007。

上官子木:《网络交往与社会变迁》,社会科学文献出版社,2010。

苏文涛编著《大话元宇宙:虚拟世界重构未来生活》,机械工业出版社,2022。

孙伟平:《价值差异与社会和谐——全球化与东亚价值观》,湖南师范大学出版社,2008。

孙伟平：《信息时代的社会历史观》，江苏人民出版社，2010。

孙伟平、周丹等：《现时代的精神境遇》，黑龙江教育出版社，2013。

孙伟平等：《创建"中国价值"——社会主义核心价值体系研究》，社会科学文献出版社，2015。

孙伟平：《大变革时代的哲学》，广西人民出版社，2017。

唐小林：《信息社会符号学》，科学出版社，2022。

王芳等：《网络社会治理》，商务印书馆，2021。

王谦编著《现代信息革命再认识——信息社会变革与治理体系创新》，四川大学出版社，2021。

王伟光：《王伟光自选集》，学习出版社，2007。

王伟光：《王伟光讲习录》（上），中共中央党校出版社，2008。

王伟光：《王伟光讲习录》（下），中共中央党校出版社，2008。

王伟光：《利益论》，中国社会科学出版社，2010。

王伟光：《社会矛盾论》，中国社会科学出版社，2011。

王伟光：《哲林漫步》，中国社会科学出版社，2013。

王伟光主编《新大众哲学》（七卷本），人民出版社、中国社会科学出版社，2014。

吴伯凡：《孤独的狂欢——数字时代的交往》，中国人民大学出版社，1998。

肖峰：《信息主义及其哲学探析》，中国社会科学出版社，2011。

谢俊：《虚拟自我论》，中国社会科学出版社，2011。

许峰：《虚拟社会管理研究——基于管理哲学的视角》，国家行政学院出版社，2016。

姚纪纲：《交往的世界——当代交往理论探索》，人民出版社，2002。

张孟杰：《虚拟需要论：信息社会的需要理论》，科学出版社，2021。

张明仓：《虚拟实践论》，云南人民出版社，2005。

张怡：《虚拟现象的哲学探索》，上海人民出版社，2020。

张怡、郦全民、陈敬全：《虚拟认识论》，学林出版社，2003。

张震：《网络时代伦理》，四川人民出版社，2002。

曾国屏、李正风、段伟文、黄铭坚、孙喜杰：《赛博空间的哲学探索》，清华大学出版社，2002。

曾令辉：《虚拟社会人的发展研究》，人民出版社，2009。

翟振明：《有无之间：虚拟实在的哲学探险》，北京大学出版社，2007。

郑元景：《虚拟生存研究》，社会科学文献出版社，2012。

诸葛达维：《社群交往与情感团结：对网络游戏社群的互动仪式链观察》，社会科学文献出版社，2022。

Frank Biocca and Mark R. Levy, eds., *Communication in the Age of Virtual Reality*, Routledge, 1995.

Michael Heim, *Virtual Realism*, Oxford University Press, 1998.

Susan C. Herring, ed., *Computer－mediated Communication: Linguistic, Social, and Cross－cultural Perspectives*. Vol. 39, John Benjamins Publishing, 1996.

Steve Jones, ed., *Virtual Culture: Identity and Communication in Cybersociety*, Sage, 1997.

Nicholas Negroponte, *Being Digital*, Vintage, 1996.

Pierre Lévy and Robert Bononno, *Becoming Virtual: Reality in the Digital Age*, Da Capo Press, Incorporated, 1998.

Howard Rheingold, *The Virtual Community: Homesteading on the Electronic Frontier*, Basic Books, 1993.

论文

蔡曙山：《论虚拟化》，《浙江社会科学》2006年第4期。

陈刚、谢佩宏：《信息社会还是数字社会》，《学术界》2020年第5期。

陈力丹：《当代信息社会批判》，《东南传播》2017年第7期。

陈龙：《界面依赖："云交往"时代的交往实践批判》，《暨南学报》（哲学社会科学版）2021年第9期。

陈志良：《虚拟：哲学必须面对的课题》，《光明日报》2000年1月18日，第7版。

陈志良：《虚拟：人类中介系统的革命》，《中国人民大学学报》2000年第4期。

陈志良、高鸿：《数字化时代人文精神悖论之反思》，《南京社会科学》2004年第2期。

陈志良：《从现实性哲学到虚拟性哲学——哲学思维方式的时代转换》，《中国人民大学学报》2000年第2期。

陈志良、桑业明：《论虚拟思维方式》，《东岳论丛》2004年第1期。

陈宗章：《网络空间：概念、特征及其空间归属》，《重庆邮电大学学报》（社会科学版）2019年第2期。

丁波涛：《从信息社会到智慧社会：智慧社会内涵的理论解读》，《电子政务》2019年第7期。

丁祯耿：《论虚拟交往》，《重庆社会科学》2005年第3期。

杜楚源、李艺：《虚拟现实：新的实践领域》，《自然辩证法研究》2000年第11期。

杜骏飞：《网络社会治理共同体：概念、理论与策略》，《华中农业大学学报》（社会科学版）2020年第6期。

段伟文：《虚拟现实技术的社会伦理问题与应对》，《科技中国》2018年第7期。

段伟文：《直面数字技术与自动化技术突变的哲思》，《自然辩证法通讯》2020年第11期。

方凌智、翁智澄、吴笑悦：《元宇宙研究：虚拟世界的再升级》，《未来传播》2022年第1期。

冯鹏志：《网络社会规范的形构基础及其涵义》，《学海》2001

年第 6 期。

冯鹏志：《从混沌走向共生——关于虚拟世界的本质及其与现实世界之关系的思考》，《自然辩证法研究》2002 年第 7 期。

甘再清、王静梅：《网络交往与人类自由的实现》，《前沿》2010 年第 14 期。

高鸿：《近年来马克思社会时空观研究综述》，《教学与研究》2003 年第 10 期。

高全喜：《虚拟世界的法律化问题》，《现代法学》2019 年第 1 期。

郭湛：《马克思主义哲学的实践批判理论》，《哲学研究》2006 年第 7 期。

贺善侃：《论虚拟实践的哲学依据》，《上海师范大学学报》（哲学社会科学版）2006 年第 4 期。

胡百精、李由君：《互联网与共同体的进化》，《新闻大学》2016 年第 1 期。

胡为雄：《马克思的社会交往理论》，《教学与研究》2004 年第 8 期。

黄河、龚婷：《马克思主义哲学视域中的虚拟时空及其对人类发展的影响》，《贵州师范大学学报》（社会科学版）2012 年第 3 期。

黄继红：《马克思"交往与自由"思想视野下的网络交往自由探讨》，《社会科学研究》2009 年第 5 期。

黄欣荣：《元宇宙的哲学探索——从信息社会到宇宙大脑》，《理论探索》2022 年第 2 期。

黄欣荣：《大数据哲学研究的背景、现状与路径》，《哲学动态》2015 年第 7 期。

贾英健：《论虚拟时空》，《学习与探索》2012 年第 12 期。

贾英健：《马克思社会时空观的实践维度与虚拟转向》，《理论学刊》2013 年第 4 期。

贾英健：《论虚拟认同》，《湖北大学学报》（哲学社会科学版）

2014 年第 2 期。

姜奇平:《大数据与信息社会的意义结构》,《互联网周刊》2012 年第 12 期。

姜锡润、王燕:《关于〈德意志意识形态〉中交往与交往形式研究》,《武汉大学学报》(人文科学版) 2002 年第 4 期。

蓝江:《生存的数字之影:数字资本主义的哲学批判》,《国外理论动态》2019 年第 3 期。

李辉:《网络虚拟交往中的自我认同危机》,《社会科学》2004 年第 6 期。

李素霞、许婉璞:《网络交往与人的全面发展》,《河北师范大学学报》(哲学社会科学版) 2008 年第 4 期。

李湘德、钱振勤:《"虚拟现实"与现实》,《自然辩证法研究》1999 年第 9 期。

李妍、韩志伟:《论信息社会人的异化——基于马克思社会时间理论的一种系统分析》,《系统科学学报》2020 年第 3 期。

李一:《网络社会化:网络社会治理的"前置要素"》,《浙江社会科学》2019 年第 9 期。

李荫榕、王彩霞:《信息化条件下的社会时空变革》,《学术交流》2005 年第 11 期。

刘珂、佐斌:《网络人际关系与现实人际关系一体论》,《云南师范大学学报》(哲学社会科学版) 2014 年第 2 期。

刘少杰:《网络化时代的社会结构变迁》,《学术月刊》2012 年第 10 期。

刘少杰:《网络交往的时空转变与风险应对》,《社会科学战线》2022 年第 4 期。

刘新刚:《虚拟社会批判——基于〈资本论〉等文本的解读》,《学术研究》2013 年第 10 期。

刘新刚、吴倬:《马克思虚拟社会理论建构原则探析》,《广西社会科学》2012 年第 12 期。

刘永谋：《论虚拟交往的结构与功能》，《长春工业大学学报》（社会科学版）2006年第3期。

刘永谋：《元宇宙的现代性忧思》，《阅江学刊》2022年第1期。

陆玉林：《虚拟时空中的角色探索——论网络游戏与青少年发展》，《当代青年研究》2006年第9期。

吕玉平：《网络交往：信息时代的新交往观》，《理论观察》2000年第4期。

穆艳杰、胡建东：《从主体际视角看人类命运共同体的构建——基于马克思交往实践理论的解读》，《理论探讨》2021年第2期。

宁全荣：《论虚拟交往及其对于人的发展的意义》，《福建论坛》（人文社会科学版）2009年第3期。

庞跃辉：《论虚拟时空》，《东岳论丛》2002年第3期。

施维树、甘再清：《网络交往自由时间与人的全面发展》，《西华大学学报》（哲学社会科学版）2005年第6期。

孙伟平、贾旭东：《关于"网络社会"的道德思考》，《哲学研究》1998年第8期。

孙伟平：《论信息时代人的新异化》，《哲学研究》2010年第7期。

孙伟平：《信息社会及其基本特征》，《哲学动态》2010年第9期。

孙伟平：《信息时代唯物史观出现新变化》，《社会科学报》2011年2月10日，第5版。

孙伟平：《论马克思主义哲学的时代化》，《哲学动态》2011年第12期。

孙伟平：《人类交往实践的革命性变迁——虚拟交往及其哲学批判》，《吉林大学社会科学学报》2012年第3期。

孙伟平：《智能社会：共产主义社会建设的基础和条件》，《马克思主义研究》2021年第1期。

单丹丹、王福兴：《构建网络空间命运共同体：自媒体交往形式资本化破局》，《学习与探索》2022 年第 4 期。

谭希培、金雪芬：《现实与可能之间的主体间性——虚拟哲学四题》，《中南大学学报》（社会科学版）2005 年第 5 期。

田佑中、陈磊：《论因特网时代的社会时空》，《南京政治学院学报》2001 年第 6 期。

汪寅、黄翠瑶：《哈贝马斯的交往理论与网络交往》，《广西社会科学》2003 年第 8 期。

王彩霞、李荫榕：《信息化条件下人际交往时空的变革》，《学术交流》2010 年第 1 期。

王海洋：《虚拟交往反思：延展文化哲学的时代维度》，《河北学刊》2007 年第 2 期。

王丽鸽、李炳毅：《试论网络社会下人的虚拟生存与全面发展》，《兰州大学学报》（社会科学版）2017 年第 1 期。

王南湜：《实践观的变迁与哲学的实践转向》，《吉林大学社会科学学报》2002 年第 6 期。

王天思：《大数据中的因果关系及其哲学内涵》，《中国社会科学》2016 年第 5 期。

文茂臣：《契约伦理与社会道德困境的对策分析——基于个体虚拟和现实二重性身份的时空追问》，《河北科技师范学院学报》（社会科学版）2020 年第 1 期。

吴正国：《虚拟社会中的人际交往特点初探》，《内蒙古社会科学》（汉文版）2001 年第 4 期。

肖峰：《论技术实在》，《哲学研究》2004 年第 3 期。

肖峰、张坤晶：《信息革命与社会主义新形态》，《当代世界与社会主义》2014 年第 2 期。

谢俊贵：《信息社会之变：大数据催生创意社会》，《广东社会科学》2016 年第 5 期。

徐世甫、张成岗：《现代性视野中的虚拟交往》，《清华大学学报》（哲学社会科学版）2006 年第 6 期。

王友良：《网络社会要素、空间和交往过程的层级关系建构》，《浙江大学学报》（人文社会科学版）2022年第4期。

徐汉明、张新平：《网络社会治理的法治模式》，《中国社会科学》2018年第2期。

严耕、陆俊：《电子信息网络中的"国家"观念——评关于信息社会的"超国家主义"观》，《哲学研究》1997年第10期。

杨沐：《论信息文明时空观的特征》，《探索》2009年第2期。

杨嵘均：《论虚拟公共领域对公民政治意识与政治心理的影响及其对政治生活的形塑》，《政治学研究》2011年第4期。

叶险明：《马克思的哲学革命与哲学的现实基础——兼论关于虚拟与现实关系研究的方法论》，《哲学研究》2005年第2期。

殷正坤：《"虚拟"与"虚拟"生存的实践特性——兼与刘友红商榷》，《哲学动态》2000年第8期。

余聪、张亮：《人工智能时代意识形态批判的哲学反思——"人机关系"视野中的批判向度》，《浙江学刊》2021年第2期。

郧彦辉：《数字利维坦：信息社会的新型危机》，《中共中央党校学报》2015年第3期。

翟振明：《虚拟实在与自然实在的本体论对等性》，《哲学研究》2001年第6期。

张洪根：《网络交往行为与人的自由的哲学解读》，《安徽工业大学学报》（社会科学版）2002年第1期。

张奎良：《马克思时空观新论》，《江海学刊》2004年第1期。

张亮：《从虚拟世界"道"人工智能——马克思主义哲学视域下"人机关系"的时代反思与批判》，《海南大学学报》（人文社会科学版）2020年第4期。

张明仓：《虚拟实践与马克思主义哲学的当代形态》，《学术研究》2003年第2期。

张明仓：《走向虚拟实践：人类存在方式的重要变革》，《东岳论丛》2003年第1期。

张文娟:《信息社会概念溯源——背景 产生 发展》,《情报科学》2007年第7期。

张怡:《虚拟实在论》,《哲学研究》2001年第6期。

张兆曙:《从在场整合到虚拟整合——兼论网络社会中的个体行动与集体意识》,《天津社会科学》2021年第1期。

张兆曙:《虚拟整合与时空交织:一个网络失范的理论框架》,《新视野》2021年第4期。

赵敦华:《马克思批判哲学的诞生》,《江淮论坛》2010年第2期。

赵家祥:《解析〈德意志意识形态〉中的一个难解之谜——"生产关系"概念与"交往形式"等术语的关系》,《哲学动态》2011年第4期。

周成龙、邢云文:《试析人类交往实践的新形态:网络交往实践》,《太原师范学院学报》(社会科学版)2007年第4期。

周甄武:《虚拟实践:人类新的实践形式》,《中国人民大学学报》2006年第2期。

L. M. Flaherty, K. J. Pearce & R. B. Rubin, "Internet and Face-to-Face Communication: Not Functional Alternatives," *Communication Quarterly*, 1998, 46 (3).

Q. Jones, "Virtual-Communities. Virtual Settlements & Cyber-Archaeology: A Theoretical Outline," *Journal of Computer-Mediated Communication*, 1997, 3 (3).

Sirkka L. Jarvenpaa and Dorothy E. Leidner, "Communication and Trust in Global Virtual Teams," *Journal of Computer-Mediated Communication*, 1998, 3 (4).

后　记

　　人类历史总是处于不断的变革之中，这些变革带给人们的感受并不全是新鲜刺激，有时也会让人茫然，但是无论如何我们都不能对火热的现实和生动的历史熟视无睹。不论是全球化、信息化，还是人的交往方式的数字化、虚拟化，所有这一切变化都在呼唤着哲学做出新的解释和回应，也提醒着人们相应地改变认识问题和处理问题的方式。马克思说过，"一个民族想要站在科学的最高峰，就一刻也不能没有理论思维"。对个人来说，理论思维同样重要。对社会现象做出理性思考，并在此基础上进行哲学批判，是我们日常生活中应该保持的积极的生活态度。在全人类的实践"迈向现代化"的进程中，人们的交往活动对这个进程起着举足轻重的作用。要正确认识我们所处的时代和整个现代化进程，就不能回避虚拟交往这一新鲜事物。笔者曾以《虚拟交往的哲学批判》作为博士学位论文的题目来展开研究，就是希望能够对这一问题做一点思考。

　　绵长的哲学史和浩瀚的哲学论著昭示了一个亘古不变的真理：任何一种哲学都不可能完美无瑕，只有符合时代要求的哲学才能永葆青春。恩格斯指出："每一时代的理论思维，从而我们时代的理论思维，都是一种历史的产物，在不同的时代具有非常不同的形式，并因而具有非常不同的内容。"对新的社会历史现象的全面认识是变革和完善理论的一个重要原因和现实路径。那么，当历史走进新的时代，当全球化和信息化逐渐成为我们身处其中的逼真现实，哲学理论观点的丰富和发展也就势在必行。至少我们要尝试着把思考的触角伸向这些新现象、新问题，对这些变化产生的原因及其可能具有的意义做一番评价。在虚拟交往已经进入我们生活并产生深远影响的今天，我们的生活已经在很大程度上虚拟化了，虚拟交往不仅与这一时代人们的交往活动密切相关，而且深刻影响着社会结构的改变、人的自由发展的实现和历史的未来走向。但是如何面对这一事实，则取决于我们自己。如何认识我们的时代？如何看待时代的变化？如何充分运用时代提供的条件，把握好每一个历史机遇，以创造更美好的生活？弄清楚这些问题是本书创作的初衷，类似的疑问也是我投身哲学之门的最初动因。

简单来说，笔者只是想要从哲学的角度对虚拟交往做一点粗浅的说明，用历史唯物主义的方法阐述它的产生和发展，在此基础上批判性地探讨它所产生的社会历史意义。我坚信，交往方式乃至人类整体实践方式的虚拟化是一个客观的历史过程，实践的虚拟化还会带来人类社会历史诸多方面的虚拟化。虚拟化确证了人的实践能力的增长，与生产力的发展和历史的演进有着千丝万缕的微妙关系。而且，虚拟化与全球化、信息化、网络化和数字化是同一个过程，它们是五位一体的。

关于信息社会的交往，还有很多问题有待深入研究。笔者深知自己知识储备的不足和表达能力的欠缺，这将时刻提醒我今后坚持学习，不断进步。虽然本书只是谈了一点看似比较零散且没有深度的看法，但它也算是我"蹒跚学步"的第一次探索。搁笔之时，自感还有以下几个方面的问题需要进一步思考。第一，虚拟交往与信息化、全球化两大时代特征的关系还需要详细说明。比起笼统地给出结论，更重要的是为得出该结论所做的论证过程。我已经意识到虚拟化、信息化与全球化三者之间存在着内在的联系，但是对这种联系的揭示还不够深入、不够充分。如何从交往的虚拟化的角度来论述信息化和全球化这两大时代特征的形成，如何把三者的内在联系解释清楚，是仍需要进一步努力回答的问题。第二，虚拟交往所提供的某种程度上、某种意义上的自由全面发展的机会，能否真正为人们所使用？虚拟交往所带来的消极作用是不是人们乐于接受的？如果所谓的自由只是对现实的逃避，那就无异于画饼充饥，对于实现人的发展并无裨益。如果消极作用是人们选择虚拟交往之初就清醒地意识到的，那么我们对其有关"异化"的评判则并不能完全站得住脚。对于虚拟交往的评价，需要一个比较公允的标准，这个标准应当考虑的方面很多，尚需进一步的钻研，这也是我今后的一个新起点。第三，由虚拟交往组成的信息共同体与自由人联合体尚有较大差异，能否因为二者之间出现了某些相似之处，就认为二者之间存在转化关系？我有时候甚至认为把二者联系起来的做法其实是自己的臆想：信息共同体终究是虚拟的，而自由人联合体则是现实的。或者说，只有先论述了虚拟社会具有现实化的可能性，才能说明二者的关系。这也就是笔者所认为的最大难题：如何真正说清楚虚拟与现实的关系，找到实现虚拟与现实之间转换的条件？当然，书中存在的问题还包括其他方面，这些都要留待今后研究了。

　　思考是一种生活习惯，研究则是一种人生态度。对勤于学习、乐于思考的人来说，时间总是显得仓促不足，因为思考总能让我们有"觉今是而昨非"的感觉，每一次思考都可成为对昨日之我的否定，这种否定有时候甚至是彻底的。虚拟交往这一现象的发展过程以及我们对它的认识，都是逐步深化的，我深知本书中尚存在许多不准确、不到位、不透彻之处，这恰恰是今后研究的新起点。

　　本书能够出版，得益于北京印刷学院的大力资助，正是因为有了学校的资助计划，本书才获得了面世的机会。感谢学校科研处、人事处等相关部门及学院领导和同事的鼎力支持，他们的关心贯穿项目申请、评审及经费使用等各环节之中。还要感谢社会科学文献出版社的评审专家对本书出版给予肯定性意见，感谢责任编辑王小艳老师在本书出版各环节中给我的诸多帮助和鼓励，这些帮助和鼓励使本书的出版能够顺利推进；感谢文稿编辑公靖靖老师一丝不苟的工作，帮我找出了文稿中存在的一些显性和隐性问题。

曾祥富
2022 年中秋于北京

图书在版编目（CIP）数据

虚拟交往的哲学探析：基于历史唯物主义的视角／曾祥富著 . -- 北京：社会科学文献出版社，2022.12（2024.2重印）
ISBN 978－7－5228－0896－3

Ⅰ.①虚… Ⅱ.①曾… Ⅲ.①社会交往－哲学分析 Ⅳ.①C912.3

中国版本图书馆CIP数据核字（2022）第201633号

虚拟交往的哲学探析
——基于历史唯物主义的视角

著　　者／曾祥富
出 版 人／冀祥德
责任编辑／王小艳
文稿编辑／公靖靖
责任印制／王京美

出　　版／社会科学文献出版社·马克思主义出版分社（010）59367004
　　　　　　地址：北京市北三环中路甲29号院华龙大厦　邮编：100029
　　　　　　网址：www.ssap.com.cn
发　　行／社会科学文献出版社（010）59367028
印　　装／三河市东方印刷有限公司

规　　格／开本：787mm×1092mm　1/16
　　　　　　印张：14.25　字数：204千字
版　　次／2022年12月第1版　2024年2月第2次印刷
书　　号／ISBN 978－7－5228－0896－3
定　　价／78.00元

读者服务电话：4008918866

版权所有 翻印必究